人民交通出版社“十三五”
高职高专土建类专业系列教材

建筑工程技术资料管理

（第三版）

主　编　李　媛
主　审　丁春静

人民交通出版社股份有限公司
北　京

内 容 提 要

本书针对高职高专土建类专业教学要求，结合国家现行相关法律、法规和标准的规定，对建筑工程技术资料如何进行规范的编写做了详尽阐述，并辅以案例进行讲解。本书主要内容包括：建筑工程技术资料管理的意义、相关概念及概述；建筑工程技术资料的归档整理要求；建筑工程竣工验收备案制度；建筑工程质量验收的相关规定；建筑工程技术资料管理相关软件的应用以及建筑工程技术资料编制实例。

本书可作为高职高专院校建筑工程技术专业、工程监理专业、工程造价专业及土建类相关专业的教学用书，也可作为在职职工的岗前培训教材，还可作为建筑企业各级工程技术人员、管理人员、监理人员的参考用书。

图书在版编目(CIP)数据

建筑工程技术资料管理/李媛主编. —3 版. —北京：人民交通出版社股份有限公司，2017.8

ISBN 978-7-114-13880-5

Ⅰ. ①建… Ⅱ. ①李… Ⅲ. ①建筑工程—技术档案—档案管理 Ⅳ. ①G275.3

中国版本图书馆 CIP 数据核字(2017)第 124634 号

Jianzhu Gongcheng Jishu Ziliao Guanli

书　　名：建筑工程技术资料管理(第三版)
著 作 者：李　媛
责任编辑：李　坤　李　娜
责任校对：孙国靖
责任印制：张　凯
出版发行：人民交通出版社股份有限公司
地　　址：(100011)北京市朝阳区安定门外外馆斜街 3 号
网　　址：http://www.ccpcl.com.cn
销售电话：(010)59757973
总 经 销：人民交通出版社股份有限公司发行部
经　　销：各地新华书店
印　　刷：北京印匠彩色印刷有限公司
开　　本：787 × 1092　1/16
印　　张：16
字　　数：378 千
版　　次：2010 年 1 月　第 1 版
2013 年 1 月　第 2 版
2017 年 8 月　第 3 版
印　　次：2023 年 8 月　第 3 版　第 7 次印刷　总第 20 次印刷
书　　号：ISBN 978-7-114-13880-5
定　　价：40.00 元

高职高专土建类专业系列教材出版说明

近年来，我国职业教育蓬勃发展，教育教学改革不断深化，国家对职业教育的重视达到前所未有的高度。为了贯彻落实《国务院关于大力发展职业教育的决定》的精神，提高我国建设工程领域的职业教育水平，培育出适应新时期职业要求的高素质高技能人才，人民交通出版社股份有限公司深入调研，周密组织，在全国高职高专教育土建类专业教学指导委员会的热情鼓励和悉心指导下，发起并组织了全国四十余所院校一大批骨干教师，编写出版本系列教材。

本系列教材以《高等职业教育土建类专业教育标准和培养方案》为纲，结合专业建设、课程建设和教育教学改革成果，在广泛调查和研讨的基础上进行规划和展开编写工作，重点突出企业参与和实践能力、职业技能的培养，推进教材立体化开发，鼓励教材创新。教材组委会、编审委员会、编写与审稿人员全力以赴，为打造特色鲜明的优质教材做出了不懈努力，希望能够以此推动高职土建类专业的教材建设。

本系列教材已先后推出建筑工程技术、建设工程监理和工程造价三个土建类专业共计四十余种主辅教材，随后将在全面推出土建大类中七类方向的全部专业教材的同时，对已出版的教材进行优化、修订，并开发相关数字资源。最终出版一套体系完整、特色鲜明、资源丰富的优秀高职高专土建类专业新形态教材。

本系列教材适合高职高专院校、成人高校、继续教育学院和民办高校土建类专业学生使用，也可作为相关从业人员的自学、培训教材。

人民交通出版社股份有限公司

2017 年 1 月

前 言
FOREWORD

就业需求是职业教育的出发点，能力本位是职业教育的教学思想，因此职业教育的教材编写应立足岗位要求并突出应用技术。

按照中华人民共和国行业标准《建筑与市政工程施工现场专业人员职业标准》(JGJ/T 250—2011)的规定，建筑与市政工程施工现场专业人员包括施工员、质量员、安全员、标准员、材料员、机械员、劳务员、资料员。本书从资料员的工作实际需要出发，注重资料员岗位知识的传授和专业技能的培养，实现教学与就业的"零距离"接触。

本书以现行的《建设工程文件归档整理规范》(GB/T 50328—2014)为基础，按照最新的行业标准《建筑工程资料管理规程》(JGJ/T 185—2009)的要求，以某单位工程为案例，结合建筑工程专业特点，对其技术资料的编写、整理进行了精心编制，其内容基本涵盖了建筑工程的土建专业技术领域。

本书具有如下特点：

1. 内容翔实，专业针对性强。本书针对资料员的岗位知识进行了全面系统的阐述，在符合建筑工程技术资料归档要求的前提下，按照"贯彻规范、简明适用、减少重复、便于操作"的指导思想，使建筑工程技术资料的编写和整理更为规范化、标准化，充分满足资料员的岗位要求，突出了高职教育注重应用技术的特色。

2. 可操作性及实用性强。本书针对建筑工程归档所需的表格全部做了实例解析，具有较强的指导作用和使用价值，可作为规范实施的技术性工具书，是参与工程项目建设的各单位人员，如建筑施工企业各级工程技术人员、建筑工程监理人员、建筑工程监督人员等的必备工具书，它有助于提高建筑企业工程技术人员的整体素质及业务水平，具有较强的实用性。

3. 新知识、新技术信息含量高。本书在编写过程中，紧密结合最新颁布的国家相关规范，采用最新的标准要求，进一步扩大了本书的可实施性，以满足高职高专土建类师生及建筑工程广大技术人员的需要。

本书由辽宁建筑职业学院李媛担任主编并统稿，辽宁建筑职业学院喻硕及王英春担任副主编。第一章、第二章、第三章、第四章由辽宁建筑职业学院王英春编写，第五章由辽阳市金山建设工程监理有限公司谭斌编写，第六章由喻硕编写，第七章由李媛编写，第八章由辽阳市隆嘉建筑工程有限公司冬海涛编写，第九章由辽宁建筑职业学院刘晓光编写。

本书由辽宁建筑职业学院丁春静主审。

本书在编写的过程中，得到了辽阳市金山建设工程监理有限公司总经理齐毅、总工程师于灏的鼎力支持和帮助，本书还参考了书后所附参考文献的部分内容，对此我们表示衷心地感谢。此外,还要感谢支持和参与本书出版工作的所有朋友。

限于时间,也限于编者的水平,本书难免有疏漏和错误之处,恳请读者批评指正,并望共同交流,以便改进。

编者

2017 年 2 月

目录

CONTENTS

第一章
建筑工程技术资料管理概述

【职业能力目标】

1. 正确认识建筑工程技术资料管理的意义及作用。
2. 明确建筑工程技术资料管理的职责。

【学习要求】

1. 了解建筑工程技术资料管理的意义。
2. 熟悉建筑工程技术资料管理的相关概念。
3. 掌握资料员岗位的职责内容。

第一节 建筑工程技术资料管理的意义与作用

一 建筑工程技术资料管理的意义

每个建筑工程竣工验收前必须具备两个条件——一是建筑物实体达到验收条件，二是施工过程中质量、技术、管理资料达到验收条件，两者缺一不可。

一个建筑物竣工后是看得见摸得着的有形物体，验收时只能在外观上加以评价，但内在的施工质量及质量管理实施情况，只能通过验收整个施工过程的有关质量、技术资料是否清楚齐全、是否符合有关规范、规程的要求来检验。

对于一份排列有序、内容齐全、清楚明了的单位工程施工质量、技术资料，必须在施工中根据工程实际物体，按照有关规范、规程进行检测、评定，做到物体实际质量等级与资料内所记载的质量数据相符，这是物体质量的实质反映。

任何一个工程质量、技术资料如不符合有关标准规定，对该工程质量具有否决权，所以，做好建筑工程技术资料管理工作很重要。

二 建筑工程技术资料管理的作用

(1)按照规范的要求积累而成的完整、真实、具体的工程技术资料,是工程竣工验收交付的必备条件。

(2)工程技术资料为工程的检查、维护、改造、扩建提供可靠的依据。

(3)一个质量合格的工程必须要有一份内容齐全、原始技术资料完整、文字记载真实可靠的技术资料。

(4)对于优良工程的评定,更有赖于技术资料的完整无缺。

(5)做好建筑工程文件和档案资料管理工作也是项目管理的重要内容。

(6)建筑工程文件和档案资料是建设单位对建筑工程管理的依据。

第二节　建筑工程技术资料管理的相关概念

建筑工程资料是指建筑工程从项目的提出、筹备、勘测、设计、施工到竣工投产等过程中形成的文件材料、图纸、图表、计算材料、声像材料等各种形式的信息总和,简称为工程资料,也叫工程文件。

工程资料主要包括工程准备阶段文件、监理文件、施工文件、竣工图和工程竣工验收文件等。

一 建筑工程技术资料的相关概念

(一)建设工程项目

建设工程项目是指经批准按照一个总体设计进行施工,经济上实行统一核算,行政上具有独立组织形式,实行统一管理的工程基本建设单位。它由一个或若干个具有内在联系的工程所组成。

(二)单位工程

单位工程是指具有独立的设计文件,竣工后可以独立发挥生产能力或工程效益的工程,是构成建设工程项目的组成部分。

(三)分部工程

分部工程是指单位工程中可以独立组织施工的工程。

(四)建设工程文件

建设工程文件是指在建设过程中形成的各种形式的信息记录,包括工程准备文件、监理文件、施工文件、竣工图、竣工验收文件等,简称工程文件。

(五) 工程准备阶段文件

工程准备阶段文件是指工程开工之前,在立项、审批、用地、勘察、设计、招投标等工程准备阶段形成的文件。

(六) 监理文件

监理文件是指监理单位在工程设计、施工等监理过程中形成的文件。

(七) 施工文件

施工文件是指施工单位在工程施工过程中形成的文件。

(八) 竣工图

竣工图是指工程竣工验收后,真实反映建设工程项目施工结果的图样。

(九) 竣工验收文件

竣工验收文件是指建设工程项目竣工验收活动中形成的文件。

(十) 建设工程档案

建设工程档案是指在工程建设活动中直接形成的具有归档保存价值的文字、图表、声像等各种形式的历史记录,也可简称工程档案。

(十一) 建设工程电子文件

在工程建设过程中通过数字设备及环境生成,以数码形式存储于磁带、磁盘或光盘等载体,依赖计算机等数字设备阅读、处理,并可在通信网络上传送的文件。

(十二) 建设工程电子档案

工程技术过程中形成的,具有参考和利用价值并作为档案保存的电子文件及其元数据。

(十三) 建设工程声像档案

记录工程建设活动,具有保存价值的,用照片、影片、录音带、录像带、光盘、硬盘等记载的声音、图片和影像等历史记录。

(十四) 立卷

立卷是指按照一定的原则和方法,将有保存价值的文件分门别类整理成案卷,亦称组卷。

(十五) 归档

归档是指文件形成单位完成其工作任务后,将形成的文件整理立卷后,按规定移交档案管理机构。

二 工程资料的主要内容

工程资料可分为工程准备阶段文件、监理文件、施工文件、竣工图和工程竣工验收文件5类。

(一)工程准备阶段文件

工程准备阶段文件可分为立项文件、建设用地、拆迁文件、勘察设计文件、招投标文件、开工审批文件、工程造价文件6类。

工程准备阶段文件主要由建设单位、主管部门及相关部门完成。

(二)监理文件

监理文件可分为监理管理文件、进度控制文件、质量控制文件、造价控制文件、工程管理文件和监理验收文件6类。

监理文件主要由监理单位和相关单位负责完成,工程竣工后,监理单位应按规定将监理文件移交给建设单位。

(三)施工文件

施工文件可分为施工管理文件、施工技术文件、进度造价文件、施工物资出厂质量证明及进场检测文件、施工记录文件、施工试验记录及检测文件、施工质量验收文件、施工验收文件8类。

施工文件应由施工单位负责形成,工程竣工后,施工单位应按规定将施工文件移交给建设单位。

(四)竣工图

竣工图可分为建筑竣工图、结构竣工图、设备竣工图、室外竣工图等。

(五)工程竣工验收文件

工程竣工验收文件可分为竣工验收与备案文件、竣工决算文件、工程声像资料等、其他工程文件4类。

工程竣工验收文件由各相关单位负责完成,工程竣工后,移交给建设单位。

三 建筑工程技术资料的特征

(一)真实性和全面性

真实性是对所有文件、档案资料的共同要求,但对建筑工程的文件和档案资料来讲,这方面的要求更为迫切。

建筑工程文件和档案资料只有全面反映建筑工程的各类信息,形成一个完整的系统,才更有实用价值,只言片语地引用往往会起到误导作用。所以,建筑工程文件和档案资料必须真实地反映建筑工程的情况，包括发生的事故和存在的隐患。

(二)分散性和复杂性

建筑工程项目周期长且影响因素多，生产工艺复杂，建筑材料种类多，建设阶段性强且相互穿插，由此导致了建筑工程文件和档案资料的分散性和复杂性。这个特征决定了建筑工程文件和档案资料是多层次、多环节及相互关联的复杂系统。

(三)继承性和时效性

随着建筑技术、施工工艺、新材料和施工企业管理水平的不断提高，建筑工程文件和档案资料可被继承和不断积累。新的项目在建设中可以吸取以前的经验和教训，避免重犯以前的错误。

同时，建筑工程文件和档案资料具有很强的时效性，其作用会随着时间的推移而衰减，因此，文件和档案资料一经形成就必须尽快送达有关部门，否则会造成严重的后果。

(四)随机性

建筑工程文件和档案资料产生于项目建设的整个过程中，工程前期、工程开工、施工和竣工等各个阶段和环节都会产生各种文件和档案资料。虽然各类报批文件的产生具有规律性，但是还是有相当一部分文件和档案资料的产生是由于具体工程事件引发的，因此具有随机性。

(五)多专业性和综合性

建筑工程文件和档案资料依附于不同的专业对象而存在，又依赖于不同的载体而流动，涉及建筑、市政、消防等各个专业，也涉及力学、电子、声学等多种学科，且同时综合了质量、进度、造价、合同、组织、协调等方面的内容，因此，具有多专业性和综合性的特点。

第三节　建筑工程技术资料的管理职责

根据国家规定，参与工程建设的建设、勘察、设计、监理和施工等单位均负有工程资料管理的责任。这些管理职责对参与建设各方来说，有些是相同的、一致的，即为通用职责，有些是参与建设的某一方所特有的职责。参建各方应当认真履行通用职责和自己的职责。

一　通用职责

通用职责也称基本职责，主要有以下5条：

(1)工程资料的形成应符合国家相关的法律、法规、技术规范、质量验收标准、工程合同和设计文件等规定。

(2)工程各参建单位应将工程资料的形成和积累纳入工程建设管理的各个环节和全过程。建设、监理、施工单位应各自负责本单位的工程资料的管理工作，并应明确相关人员的职责。

(3)工程资料应随工程进度同步收集、整理,并按规定进行移交。资料组卷与资料份数应符合规定。

(4)工程资料应实行分级管理,由建设、监理、施工单位主管技术负责人负责本单位工程资料的全过程管理工作。建设过程中工程资料的收集、整理和审核工作应由专人负责,并按规定取得相应的岗位资格。

(5)工程各参建单位应确保各自所形成资料的真实性、有效性、完整性和齐全性。对工程资料进行涂改、伪造,或发生损毁、丢失等现象,应按有关规定对相关责任人予以处罚,情节严重的,应依法追究法律责任。

二 各单位职责

(一)建设单位职责

(1)应负责工程准备及验收阶段文件的管理工作,并设专人对这些文件进行收集、整理和归档。

(2)在工程招标及与参建各方签订合同或协议时,应对工程资料和工程档案的编制责任、套数、费用、质量和移交期限等提出明确要求。

(3)必须向参与工程建设的勘察、设计、施工、监理等单位提供与建设工程有关的资料。

(4)由建设单位采购的建筑材料、构配件和设备,建设单位应保证建筑材料、构配件和设备符合设计文件和合同要求,并保证相关物资资料的完整性、真实性和有效性。

(5)应负责监督和检查各参建单位工程资料的形成、积累和组卷工作,也可委托监理单位检查工程资料的形成、积累和组卷工作。

(6)对需建设单位签认的工程资料应签署意见。

(7)应收集和汇总勘察、设计、监理和施工等单位组卷归档的工程档案。

(8)应负责组织竣工图的绘制工作,也可委托施工单位、监理单位或设计单位进行。

(9)列入城建档案馆接收范围的工程档案,建设单位应在组织工程竣工验收前,提请城建档案馆对工程档案进行预验收,未取得《建设工程竣工档案预验收意见》的,不得组织工程竣工验收。

(10)建设单位应在工程竣工验收后3个月内将工程档案移交城建档案馆。

(二)勘察、设计单位职责

(1)应按合同和规范要求提供勘察、设计文件,包括工作联系单和设计变更记录。

(2)对须由勘察、设计单位签认的工程资料,应及时签署意见。

(3)应按照有关规定对工程竣工验收,出具工程质量检查报告。

(三)监理单位职责

(1)应负责监理文件的管理工作,并设专人对监理文件进行收集、整理和归档。

(2)应按照合同约定,在勘察、设计阶段,对勘察、设计文件的形成、积累、组卷和归档进行监督、检查;在施工阶段,应对施工文件的形成、积累、组卷和归档进行监督、检查,使工程资料的完整性、准确性符合有关规定。

(3)对须由监理单位出具或签认的工程资料,应及时进行签署。

(4)列入城建档案馆接收范围的监理文件,监理单位应在工程竣工验收后2个月内移交建设单位。

(四)施工单位职责

(1)应负责施工文件的管理工作,实行技术负责人负责制,逐级建立、健全施工文件管理岗位责任制。

(2)应负责汇总各分包单位编制的施工文件,分包单位应负责其分包范围内施工文件的收集和整理,并对施工文件的真实性、完整性和有效性负责。

(3)应在工程竣工验收前,将工程的施工文件整理、汇总完成。

(4)应负责编制施工文件,一般不少于2套,一套自行保存,一套移交建设单位。

(五)城建档案馆对工程资料的管理职责

城建档案馆是长期保存工程资料的专业机构,它不属于参与工程建设的一方主体,但是担负重要的管理职责,具体如下:

(1)应负责接收、收集、保管和利用城建档案的日常管理工作。

(2)应负责对城建档案的编制、整理、归档工作进行监督、检查、指导;对国家重点、大型工程项目的工程档案的编制、整理、归档工作,应指派专业人员进行指导。

(3)在工程竣工验收前,应对列入城建档案馆接收范围的工程档案进行预验收,并出具《建设工程竣工档案预验收意见》。

本章小结

搜集和整理好建筑工程技术资料是建筑施工中的一项重要工作,是工程质量管理的组成部分。本章主要阐述了建设工程文件和技术资料的概念、建设工程文件和技术资料的特征、建设工程文件和技术资料管理的意义与职责。

【相关链接】

房屋建筑和市政基础设施工程竣工验收规定

文　　号:建质〔2013〕171号

发布日期:2013年12月2日

执行日期:2013年12月2日

第一条　为规范房屋建筑和市政基础设施工程的竣工验收,保证工程质量,根据《中华人民共和国建筑法》和《建设工程质量管理条例》,制定本规定。

第二条　凡在中华人民共和国境内新建、扩建、改建的各类房屋建筑和市政基础设施工程的竣工验收(以下简称工程竣工验收),应当遵守本规定。

第三条　国务院住房和城乡建设主管部门负责全国工程竣工验收的监督管理。

县级以上地方人民政府建设主管部门负责本行政区域内工程竣工验收的监督管理,具体工作可以委托所属的工程质量监督机构实施。

第四条　工程竣工验收由建设单位负责组织实施。

第五条　工程符合下列要求方可进行竣工验收:

(一)完成工程设计和合同约定的各项内容。

(二)施工单位在工程完工后对工程质量进行了检查,确认工程质量符合有关法律、法规和工程建设强制性标准,符合设计文件及合同要求,并提出工程竣工报告。工程竣工报告应经项目经理和施工单位有关负责人审核签字。

(三)对于委托监理的工程项目,监理单位对工程进行了质量评估,具有完整的监理资料,并提出工程质量评估报告。工程质量评估报告应经总监理工程师和监理单位有关负责人审核签字。

(四)勘察、设计单位对勘察、设计文件及施工过程中由设计单位签署的设计变更通知书进行了检查,并提出质量检查报告。质量检查报告应经该项目勘察、设计负责人和勘察、设计单位有关负责人审核签字。

(五)有完整的技术档案和施工管理资料。

(六)有工程使用的主要建筑材料、建筑构配件和设备的进场试验报告,以及工程质量检测和功能性试验资料。

(七)建设单位已按合同约定支付工程款。

(八)有施工单位签署的工程质量保修书。

(九)对于住宅工程,进行分户验收并验收合格,建设单位按户出具《住宅工程质量分户验收表》。

(十)建设主管部门及工程质量监督机构责令整改的问题全部整改完毕。

(十一)法律、法规规定的其他条件。

第六条　工程竣工验收应当按以下程序进行:

(一)工程完工后,施工单位向建设单位提交工程竣工报告,申请工程竣工验收。实行监理的工程,工程竣工报告须经总监理工程师签署意见。

(二)建设单位收到工程竣工报告后,对符合竣工验收要求的工程,组织勘察、设计、施工、监理等单位组成验收组,制订验收方案。对于重大工程和技术复杂工程,根据需要可邀请有关专家参加验收组。

(三)建设单位应当在工程竣工验收7个工作日前将验收的时间、地点及验收组名单书面通知负责监督该工程的工程质量监督机构。

(四)建设单位组织工程竣工验收。

1. 建设、勘察、设计、施工、监理单位分别汇报工程合同履约情况和在工程建设各个环节执行法律、法规和工程建设强制性标准的情况。

2. 审阅建设、勘察、设计、施工、监理单位的工程档案资料。

3. 实地查验工程质量。

4. 对工程勘察、设计、施工、设备安装质量和各管理环节等方面作出全面评价,形成经验收组人员签署的工程竣工验收意见。

参与工程竣工验收的建设、勘察、设计、施工、监理等各方不能形成一致意见时,应当协商提出解决的方法,待意见一致后,重新组织工程竣工验收。

第七条　工程竣工验收合格后,建设单位应当及时提出工程竣工验收报告。工程竣工验收报告主要包括工程概况,建设单位执行基本建设程序情况,对工程勘察、设计、施工、监理等方面的评价,工程竣工验收时间、程序、内容和组织形式,工程竣工验收意见等内容。

工程竣工验收报告还应附有下列文件：

（一）施工许可证。

（二）施工图设计文件审查意见。

（三）本规定第五条（二）、（三）、（四）、（八）项规定的文件。

（四）验收组人员签署的工程竣工验收意见。

（五）法规、规章规定的其他有关文件。

第八条　负责监督该工程的工程质量监督机构应当对工程竣工验收的组织形式、验收程序、执行验收标准等情况进行现场监督，发现有违反建设工程质量管理规定行为的，责令改正，并将对工程竣工验收的监督情况作为工程质量监督报告的重要内容。

第九条　建设单位应当自工程竣工验收合格之日起15日内，依照《房屋建筑和市政基础设施工程竣工验收备案管理办法》（住房和城乡建设部令第2号）的规定，向工程所在地的县级以上地方人民政府建设主管部门备案。

第十条　抢险救灾工程、临时性房屋建筑工程和农民自建低层住宅工程，不适用本规定。

第十一条　军事建设工程的管理，按照中央军事委员会的有关规定执行。

第十二条　省、自治区、直辖市人民政府住房和城乡建设主管部门可以根据本规定制定实施细则。

第十三条　本规定由国务院住房和城乡建设主管部门负责解释。

第十四条　本规定自发布之日起施行。《房屋建筑工程和市政基础设施工程竣工验收暂行规定》（建监〔2000〕142号）同时废止。

第二章
建筑工程技术资料归档整理

【职业能力目标】

1. 明确建筑工程技术资料归档的范围。
2. 按照规范规定的要求进行建筑工程技术资料的归档、组卷、移交。

【学习要求】

1. 了解建筑工程技术资料的组卷规定。
2. 熟悉建筑工程技术资料的验收与移交。
3. 掌握建筑工程技术资料的归档范围、质量要求。

建筑工程技术资料的归档是指工程技术资料的形成单位,在完成工作任务后,将形成的资料整理、立卷,按规定移交档案管理机构的整个过程。

归档包括两方面含义:一是建设、勘察、设计、施工、监理等单位将本单位在工程建设过程中形成的资料向本单位档案管理机构移交;二是勘察、设计、施工、监理等单位将本单位在工程建设过程中形成的资料向建设单位移交,由建设单位向当地城建档案管理机构移交。

工程档案一般不少于两套,一套由建设单位保管,一套(原件)移交当地城建档案馆(室)。

第一节　建筑工程技术资料归档范围与质量要求

一　归档范围

针对工程建设有关的重要活动,记载工程建设主要过程和现状、具有保存价值的各种载体的文件,均应收集齐全、整理立卷后归档。

二　归档文件的质量要求

(1)归档的纸质工程文件应为原件。

(2)工程文件的内容及其深度应符合国家现行有关工程勘察、设计、施工、监理等标准的规定。

(3)工程文件的内容必须真实、准确,应与工程实际相符合。

(4)工程文件应字迹清楚、图样清晰、图表整洁、签字盖章手续完备。

(5)工程文件中文字材料的幅面尺寸规格宜为A4幅面(297mm×210mm),图纸宜采用国家标准图幅。

(6)工程文件的纸张应采用能够长期保存的韧力大、耐久性强的纸张。

(7)工程文件应采用碳素墨水、蓝黑墨水等耐久性强的书写材料,不得使用红色墨水、纯蓝墨水、圆珠笔、复写纸、铅笔等易褪色的书写材料。计算机输出文字和图件应使用激光打印机,不应使用色带式打印机、水性墨打印机和热敏打印机。

(8)所有竣工图均应加盖竣工图章,竣工图章应使用不易褪色的印泥。

(9)归档的建设工程电子文件应采用开放式文件格式或通用格式进行存储。

(10)归档的电子文件应包含元数据,保证文件的完整性和有效性;并应采用电子签名等手段,所载内容应真实、可靠。

(11)归档的电子文件内容必须与其纸质档案一致。

(12)离线归档的电子档案载体,应采用一次性写入光盘,光盘不应有磨损、划伤。

(13)存储移交电子档案的载体应经过检测,应无病毒、无数据读写故障,并应确保接收方能通过适当设备读出数据。

三 归档时间的规定

(1)根据建设程序和工程特点,归档可以分阶段、分期进行,也可以在单位或分部工程通过竣工验收后进行。

(2)勘察、设计单位应当在任务完成时,施工、监理单位应当在工程竣工验收前,将各自形成的有关工程资料向建设单位归档。

(3)勘察、设计、施工单位在收齐工程资料并整理立卷后,建设单位、监理单位应根据城建档案管理机构的要求,对档案文件完整、准确、系统情况和案卷质量进行审查,审查合格后向建设单位移交。

第二节　建筑工程技术资料的组卷

组卷又称立卷,是指按一定的原则和方法,将有保存价值的资料进行系统整理、编制目录、详细核对后装订成案卷。

工程准备阶段文件和工程竣工文件应由建设单位负责收集、整理与组卷;监理文件应由监理单位负责收集、整理与组卷;施工文件应由施工单位负责收集、整理与组卷;竣工图应由建设单位负责组织,也可委托其他单位。

一 立卷的原则

(1)立卷应遵循工程文件的自然形成规律和工程专业的特点,保持卷内文件的有机联系,便于档案的保管和利用。

(2)工程文件应按不同的形成、整理单位及建设程序,按工程准备阶段文件、监理文件、施工文件、竣工图、竣工验收文件分别进行立卷,并可根据数量多少组成一卷或多卷。

(3)一项建设工程由多个单位工程组成时,工程文件应按单位工程立卷。

(4)不同载体的文件应分别立卷。

二 立卷的要求

(1)案卷不宜过厚,文字材料卷厚度不宜超过20mm。

(2)案卷内不应有重份文件,印刷成册的工程文件宜保持原状。

(3)电子文件的组织和排序可按纸质文件进行。

(4)不同幅面的工程图纸,应统一折叠成A4幅面(297mm×210mm)。应图面朝内,首先沿标题栏的短边方向以W形折叠,然后沿标题栏的长边方向以W形折叠,并且标题栏露在外面。

三 立卷的方法

(1)工程准备阶段文件应按建设程序、形成单位等进行立卷。

(2)监理文件应按单位工程、分部工程或专业、阶段进行立卷。

(3)施工文件应按单位工程、分部(分项)工程进行立卷。专业承(分)包施工的分部、子分部(分项)工程应分别单独立卷;室外工程应按室外建筑环境和室外安装工程单独立卷;当施工文件中部分内容不能按一个单位工程分类立卷时,可按建设工程立卷。

(4)竣工图应按单位工程分专业进行立卷。

(5)竣工验收文件应按单位工程分专业进行立卷。

(6)电子文件进行立卷时,每个工程(项目)应建立多级文件夹,应与纸质文件在案卷设置上一致,并应建立相应的标识关系。

(7)声像资料应按建设工程各阶段立卷,重大事件及重要活动的声像资料应按专题立卷,声像档案与纸质档案应建立相应的标识关系。

四 案卷的编目

(一)卷内文件页号的编制规定

(1)卷内文件均按有书写内容的页面编号,每卷单独编号,页号从1开始。

(2)页号编写位置:单面书写的文件在右下角;双面书写的文件,正面在右下角,背面在左下角;折叠后的图纸一律在右下角。

(3)成套图纸或印刷成册的科技文件资料,自成一卷的,原目录可代替卷内目录,不必重新编写页码。

(4)案卷封面、卷内目录、卷内备考表不编写页号。

(二)卷内目录的编制规定

(1)卷内目录排列在卷内文件首页之前,式样宜符合规范的规定(图2-1)。

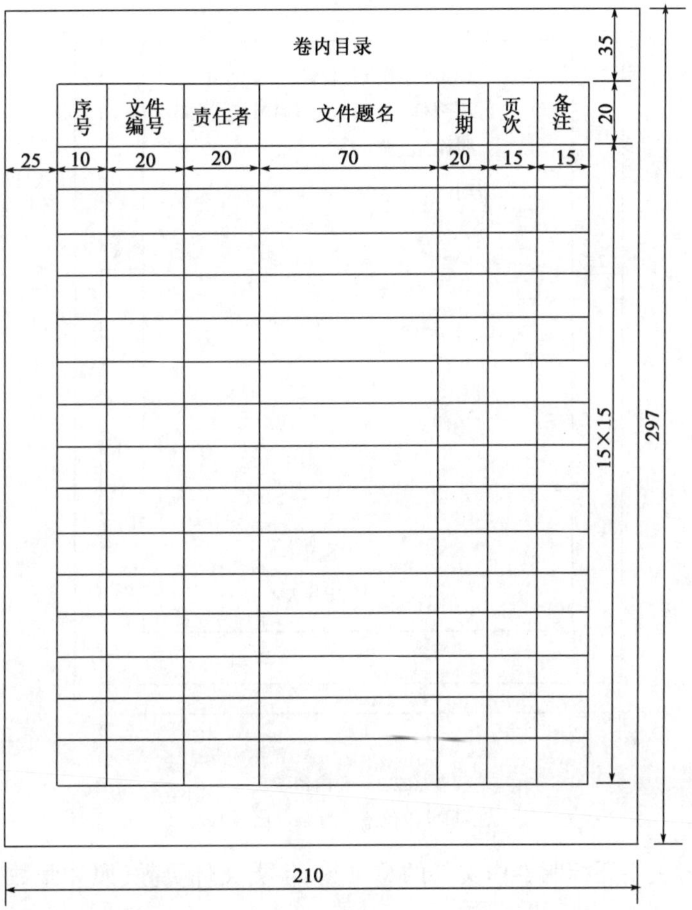

图2-1 卷内目录

注:尺寸单位统一为mm,比例1:2。

(2)序号:以一份文件为单位,用阿拉伯数字从1依次标注。

(3)责任者:填写文件的直接形成单位和个人,有多个责任者时,选择两个主要责任者,其余用等代替。

(4)文件编号:填写文件形成单位的发文号或图纸的图号,或设备、项目代号。

(5)文件题名:填写文件标题的全称。

(6)日期:填写文件形成的日期或文件的起止日期,竣工图应填写编制日期。“年”用四位数字表示,“月”和“日”应分别用两位数字表示。

(7)页次:填写文件在卷内所排的起始页号,最后一份文件填写起止页号。

(8)备注应填写需要说明的问题。

(三)卷内备考表的编制规定

(1)卷内备考表应排列在卷内文件的尾页之后,式样宜符合规范的规定(图2-2)。

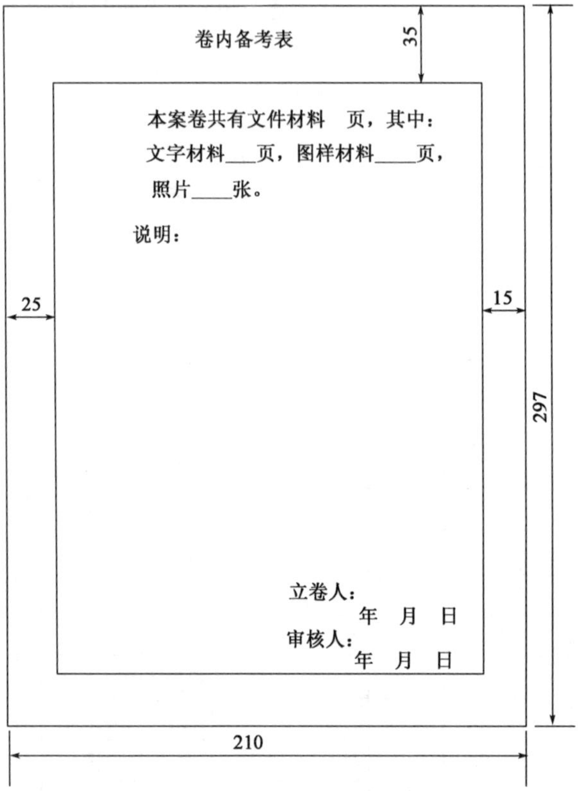

图2-2　卷内备考表

注:尺寸单位统一为mm,比例1:2。

(2)卷内备考表主要标明卷内文件的总页数、各类文件页数、照片张数,以及立卷单位对案卷情况的说明。

(3)立卷单位的立卷人和审核人应在卷内备考表上签名;年、月、日应按立卷、审核时间填写。

(四)案卷封面的编制规定

(1)案卷封面印刷在卷盒、卷夹的正表面,也可采用内封面形式。案卷封面的式样宜符合规范的规定。

(2)案卷封面的内容:应包括档号、案卷题名、编制单位、起止日期、密级、保管期限、共几卷、第几卷。

(3)档号:应由分类号、项目号和案卷号组成,档号由档案保管单位填写。

(4)案卷题名:应简明准确地揭示卷内文件的内容。

(5)编制单位：应填写案卷内文件的形成单位或主要责任者。

(6)起止日期：应填写案卷内全部文件形成的起止日期。

(7)保存期限：应根据卷内文件的保存价值在永久保管、长期保管、短期保管三种保管期限中选择划定，当同一案卷内有不同保管期限的文件时，该案卷的保管期限应从长。

(8)密级：应在绝密、机密、秘密三个级别中选择划定。当同一案卷内有不同密级的文件，应以高密级为本卷密级。

案卷封面如图 2-3 所示。

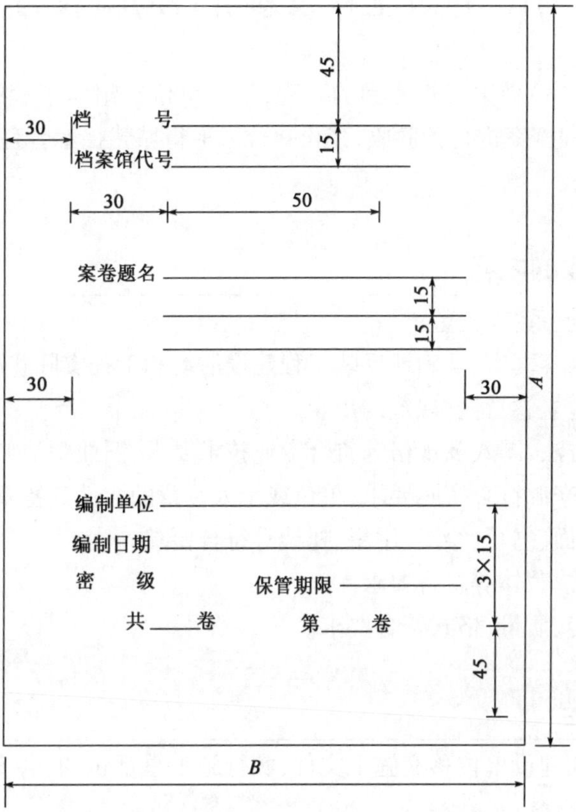

图 2-3　案卷封面

注：卷盒、卷夹封面 $A \times B = 310 \times 220$，案卷封面 $A \times B = 297 \times 220$，尺寸单位统一为 mm，比例 1∶2。

(五)案卷用纸

卷内目录、卷内备考表、案卷内封面应采用 70g 以上白色书写纸制作，统一采用 A4 幅面。

五 案卷规格与装订

(一)案卷规格

(1)卷盒的外表尺寸为 310mm × 220mm，厚度分别为 20mm、30mm、40mm、50mm。

(2)卷夹的外表尺寸为310mm×220mm,厚度一般为20~30mm。

(3)卷盒、卷夹应采用无酸纸制作。

(二)案卷装订

(1)案卷可采用装订和不装订两种形式。

(2)文字材料必须装订。装订时不应破坏文件的内容,要整齐、牢固,便于保管和利用。

第三节　建筑工程技术资料的验收与移交

列入城建档案馆(室)档案接收范围的工程,建设单位在组织工程竣工验收前,应提请城建档案管理机构对工程档案进行预验收,建设单位未取得城建档案管理机构出具的认可文件,不得组织工程竣工验收。

一　档案预验收的内容

(1)工程档案齐全、系统、完整。

(2)工程档案的内容真实、准确地反映工程建设活动和工程实际状况。

(3)工程档案整理立卷,符合规范的规定。

(4)竣工图绘制方法、图式及规格等符合专业技术要求,图面整洁,盖有竣工图章。

(5)文件的形成、来源符合实际要求,单位或个人签章的文件其签章手续完备。

(6)文件材质、幅面、书写、绘图、用墨、托裱等符合要求。

(7)电子档案格式、载体等符合要求。

(8)声像档案内容、质量、格式符合要求。

二　移交的规定

(1)施工单位应向建设单位移交施工文件,实行施工总承包的,各专业承包单位应向施工总承包单位移交施工资料。

(2)监理单位应向建设单位移交监理文件。

(3)列入城建档案馆(室)接收范围的工程,建设单位在工程竣工验收后3个月内,必须向城建档案馆(室)移交一套符合规定的工程档案。

(4)停建、缓建建设工程的档案暂由建设单位保管。

(5)对改建、扩建和维修工程,建设单位应当组织设计、施工单位据实修改、补充和完善原工程档案。对改变的部位,应当重新编制工程档案,并在工程竣工验收后3个月内,向城建档案馆(室)移交。

(6)移交工程档案时,应及时办理相关移交手续,填写工程资料移交书、移交目录,双方签字盖章后交接。

建设工程文件归档范围见表2-1。

建设工程文件归档范围 表 2-1

类别	归档文件	保存单位				
		建设单位	设计单位	施工单位	监理单位	城建档案馆
	工程准备阶段文件(A类)					
一	立项文件(A1)					
1	项目建议书批复文件及项目建议书	●				●
2	可行性研究报告批复文件及可行性研究报告	●				●
3	专家论证意见、项目评估文件	●				●
4	有关立项的会议纪要、领导批示	●				●
二	建设用地、拆迁文件(A2)					
1	选址申请及选址规划意见通知书	●				●
2	建设用地批准书	●				●
3	拆迁安置意见、协议、方案等	●				○
4	建设用地规划许可证及其附件	●				●
5	土地使用证明文件及其附件	●				●
6	建设用地钉桩通知单	●				●
三	勘察、设计文件(A3)					
1	工程地质勘察报告	●	●			●
2	水文地质勘察报告	●	●			●
3	初步设计文件(说明书)	●	●			
4	设计方案审查意见	●	●			●
5	人防、环保、消防有关部门(对设计方案)审查意见	●	●			●
6	设计计算书	●	●			○
7	施工图设计文件及审查意见	●	●			●
8	节能设计备案文件	●				●
四	招投标文件(A4)					
1	勘察、设计招投标文件	●	●			
2	勘察、设计合同	●	●			●
3	施工招投标文件	●		●	○	
4	施工合同	●		●	○	●
5	工程监理招投标文件	●			●	
6	监理合同	●			●	●
五	开工审批文件(A5)					
1	建设工程规划许可证及其附件	●		○	○	●
2	建设工程施工许可证	●		●	●	●

续上表

类别	归档文件	保存单位				
		建设单位	设计单位	施工单位	监理单位	城建档案馆
六	工程造价文件(A6)					
1	工程投资估算材料	●				
2	工程设计概算材料	●				
3	招标控制价格文件	●				
4	合同价格文件	●		●		○
5	结算价格文件	●		●		○
七	工程建设基本信息(A7)					
1	工程概况信息表	●		○		●
2	建设单位工程项目负责人及现场管理人员名册	●				●
3	监理单位工程项目总监及监理人员名册	●			●	●
4	施工单位工程项目经理及质量管理人员名册	●		●		●
	监理文件(B类)					
一	监理管理文件(B1)					
1	监理规划	●			●	●
2	监理实施细则	●		○	●	●
3	监理月报	○			●	
4	监理会议纪要	●		○	●	
5	监理工作日志				●	
6	监理工作总结				●	●
7	工作联系单(表B.1.1)	●		○	○	
8	监理工程师通知(表B.1.2)	●		○	○	○
9	监理工程师通知回复单(表C.1.7)	●		○	○	○
10	工程暂停令(表B.1.3)	●		○	○	●
11	工程复工报审表(表C.3.2)	●		●	●	●
二	进度控制文件(B2)					
1	工程开工报审表(表C.3.1)	●		●	●	●
2	施工进度计划报审表(表C.3.3)	●		○	○	
三	质量控制文件(B3)					
1	质量事故报告及处理资料	●		●	●	●
2	旁站监理记录(表B.3.1)	○		○	●	
3	见证取样和送检见证人员备案表(表B.3.2)	●		●	●	
4	见证记录(表B.3.3)	●		●	●	
5	工程技术文件报审表(表C.2.1)			○		

续上表

类别	归档文件	保存单位				
		建设单位	设计单位	施工单位	监理单位	城建档案馆
四	造价控制文件(B4)					
1	工程款支付	●		○	○	
2	工程款支付证书(表 B.4.1)	●		○	○	
3	工程变更费用报审表	●		○	○	
4	费用索赔申请表	●		○	○	
5	费用索赔审批表(表 B.4.2)	●		○	○	
五	工期管理文件(B5)					
1	工程延期申请表(表 C.3.5)	●		●	●	●
2	工程延期审批表(表 B.5.1)	●			●	●
六	监理验收文件(B6)					
1	竣工移交证书	●		●	●	●
2	监理资料移交书	●			●	
	施工文件(C 类)					
一	施工管理文件(C1)					
1	工程概况表(表 C.1.1)	●		●	●	○
2	施工现场质量管理检查记录(表 C.1.2)			○	○	
3	企业资质证书及相关专业人员岗位证书	○		○	○	○
4	分包单位资质报审表(表 C.1.3)	●		●	●	
5	建设单位质量事故勘查记录(表 C.1.4)	●		●	●	●
6	建设工程质量事故报告书	●		●	●	●
7	施工检测计划	○		○	○	
8	见证试验检测汇总表(表 C.1.5)	●		●	●	●
9	施工日志(表 C.1.6)			●		
二	施工技术文件(C2)					
1	工程技术文件报审表(表 C.2.1)	○		○	○	
2	施工组织设计及施工方案	○		○	○	○
3	危险性较大分部分项工程施工方案专家论证表(表 C.2.2)	○		○	○	○
4	技术交底记录(表 C.2.3)	○		○		
5	图纸会审记录(表 C.2.4)	●	●	●	●	●
6	设计变更通知单(表 C.2.5)	●	●	●	●	●
7	工程洽商记录(技术核定单)(表 C.2.6)	●	●	●	●	●

续上表

类别	归档文件	保存单位				
		建设单位	设计单位	施工单位	监理单位	城建档案馆
三	进度造价文件(C3)					
1	工程开工报审表(表 C.3.1)	●	●	●	●	●
2	工程复工报审表(表 C.3.2)	●	●	●	●	●
3	施工进度计划报审表(表 C.3.3)			○	○	
4	施工进度计划			○	○	
5	人、机、料动态表(表 C.3.4)			○	○	
6	工程延期申请表(表 C.3.5)	●		●	●	●
7	工程款支付申请表(表 C.3.6)	●		○	○	
8	工程变更费用报审表(表 C.3.7)	●		○	○	
9	费用索赔申请表(表 C.3.8)	●		○	○	
四	施工物资出厂质量证明及进场检测文件(C4)					
出厂质量证明文件及检测报告						
1	砂、石、砖、水泥、钢筋、隔热保温、防腐材料、轻集料出厂质量证明文件	●		●	●	○
2	其他物资出厂合格证、质量保证书、检测报告和报关单或商检证等	○		●	○	
3	材料、设备的相关检验报告、型式检测报告、3C 强制认证合格证书或 3C 标志	○		●	○	
4	主要设备、器具的安装使用说明书	●		●	○	
5	进口的主要材料设备的商检证明文件	○		●		
6	涉及消防、安全、卫生、环保、节能的材料、设备的检测报告或法定机构出具的有效证明文件	●		●	●	○
7	其他施工物资产品合格证、出厂检测报告					
进场检验通用表格						
1	材料、构配件进场检验记录(表 C.4.1)			○	○	
2	设备开箱检验记录(表 C.4.2)			○	○	
3	设备及管道附件试验记录(表 C.4.3)	●		●	○	
进场复试报告						
1	钢材试验报告	●		●	●	●
2	水泥试验报告	●		●	●	●
3	砂试验报告	●		●	●	●
4	碎(卵)石试验报告	●		●	●	●
5	外加剂试验报告	○		●	●	●
6	防水涂料试验报告	●		●	○	

续上表

类别	归档文件	保存单位				
		建设单位	设计单位	施工单位	监理单位	城建档案馆
7	防水卷材试验报告	●		●	○	
8	砖(砌块)试验报告	●		●	●	●
9	预应力筋复试报告	●		●	●	●
10	预应力锚具、夹具和连接器复试报告	●		●	●	●
11	装饰装修用门窗复试报告	●		●	○	
12	装饰装修用人造木板复试报告	●		●	○	
13	装饰装修用花岗石复试报告	●		●	○	
14	装饰装修用安全玻璃复试报告	●		●	○	
15	装饰装修用外墙面砖复试报告	●		●	○	
16	钢结构用钢材复试报告	●		●	●	●
17	钢结构用防火涂料复试报告	●		●	●	●
18	钢结构用焊接材料复试报告	●		●	●	●
19	钢结构用高强度大六角头螺栓连接副复试报告	●		●	●	●
20	钢结构用扭剪型高强螺栓连接副复试报告	●		●	●	●
21	幕墙用铝塑板、石材、玻璃、结构胶复试报告	●		●	●	●
22	散热器、采暖系统保温材料、通风与空调工程绝热材料、风机盘管机组、低压配电系统电缆的见证取样复试报告	●		●	●	●
23	节能工程材料复试报告	●		●	●	●
24	其他物资进场复试报告					
五	施工记录文件(C5)					
1	隐蔽工程验收记录(表 C.5.1)	●		●	●	●
2	施工检查记录(表 C.5.2)			○		
3	交接检查记录(表 C.5.3)			○		
4	工程定位测量记录(表 C.5.4)	●		●	●	●
5	基槽验线记录	●		●	●	●
6	楼层平面放线记录			○	○	○
7	楼层标高抄测记录			○	○	○
8	建筑物垂直度、标高观测记录(表 C.5.5)	●		●	○	○
9	沉降观测记录	●		●	○	
10	基坑支护水平位移监测记录			○	○	
11	桩基、支护测量放线记录			○	○	
12	地基验槽记录(表 C.5.6)	●	●	●	●	●
13	地基钎探记录	●		○	○	●

续上表

类别	归档文件	保存单位				
		建设单位	设计单位	施工单位	监理单位	城建档案馆
14	混凝土浇灌申请书			○	○	
15	预拌混凝土运输单			○		
16	混凝土开盘鉴定			○	○	
17	混凝土拆模申请单			○	○	
18	混凝土预拌测温记录			○		
19	混凝土养护测温记录			○		
20	大体积混凝土养护测温记录			○		
21	大型构件吊装记录	●		○	○	●
22	焊接材料烘焙记录			○		
23	地下工程防水效果检查记录(表C.5.7)	●		○	○	
24	防水工程试水检查记录(表C.5.8)	●		○	○	
25	通风(烟)道、垃圾道检查记录(表C.5.9)	●		○	○	
26	预应力筋张拉记录	●		●	○	●
27	有黏结预应力结构灌浆记录	●		●	○	●
28	钢结构施工记录	●		●	○	
29	网架(索膜)施工记录	●		●	○	●
30	木结构施工记录	●		●	○	
31	幕墙注胶检查记录	●		●	○	
32	自动扶梯、自动人行道的相邻区域检查记录	●		●	○	
33	电梯电气装置安装检查记录	●		●	○	
34	自动扶梯、自动人行道电气装置检查记录	●		●	○	
35	自动扶梯、自动人行道整机安装质量检查记录	●		●	○	
36	其他施工记录文件					
六	施工试验记录及检测文件(C6)					
通用表格						
1	设备单机试运转记录(表C.6.1)	●		●	○	○
2	系统试运转调试记录(表C.6.2)	●		●	○	○
3	接地电阻测试记录(表C.6.3)	●		●	○	○
4	绝缘电阻测试记录(表C.6.4)	●		●	○	○
建筑与结构工程						
1	锚杆试验报告	●		●	○	○
2	地基承载力检验报告	●		●	○	●
3	桩基检测报告	●		●	○	●

续上表

类别	归档文件	保存单位				
		建设单位	设计单位	施工单位	监理单位	城建档案馆
4	土工击实试验报告	●		●	○	●
5	回填土试验报告(应附图)	●		●	○	●
6	钢筋机械连接试验报告	●		●	○	○
7	钢筋焊接连接试验报告	●		●	○	○
8	砂浆配合比申请单、通知单			○	○	○
9	砂浆抗压强度试验报告	●		●	○	●
10	砌筑砂浆试块强度统计、评定记录(表C.6.5)	●		●		○
11	混凝土配合比申请单、通知单	●		○	○	○
12	混凝土抗压强度试验报告	●		●	○	●
13	混凝土试块强度统计、评定记录(表C.6.6)	●		●	○	○
14	混凝土抗渗试验报告	●		●	○	○
15	砂、石、水泥放射性指标报告	●		●	○	○
16	混凝土碱总量计算书	●		●	○	○
17	外墙饰面砖样板黏结强度试验报告	●		●	○	○
18	后置埋件抗拔试验报告	●		●	○	○
19	超声波探伤报告、探伤记录	●		●	○	○
20	钢构件射线探伤报告	●		●	○	○
21	磁粉探伤报告	●		●	○	○
22	高强度螺栓抗滑移系数检测报告	●		●	○	○
23	钢结构焊接工艺评定			○	○	○
24	网架节点承载力试验报告	●		●	○	○
25	钢结构防腐、防火涂料厚度检测报告	●		●	○	○
26	木结构胶缝试验报告	●		●	○	
27	木结构构件力学性能试验报告	●		●	○	○
28	木结构防护剂试验报告	●		●	○	○
29	幕墙双组分硅酮结构密封胶混匀性及拉断试验报告	●		●	○	○
30	幕墙的抗风压性能、空气渗透性能、雨水渗透性能及平面内变形性能检测报告	●		●	○	○
31	外门窗的抗风压性能、空气渗透性能和雨水渗透性能检测报告	●		●	○	○
32	墙体节能工程保温板材与基层黏结强度现场拉拔试验	●		●	○	○
33	外墙保温浆料同条件养护试件试验报告	●		●	○	○
34	结构实体混凝土强度检验记录(表C.6.7)	●		●	○	○
35	结构实体钢筋保护层厚度检验记录(表C.6.8)	●		●	○	○

续上表

类别	归档文件	保存单位				
		建设单位	设计单位	施工单位	监理单位	城建档案馆
36	围护结构现场实体检验	●		●	○	○
37	室内环境检测报告	●		●	○	○
38	节能性能检测报告	●		●	○	●
39	其他建筑与结构施工试验记录与检测文件					
给水排水及供暖工程——略						
建筑电气工程——略						
智能建筑工程——略						
通风与空调工程——略						
电梯工程——略						
七	施工质量验收文件(C7)					
1	检验批质量验收记录(表C.7.1)	●		○	○	
2	分项工程质量验收记录(表C.7.2)	●		●	●	
3	分部(子分部)工程质量验收记录(表C.7.3)	●		●	●	●
4	建筑节能分部工程质量验收记录(表C.7.4)	●		●	●	●
5	自动喷水系统验收缺陷项目划分记录	●		○	○	
6	程控电话交换系统分项工程质量验收记录	●		●	○	
7	会议电视系统分项工程质量验收记录	●		●	○	
8	卫星数字电视系统分项工程质量验收记录	●		●	○	
9	有线电视系统分项工程质量验收记录	●		●	○	
10	公共广播与紧急广播系统分项工程质量验收记录	●		●	○	
11	计算机网络系统分项工程质量验收记录	●		●	○	
12	应用软件系统分项工程质量验收记录	●		●	○	
13	网络安全系统分项工程质量验收记录	●		●	○	
14	空调与通风系统分项工程质量验收记录	●		●	○	
15	变配电系统分项工程质量验收记录	●		●	○	
16	公共照明系统分项工程质量验收记录	●		●	○	
17	给排水系统分项工程质量验收记录	●		●	○	
18	热源和热交换系统分项工程质量验收记录	●		●	○	
19	冷冻和冷却水系统分项工程质量验收记录	●		●	○	
20	电梯和自动扶梯系统分项工程质量验收记录	●		●	○	
21	数据通信接口分项工程质量验收记录	●		●	○	
22	中央管理工作站及操作分站分项工程质量验收记录	●		●	○	
23	系统实时性、可维护性、可靠性分项工程质量验收记录	●		●	○	

续上表

类 别	归 档 文 件	保 存 单 位				
		建设单位	设计单位	施工单位	监理单位	城建档案馆
24	现场设备安装及检测分项工程质量验收记录	●		●	○	
25	火灾自动报警及消防联动系统分项工程质量验收记录	●		●	○	
26	综合防范功能分项工程质量验收记录	●		●	○	
27	视频安装监控系统分项工程质量验收记录	●		●	○	
28	入侵报警系统分项工程质量验收记录	●		●	○	
29	出入口控制(门禁)系统分项工程质量验收记录	●		●	○	
30	巡更管理系统分项工程质量验收记录	●		●	○	
31	停车场(库)管理系统分项工程质量验收记录	●		●	○	
32	安全防范综合管理系统分项工程质量验收记录	●		●	○	
33	综合布线系统安装分项工程质量验收记录	●		●	○	
34	综合布线系统性能检测分项工程质量验收记录	●		●	○	
35	系统集成网络连接分项工程质量验收记录	●		●	○	
36	系统数据集成分项工程质量验收记录	●		●	○	
37	系统集成整体协调分项工程质量验收记录					
38	系统集成综合管理及冗余功能分项工程质量验收记录	●		●	○	
39	系统集成可维护性和安全性分项工程质量验收记录	●		●	○	
40	电源系统分项工程质量验收记录	●		●	○	
41	其他施工质量验收文件					
八	施工验收文件(C8)					
1	单位(子单位)工程竣工预验收报验表(表 C.8.1)	●		●		●
2	单位(子单位)工程质量竣工验收记录(表 C.8.2-1)	●	○	●		●
3	单位(子单位)工程质量控制资料核查记录(表 C.8.2-2)	●		●		●
4	单位(子单位)工程安全和功能检验资料核查及主要功能抽查记录(表 C.8.2-3)	●		●		●
5	单位(子单位)工程观感质量检查记录(表 C.8.2-4)	●		●		●
6	施工资料移交书	●		●		
7	其他施工验收文件					
	竣工图(D 类)					
1	建筑竣工图	●		●		●
2	结构竣工图	●		●		●
3	钢结构竣工图	●		●		●
4	幕墙竣工图	●		●		●
5	室内装饰竣工图	●		●		

续上表

类别	归档文件	保存单位				
		建设单位	设计单位	施工单位	监理单位	城建档案馆
6	建筑给水、排水与供暖竣工图	●		●		●
7	建筑电气竣工图	●		●		●
8	智能建筑竣工图	●		●		●
9	通风与空调竣工图	●		●		●
10	室外工程竣工图	●		●		●
11	规划红线内的室外给水、排水、供热、供电、照明管线等竣工图	●		●		●
12	规划红线内的道路、园林绿化、喷泉设施等竣工图	●		●		●
工程竣工验收文件(E类)						
一	竣工验收与备案文件(E1)					
1	勘察单位工程质量检查报告	●		○	○	●
2	设计单位工程质量检查报告	●	●	○	○	●
3	施工单位工程竣工报告	●		●	○	●
4	监理单位工程质量评估报告	●		○	●	●
5	工程竣工验收报告	●	●	●	●	●
6	工程竣工验收会议记录	●	●	●	●	●
7	专家组竣工验收意见	●	●	●	●	●
8	工程竣工验收证书	●	●	●	●	●
9	规划、消防、环保、民房、防雷等部门出具的认可文件或准许使用文件	●	●	●	●	●
10	房屋建筑工程质量保修书	●				●
11	住宅质量保证书、住宅使用说明书	●		●		●
12	建设工程竣工验收备案表	●	●	●	●	●
13	建设工程档案预验收意见	●		○		●
14	城市建设档案移交书	●				●
二	竣工决算文件(E2)					
1	施工决算文件	●		●		○
2	监理决算文件	●			●	○
三	工程声像资料(E3)					
1	开工前原貌、施工阶段、竣工新貌照片	●		○	○	●
2	工程建设过程的录音、录像资料(最大工程)	●		○	○	●
四	其他工程文件(E4)					

注:表中符号●表示必须归档保存;○表示选择性归档保存。

本章小结

搜集和整理好工程技术资料是建筑施工中的一项重要工作，是工程质量管理的组成部分。建筑工程技术资料采取统一存放、妥善保管，可以方便相关单位随时查阅。本章主要内容是建筑工程技术资料归档的相关规定，包括归档的范围、要求等。

【相关链接】

1997 年 12 月 23 日建设部令第 61 号发布，第一次修正根据 2001 年 7 月 4 日《建设部发布关于修改〈城市建设档案管理规定〉的决定》，第二次修正根据 2011 年 1 月 26 日《住房和城乡建设部关于废止和修改部分规章的决定》。

城市建设档案管理规定

中华人民共和国建设部

第 90 号

第一条　为了加强城市建设档案(以下简称城建档案)管理，充分发挥城建档案在城市规划、建设、管理中的作用，根据《中华人民共和国档案法》《中华人民共和国城乡规划法》《建设工程质量管理条例》《科学技术档案工作条例》，制定本规定。

第二条　本规定适用于城市内(包括城市各类开发区)的城建档案的管理。

本规定所称城建档案，是指在城市规划、建设及其管理活动中直接形成的对国家和社会具有保存价值的文字、图纸、图表、声像等各种载体的文件材料。

第三条　国务院建设行政主管部门负责全国城建档案管理工作，业务上受国家档案部门的监督、指导。

县级以上地方人民政府建设行政主管部门负责本行政区域内的城建档案管理工作，业务上受同级档案部门的监督、指导。

城市的建设行政主管部门应当设置城建档案工作管理机构或者配备城建档案管理人员，负责全市城建档案工作。城市的建设行政主管部门也可以委托城建档案馆负责城建档案工作的日常管理工作。

第四条　城建档案馆的建设资金按照国家或者地方的有关规定，采取多种渠道解决。城建档案馆的设计应当符合档案馆建筑设计规范要求。城建档案的管理应当逐步采用新技术，实现管理现代化。

第五条　城建档案馆重点管理下列档案资料：

(一)各类城市建设工程档案：

(1)工业、民用建筑工程。

(2)市政基础设施工程。

(3)公用基础设施工程。

(4)交通基础设施工程。

(5)园林建设、风景名胜建设工程。

(6)市容环境卫生设施建设工程。

(7)城市防洪、抗震、人防工程。

(8)军事工程档案资料中，除军事禁区和军事管理区以外的穿越市区的地下管线走向和有关隐蔽工程的位置图。

(二)建设系统各专业管理部门(包括城市规划、勘测、设计、施工、监理、园林、风景名胜、环卫、市政、公用、房地产管理、人防等部门)形成的业务管理和业务技术档案。

(三)有关城市规划、建设及其管理的方针、政策、法规、计划方面的文件、科学研究成果和城市历史、自然、经济等方面的基础资料。

第六条　建设单位应当在工程竣工验收后三个月内,向城建档案馆报送一套符合规定的建设工程档案。凡建设工程档案不齐全的,应当限期补充。

停建、缓建工程的档案,暂由建设单位保管。

撤销单位的建设工程档案,应当向上级主管机关或者城建档案馆移交。

第七条　对改建、扩建和重要部位维修的工程,建设单位应当组织设计、施工单位据实修改、补充和完善原建设工程档案。凡结构和平面布置等改变的,应当重新编制建设工程档案,并在工程竣工后三个月内向城建档案馆报送。

第八条　列入城建档案馆档案接收范围的工程,建设单位在组织竣工验收前,应当提请城建档案管理机构对工程档案进行预验收。预验收合格后,由城建档案管理机构出具工程档案认可文件。

第九条　建设单位在取得工程档案认可文件后,方可组织工程竣工验收。建设行政主管部门在办理竣工验收备案时,应当查验工程档案认可文件。

第十条　建设系统各专业管理部门形成的业务管理和业务技术档案,凡具有永久保存价值的,在本单位保管使用一至五年后,按本规定全部向城建档案馆移交。有长期保存价值的档案,由城建档案馆根据城市建设的需要选择接收。

城市地下管线普查和补测补绘形成的地下管线档案应当在普查、测绘结束后三个月内接收进馆。地下管线专业管理单位每年应当向城建档案馆报送更改、报废、漏测部分的管线现状图和资料。

房地产权属档案的管理,由国务院建设行政主管部门另行规定。

第十一条　城建档案馆对接收的档案应当及时登记、整理,编制检索工具。做好档案的保管、保护工作,对破损或者变质的档案应当及时抢救。特别重要的城建档案应当采取有效措施,确保其安全无损。

城建档案馆应当积极开发档案信息资源,并按照国家的有关规定,向社会提供服务。

第十二条　建设行政主管部门对在城建档案工作中做出显著成绩的单位和个人,应当给予表彰和奖励。

第十三条　违反本规定有下列行为之一的,由建设行政主管部门对直接负责的主管人员或者其他直接责任人员依法给予行政处分;构成犯罪的,由司法机关依法追究刑事责任:

(一)无故延期或者不按照规定归档、报送的。

(二)涂改、伪造档案的。

(三)档案工作人员玩忽职守,造成档案损失的。

第十四条　建设工程竣工验收后,建设单位未按照本规定移交建设工程档案的,依照《建设工程质量管理条例》的规定处罚。

第十五条　省、自治区、直辖市人民政府建设行政主管部门可以根据本规定制定实施细则。

第十六条　本规定由国务院建设行政主管部门负责解释。

第十七条　本规定自1998年1月1日起施行。以前发布的有关规定与本规定不符的,按本规定执行。

第三章

建筑工程竣工验收备案制度

【职业能力目标】

明确建筑工程竣工验收备案制度的规定,并能在工程竣工验收时做好备案工作。

【学习要求】

1. 了解建筑工程竣工验收备案的范围。
2. 熟悉建筑工程竣工验收备案的程序。
3. 掌握在施工过程中的备案实施要点。

第一节 建筑工程竣工验收备案管理

根据《建设工程质量管理条例》和《房屋建筑和市政基础设施工程竣工验收备案管理办法》(以下简称《备案管理办法》),建设单位作为建设活动的总负责方,同时也是工程竣工验收备案资料的最终提交方。

建设工程竣工验收备案制度明确了建设、勘察、设计、施工、监理单位等参与工程建设的各方在建设工程质量管理和竣工验收备案中的质量责任。

一 工程竣工验收备案的范围

凡在中华人民共和国境内从事建设工程的新建、改建、扩建等有关活动及实施对建设工程质量监督管理的竣工工程,都需要进行竣工验收备案。

竣工验收备案管理工作,一般由市、区(县)两级建委委托市、区(县)两级监督机构,按现行的工程质量监督范围,具体负责房屋建筑工程和市政基础设施工程的竣工验收备案工作。

各建设工程质量监督站负责的工程竣工验收后,由建设单位向建委竣工验收备案管理部门办理竣工验收备案。

二 竣工验收备案文件

建设单位办理工程竣工验收备案应当提交下列文件:

(1)工程竣工验收备案表。

(2)工程竣工验收报告。

(3)法律、法规规定的应当由规划、消防、环保等部门出具的认可文件或者准许使用文件。

(4)《房屋建筑工程质量保修书》,商品住宅工程还应同时提供该房地产开发企业签署的《住宅质量保证书》和《住宅使用说明书》。

(5)有关法规、规章规定必须提供的其他文件。

三 备案程序

(1)单位工程竣工验收5日前,建设单位到竣工验收备案管理部门领取《建设工程竣工验收备案表》。同时,建设单位将竣工验收的时间、地点、验收组名单及各项验收报告,报送负责监督该项工程的质量监督部门,准备对该工程竣工验收进行监督。

(2)自工程竣工验收合格之日起15个工作日内,建设单位将《建设工程竣工验收备案表》一式两份和竣工验收备案文件,报送工程竣工验收备案管理部门,经备案工作人员初审验证符合要求后,在表中备案意见栏加盖"备案文件收讫"章。

(3)工程质量监督部门在工程竣工验收合格后5个工作日内,向工程竣工验收备案管理部门报送《工程质量监督报告》。

(4)备案管理机构负责人审阅《建设工程竣工验收备案表》和备案文件,符合要求后,在表中备案管理部门处理意见栏填写"准予该工程竣工验收备案"意见,加盖"工程竣工验收备案专用章"。

监督管理费结算完毕后,备案管理部门将备案表一份发给建设单位,一份备案表及全部备案资料和《工程质量监督报告》留存档案。

(5)建设单位报送的《建设工程竣工验收备案表》和竣工验收备案文件如不符合要求的,备案工作人员应填写《备案审查记录表》,提出备案资料存在的问题,双方签字后,交建设单位修改。

(6)建设单位根据规定对存在的问题进行整改和完善,符合要求后重新报送备案管理部门备案。

(7)备案管理部门依据《工程质量监督报告》或其他方式,发现在工程竣工过程中存在有违反国家建设工程质量管理规定行为的,应当在收讫工程竣工验收文件15个工作日内,责令建设单位停止使用,并重新组织竣工验收。建设单位在重新组织竣工验收前,工程不得自行投入使用,违者按有关规定处理。

(8)建设单位采用虚假证明文件办理竣工验收备案,工程竣工验收无效,责令停止使用,重新组织竣工验收,并按有关规定进行处理。

(9)建设单位在工程竣工验收合格后15日内未办理工程竣工验收备案,责令其限期改正,并按有关规定处理。

第二节　建筑工程竣工验收备案的实施

伴随着备案工作的实施,政府建设工程质量监督管理模式已有大的调整,政府及其委托的监督机构抽查内容将从单一的实物质量扩大到施工现场质量保证体系质量责任制,因此,施工单位应从多方面做好备案基础工作。

一 施工准备阶段施工单位的备案基础工作

施工单位应积累建设项目的基本文件依据。所谓文件依据,主要是指那些适用于工程项目通用的、具有普遍指导意义和必须遵守的基本文件。包括:

(1)工程承包合同文件。

(2)设计施工图文件。

(3)国家及政府部门颁布的有关质量管理方面的法律、法规和规章。

(4)有关质量检验、质量控制的技术与技术管理规定、标准和规范。

上述四类文件,施工现场项目部都必须在开工阶段及时收集、分类、编号,这是做好备案工作必需的准备工作。

二 施工单位项目开工前的质量控制

(一)施工准备阶段的质量控制要点

(1)掌握工程的特点和关键部位的特点。

(2)调查并创造有利施工的条件。

(3)合理部署和选择施工队伍。

(4)预测施工风险和做好应变准备。

(二)做好项目开工前的准备工作

(1)施工组织准备。

(2)施工技术准备。

(3)施工物资准备。

(4)施工现场准备。

(5)施工队伍准备。

(三)施工单位项目开工前的备案配合工作

(1)配合建设单位办理建设工程质量监督申报手续。

(2)配合建设单位填写《建设工程从业人员资格审查表》。

(3)施工单位参与首次监督工作会议。

(4)施工单位接受首次监督检查。

(5)理解和执行建设工程质量监督方法。

三 施工过程中施工单位的备案实施要点

施工过程中,施工单位对各项影响施工质量的因素应实施有效的管理和控制,这一过程是确保施工生产符合设计意图及国家标准要求的重要环节。同样,随着政府建设工程质量管理模式的改革和备案制度的实施,施工单位强化施工过程的质量管理控制既能确保施工生产实现设计意图,达到国家质量标准要求,也是适应政府强化监督实施备案要求所必需的基础工作。

(一)施工单位必须加强施工过程中的质量管理与控制

(1)明确质量控制关键环节。
(2)确立工序质量控制点。
(3)严格隐蔽工程验收程序。
(4)建立缺陷纠正程序。
(5)建立半成品与成品保护措施。
(6)抓好技术复核工作。
(7)严格质量试验与检测手段。
(8)加强对分包单位的管理。

(二)施工过程中施工单位的质量评定

施工单位在施工过程中,应及时按照《统一标准》的要求,组织相关人员对检验批、分项工程、分部工程质量进行验收评定,单位工程完工后,施工单位应自行组织有关人员进行检查评定,合格后,及时向监理单位提交竣工验收报告。

(三)施工单位对工程质量问题的处理

质量事故处理的目的是为了消除质量缺陷,达到建筑物安全可靠和正常使用的各项功能要求,并保证施工的正常进行。因此,当施工过程中出现质量问题时,应及时按照《统一标准》和相关规定的要求进行处理。

(四)施工过程中施工单位的备案参与工作

(1)接受质量监督机构的工作质量抽查。
(2)接受监理单位、建设单位的日常质量监督检查。
(3)参与工程质量验收。
(4)对工程质量达不到合格标准的,认真进行质量整改。

四 竣工验收阶段施工单位备案实施要点

(1)施工单位必须保证单位工程达到竣工验收标准。

①对单位工程施工质量文件进行检查确认。

②对工程项目质量的自评验收。

③填写“施工单位工程质量验收记录”。

④要求整改的问题已整改完毕,并报监理单位验收合格。

⑤按合同约定承担工程质量保修期的责任。

(2)协助建设单位、监理单位查阅并帮助整理工程项目全过程竣工档案材料。

(3)积极配合建设单位做好单位工程竣工验收。

(4)如实填写“工程款支付证明”文件。

(5)积极配合建设单位填写《建设工程竣工验收备案表》。

(6)服从主管部门备案结论,妥善保存有关备案资料。

本章小结

为了加强房屋建筑工程和市政基础设施工程质量的管理,根据《建设工程质量管理条例》,建设部于2000年4月制定并实施了《房屋建筑工程和市政基础设施工程竣工验收备案管理暂行办法》,本章的重点内容是备案管理制度的有关规定和实施。

【相关链接】

2000年4月4日建设部令第78号发布,根据2009年10月19日《住房和城乡建设部关于修改〈房屋建筑工程和市政基础设施工程竣工验收备案管理暂行办法〉的决定》修正。

房屋建筑和市政基础设施工程竣工验收备案管理办法

第一条　为了加强房屋建筑和市政基础设施工程质量的管理,根据《建设工程质量管理条例》,制定本办法。

第二条　在中华人民共和国境内新建、扩建、改建各类房屋建筑和市政基础设施工程的竣工验收备案,适用本办法。

第三条　国务院住房和城乡建设主管部门负责全国房屋建筑和市政基础设施工程(以下统称工程)的竣工验收备案管理工作。

县级以上地方人民政府建设主管部门负责本行政区域内工程的竣工验收备案管理工作。

第四条　建设单位应当自工程竣工验收合格之日起15日内,依照本办法规定,向工程所在地的县级以上地方人民政府建设主管部门(以下简称备案机关)备案。

第五条　建设单位办理工程竣工验收备案应当提交下列文件:

(一)工程竣工验收备案表。

(二)工程竣工验收报告。竣工验收报告应当包括工程报建日期,施工许可证号,施工图设计文件审查意见,勘察、设计、施工、工程监理等单位分别签署的质量合格文件及验收人员签署的竣工验收原始文件,市政基础设施的有关质量检测和功能性试验资料以及备案机关认为需要提供的有关资料。

(三)法律、行政法规规定应当由规划、环保等部门出具的认可文件或者准许使用文件。

(四)法律规定应当由公安消防部门出具的对大型的人员密集场所和其他特殊建设工程验收合格的证明文件。

(五)施工单位签署的工程质量保修书。

(六)法规、规章规定必须提供的其他文件。

住宅工程还应当提交《住宅质量保证书》和《住宅使用说明书》。

第六条　备案机关收到建设单位报送的竣工验收备案文件,验证文件齐全后,应当在工程竣工验收备案表上签署文件收讫。

工程竣工验收备案表一式两份,一份由建设单位保存,一份留备案机关存档。

第七条　工程质量监督机构应当在工程竣工验收之日起5日内,向备案机关提交工程质量监督报告。

第八条　备案机关发现建设单位在竣工验收过程中有违反国家有关建设工程质量管理规定行为的,应当在收讫竣工验收备案文件15日内,责令停止使用,重新组织竣工验收。

第九条　建设单位在工程竣工验收合格之日起15日内未办理工程竣工验收备案的,备案机关责令限期改正,处20万元以上50万元以下罚款。

第十条　建设单位将备案机关决定重新组织竣工验收的工程,在重新组织竣工验收前,擅自使用的,备案机关责令停止使用,处工程合同价款2%以上4%以下罚款。

第十一条　建设单位采用虚假证明文件办理工程竣工验收备案的,工程竣工验收无效,备案机关责令停止使用,重新组织竣工验收,处20万元以上50万元以下罚款;构成犯罪的,依法追究刑事责任。

第十二条　备案机关决定重新组织竣工验收并责令停止使用的工程,建设单位在备案之前已投入使用或者建设单位擅自继续使用造成使用人损失的,由建设单位依法承担赔偿责任。

第十三条　竣工验收备案文件齐全,备案机关及其工作人员不办理备案手续的,由有关机关责令改正,对直接责任人员给予行政处分。

第十四条　抢险救灾工程、临时性房屋建筑工程和农民自建低层住宅工程,不适用本办法。

第十五条　军用房屋建筑工程竣工验收备案,按照中央军事委员会的有关规定执行。

第十六条　省、自治区、直辖市人民政府住房和城乡建设主管部门可以根据本办法制定实施细则。

第十七条　本办法自发布之日起施行。

第四章

建筑工程施工质量验收

【职业能力目标】

按照规范要求的程序组织工程竣工验收，并收集、整理相关资料。

【学习要求】

1. 了解建筑工程施工质量验收标准。
2. 熟悉建筑工程施工质量验收基本规定及术语。
3. 掌握建筑工程施工质量验收的规定及程序。

第一节　建筑工程施工质量验收基本规定及术语

一 术语

(一) 建筑工程

通过对各类房屋建筑及其附属设施的建造和与其配套线路、管道、设备等的安装所形成的工程实体。

(二) 检验

对被检验项目的特征、性能进行量测、检查、试验等，并将结果与标准规定的要求进行比较，以确定每项性能是否合格的活动。

(三) 进场检验

对进入施工现场的建筑材料、构配件、设备及器具，按相关标准的要求进行检验，并对其质量、规格及型号等是否符合要求作出确认的活动。

(四)见证检验

施工单位在工程监理单位或建设单位的见证下,按照有关规定从施工现场随机抽取试样,送至具备相应资质的检测机构进行检验的活动。

(五)复验

建筑材料、设备等进入施工现场后,在外观质量检查和质量证明文件核查符合要求的基础上,按照有关规定从施工现场收取试样送至试验室进行检验的活动。

(六)检验批

按相同的生产条件或按规定的方式汇总起来供抽样检验用的、由一定数量样本组成的检验体。(检验批分为原材料、设备及分项工程内一定量的工程内容。)

(七)验收

建筑工程质量在施工单位自行质量检查合格的基础上,由工程质量验收责任方组织,工程建设相关单位参加,对检验批、分项、分部、单位工程及其隐蔽工程的质量进行抽样检验,对技术文件进行审核,并根据设计文件和相关标准以书面形式对工程质量是否达到合格作出确认。

(八)主控项目

建筑工程中,对安全、节能、环境保护和主要使用功能起决定性作用的检验项目。

(九)一般项目

除主控项目以外的检验项目。

(十)抽样方案

根据检验项目的特性所确定的抽样数量和方法。

(十一)计数检验

通过确定抽样样本中不合格的个体数量,对样本总体质量作出判定的检验方法。

(十二)计量检验

以抽样样本的检测数据计算总体均值、特征值或推定值,并以此判断或评估总体质量的检验方法。

(十三)观感质量

通过观察和必要的测试所反映的工程外在质量和功能状态。

(十四)返修

对施工质量不符合标准规定的部位采取的整修等措施。

(十五)返工

对施工质量不符合标准规定的部位采取的更换、重新制作、重新施工等措施。

二 验收基本规定

(一)施工现场质量管理的规定

施工现场应具有健全的质量管理体系、相应的施工技术标准、施工质量检验制度和综合施工质量水平评定考核制度。

施工现场质量管理检查记录应由施工单位填写,总监理工程师(建设单位项目负责人)进行检查,并做出检查结论。

(二)施工质量控制的规定

建筑工程采用的主要材料、半成品、成品、建筑构配件、器具和设备应进行进场检验。凡涉及安全、节能、环境保护和主要使用功能的重要材料、产品,应按各专业工程施工规范、验收规范和设计文件等规定进行复验,并应经监理工程师检查认可。

各施工工序应按施工技术标准进行质量控制,每道施工工序完成后,经施工单位自检符合规定后,才能进行下道工序施工。

各专业工种之间的相关工序应进行交接检验,并应记录;对于监理单位提出检查要求的重要工序,应经监理工程师检查认可,才能进行下道工序施工。

(三)施工质量验收的规定

(1)工程质量验收均应在施工单位自检合格的基础上进行。

(2)参加工程施工质量验收的各方人员应具备规定的资格。

(3)检验批的质量应按主控项目和一般项目验收。

(4)对涉及结构安全、节能、环境保护和主要使用功能的试块、试件及材料,应在进场时或施工中按规定进行见证检验。

(5)隐蔽工程在隐蔽前应由施工单位通知监理单位进行验收,并应形成验收文件,验收合格后方可继续施工。

(6)对涉及结构安全、节能、环境保护和使用功能的重要分部工程,应在验收前按规定进行抽样检验。

(7)工程的观感质量应由验收人员现场检查,并应共同确认。

(四)检验批抽样方案

(1)计量、计数或计量—计数等抽样方案。
(2)一次、二次或多次抽样方案。
(3)对重要的检验项目,当有简易快速的检验方法时,选用全数检验方案。
(4)根据生产连续性和生产控制稳定性情况,采用调整型抽样方案。
(5)经实践证明有效的抽样方案。

第二节　建筑工程施工质量验收标准

一 建筑工程施工质量验收规范的支持体系

(一)工程质量验收规范支持体系示意图

工程质量验收规范支持体系示意图如图4-1所示。

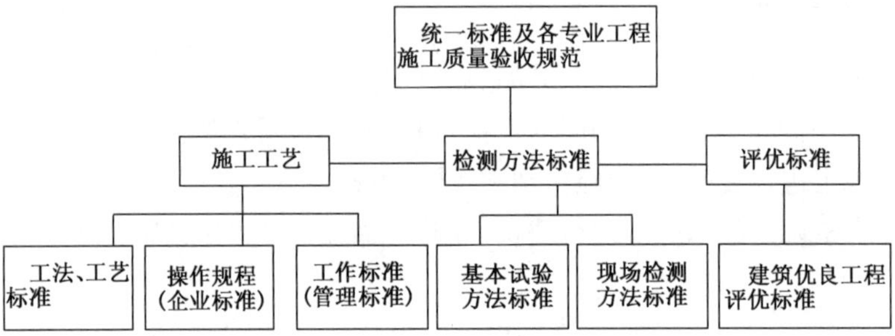

图4-1　工程质量验收规范支持体系示意图

(二)建筑工程施工质量验收系列规范

(1)《建筑工程施工质量验收统一标准》(GB 50300—2013)。
(2)《建筑地基基础工程施工质量验收规范》(GB 50202—2002)。
(3)《砌体结构工程施工质量验收规范》(GB 50203—2011)。
(4)《混凝土结构工程施工质量验收规范》(GB 50204—2015)。
(5)《钢结构工程施工质量验收规范》(GB 50205—2001)。
(6)《木结构工程施工质量验收规范》(GB 50206—2012)。
(7)《屋面工程质量验收规范》(GB 50207—2012)。
(8)《地下防水工程质量验收规范》(GB 50208—2011)。
(9)《建筑地面工程施工质量验收规范》(GB 50209—2010)。
(10)《建筑装饰装修工程质量验收规范》(GB 50210—2001)。

(11)《建筑给水排水及采暖工程施工质量验收规范》(GB 50242—2002)。

(12)《通风与空调工程施工质量验收规范》(GB 50243—2002)。

(13)《建筑电气工程施工质量验收规范》(GB 50303—2015)。

(14)《电梯工程施工质量验收规范》(GB 50310—2002)。

(15)《智能建筑工程质量验收规范》(GB 50339—2013)。

(16)《建筑节能工程施工质量验收规范》(GB 50411—2007)。

二 建筑工程施工质量验收规范的实施

(1)统一标准与专业规范配套使用。

在执行统一标准时,必须同时执行相应的各专业质量验收规范。

统一标准是规定各专业规范质量指标设置、质量验收程序及组织的规定、单位工程的验收划分、程序和标准。

各专业相应规范是各检验批工程、分项工程质量验收指标的具体内容(验收到分部)。因此,应用标准时要配合使用,要同时满足二者的要求。

(2)质量验收规范与国家有关工程质量的法律、法规、管理标准和有关技术标准相配套。

(3)贯彻落实系列规范要有完善的技术支持体系。

质量验收规范必须有企业的企业标准作为施工操作、上岗培训、质量控制、质量验收的基础,来保证质量验收规范的落实。要做到有效控制和科学管理,使质量验收的指标数据化,必须有完善的检测试验手段、试验方法和规定的检测设备,既有可比性,又有规范性。

为了促进企业建造更高质量的工程,国家及各级政府还推荐一个评优良工程的标准,由社会有关机构选用,达到鼓励先进的目的,不断提高施工水平和工程质量。

三 建筑工程质量验收的划分

(一)检验批的划分原则

检验批可根据施工、质量控制和专业验收的需要,按工程量、楼层、施工段、变形缝进行划分。

(二)分项工程划分原则

分项工程可按主要工种、材料、施工工艺、设备类别进行划分。

(三)分部工程划分原则

(1)可按专业性质、工程部位确定。

(2)当分部工程较大或较复杂时,可按材料种类、施工特点、施工程序、专业系统及类别将分部工程划分为若干子分部工程。

建筑工程的分部(子分部)、分项工程可按表4-1采用。

建筑工程的分部工程、分项工程划分(建筑与结构工程) 表4-1

序号	分部工程	子分部工程	分项工程
1	地基与基础	地基	素土、灰土地基,砂和砂石地基,土工合成材料地基,粉煤灰地基,强夯地基,注浆地基,预压地基,砂石桩复合地基,高压旋喷注浆地基,水泥土搅拌桩地基,土和灰土挤密桩复合地基,水泥粉煤灰碎石桩复合地基,夯实水泥土桩复合地基
		基础	无筋扩展基础,钢筋混凝土扩展基础,筏形与箱形基础,钢结构基础,钢管混凝土结构基础,型钢混凝土结构基础,钢筋混凝土预制桩基础,泥浆护壁成孔灌注桩基础,干作业成孔桩基础,长螺旋钻孔压灌桩基础,沉管灌注桩基础,钢桩基础,锚杆静压桩基础,岩石锚杆基础,沉井与沉箱基础
		基坑支护	灌注桩排桩围护墙,板桩围护墙,咬合桩围护墙,型钢水泥土搅拌墙,土钉墙,地下连续墙,水泥土重力式挡墙,内支撑,锚杆,与主体结构相结合的基坑支护
		地下水控制	地下水控制,回灌
		土方	土方开挖,土方回填,场地平整
		边坡	喷锚支护,挡土墙,边坡开挖
		地下防水	主体结构防水,细部构造防水,特殊施工法结构防水,排水,注浆
2	主体结构	混凝土结构	模板,钢筋,混凝土,预应力、现浇结构,装配式结构
		砌体结构	砖砌体,混凝土小型空心砌块砌体,石砌体,填充墙砌体,配筋砖砌体
		钢结构	钢结构焊接,紧固件连接,钢零部件加工,钢构件组装及预拼装,单层钢结构安装,多层及高层钢结构安装,钢管结构安装,预应力钢索和膜结构,压型金属板,防腐涂料涂装,防火涂料涂装
		钢管混凝土结构	构件现场拼装,构件安装,钢管焊接,构件连接,钢管内钢筋骨架,混凝土
		型钢混凝土结构	型钢焊接,紧固件连接,型钢与钢筋连接,型钢构件组装及预拼装,型钢安装,模板,混凝土
		铝合金结构	铝合金焊接,紧固件连接,铝合金零部件加工,铝合金构件安装,铝合金构件预拼装,铝合金框架结构安装,铝合金空间网架结构安装,铝合金面板,铝合金幕墙结构安装,防腐处理
		木结构	方木和原木结构,胶合木结构,轻型木结构,木结构的防护

续上表

序号	分部工程	子分部工程	分项工程
3	建筑装饰装修	建筑地面	基层铺设,整体面层铺设,板块面层铺设,木、竹面层铺设
		抹灰	一般抹灰,保温层薄抹灰,装饰抹灰,清水砌体勾缝
		外墙防水	外墙砂浆防水,涂膜防水,透气膜防水
		门窗	木门窗安装,金属门窗安装,塑料门窗安装,特种门安装,门窗玻璃安装
		吊顶	整体面层吊顶,板块面层吊顶,格栅吊顶
		轻质隔墙	板材隔墙,骨架隔墙,活动隔墙,玻璃隔墙
		饰面板	石材安装,陶瓷板安装,木板安装,金属板安装,塑料板安装
		饰面砖	外墙饰面砖粘贴,内墙饰面砖粘贴
		幕墙	玻璃幕墙安装,金属幕墙安装,石材幕墙安装,陶板幕墙安装
		涂饰	水洗涂料涂饰,溶剂型涂料涂饰,美术涂饰
		裱糊与软包	裱糊,软包
		细部	橱柜制作与安装,窗帘盒与窗台板制作与安装,门窗套制作与安装,护栏和扶手制作与安装,花饰制作与安装
4	屋面	基层与保护	找坡层和找平层,隔汽层,隔离层,保护层
		保温与隔热	板状材料保温层,纤维材料保温层,喷涂硬泡聚氨酯保温层,现浇泡沫混凝土保温层,种植隔热层,架空隔热层,蓄水隔热层
		防水与密封	卷材防水层,涂膜防水层,复合防水层。接缝密封防水
		瓦面与板面	烧结瓦和混凝土瓦铺装,沥青瓦铺装,金属板铺装,玻璃采光顶铺装
		细部构造	檐口,檐沟和天沟,女儿墙和山墙,水落口,变形缝,伸出屋面管道,屋面出入口,反梁过水孔,设施基座,屋脊,屋顶窗

(四)单位工程划分原则

(1)具备独立施工条件并能形成独立使用功能的建筑物或构筑物为一个单位工程。

(2)对于规模较大的单位工程,可将其能形成独立使用功能的部分划分为一个子单位工程。

(五)室外工程划分原则

室外工程可根据专业类别和工程规模划分子单位工程、分部工程和分项工程。室外单位(子单位)工程、分部工程可按表4-2采用。

室外工程的划分 表4-2

单位工程	子单位工程	分部(子分部)工程
室外设施	道路	路基,基层,面层,广场与停车场,人行道,人行地道,挡土墙,附属构筑物
	边坡	土石方,挡土墙,支护
附属建筑及室外环境	附属建筑	车棚,围墙,大门,挡土墙
	室外环境	建筑小品,亭台,水景,连廊,花坛,场坪绿化,景观桥

四 建筑工程质量验收

(一)检验批验收

(1)主控项目的质量经抽样检验均应合格。

(2)一般项目的质量经抽样检验合格。

(3)具有完整的施工操作依据、质量验收记录。

(二)分项工程验收

分项工程是统计过程,没有直接验收内容。但应注意核查检验批的部位、区段是否覆盖分项工程的全部范围,以及检验批的内容及签字、盖章手续是否齐全。

在分项工程验收时,应对检验批验收时的有龄期遗留的项目进行评定说明,对有全高垂直度要求的项目进行测评说明。

合格条件如下:

(1)所含检验批的质量均应验收合格。

(2)所含检验批的质量验收记录应完整。

(三)分部(子分部)工程验收

(1)所含分项工程的质量均应验收合格。

(2)质量控制资料应完整。

(3)有关安全、节能、环境保护和主要使用功能的抽样检验结果应符合相应规定。

(4)观感质量应符合要求。

(四)单位(子单位)工程质量验收

(1)所含分部工程的质量均应验收合格。

(2)质量控制资料应完整。

(3)所含分部工程有关安全、节能、环境保护和主要使用功能的检验资料应完整。

(4)主要使用功能的抽查结果应符合相关专业验收规范的规定。

(5)观感质量应符合要求。

(五)当建筑工程质量不符合要求时,应满足的规定

(1)经返工或返修的检验批,应重新进行验收。

(2)经有资质的检测机构检测鉴定能够达到设计要求的检验批,应予以验收。

(3)经有资质的检测机构检测鉴定达不到设计要求,但经原设计单位核算认可能够满足安全和使用功能的检验批,可予以验收。

(4)经返修或加固处理的分项、分部工程,满足安全及使用功能要求时,可按技术处理方案和协商文件的要求予以验收。

(5)通过返修或加固处理,仍不能满足安全使用要求的分部工程、单位(子单位)工程,严禁验收。

第三节 建筑工程质量验收程序及组织

建筑工程的施工质量验收是按施工顺序进行的,先验收检验批的质量,然后验收分项工程的质量,再验收分部工程的质量,最后验收单位工程的质量。

实行委托监理的工程,检验批、分项工程、分部工程验收由监理单位组织,单位工程的竣工验收,由建设单位组织。未实行监理的工程,检验批、分项工程、分部工程、单位工程验收均由建设单位组织。

(1)检验批应由专业监理工程师组织施工单位项目专业质量检查员、专业工长等进行验收。

(2)分项工程应由专业监理工程师组织施工单位项目专业技术负责人等进行验收。

(3)分部工程应由总监理工程师组织施工单位项目负责人和项目技术负责人等进行验收。勘察、设计单位项目负责人和施工单位技术、质量部门负责人应参加地基与基础分部工程的验收。设计单位项目负责人和施工单位技术、质量部门负责人应参加主体结构、节能分部工程的验收。

(4)单位工程中的分包工程完工后,分包单位应对所承包的工程项目进行自检,应按规定的程序进行验收。验收时,总包单位应派人参加。分包单位应将所分包工程的质量控制资料整理完整,并移交给总包单位。

(5)单位工程完工后,施工单位应组织有关人员进行自检。总监理工程师应组织各专业监理工程师对工程质量进行竣工预验收,存在施工质量问题时,应由施工单位整改,整改完毕后,由施工单位向建设单位提交工程验收报告,申请工程竣工验收。

(6)建设单位收到工程验收报告后,应由建设单位项目负责人组织监理、施工、设计、勘察等单位项目负责人进行单位工程验收。

本章小结

建筑工程施工质量验收是一个非常重要的工作环节,通过验收,可以检验建筑工程的施工质量。本章的主要内容是建筑工程施工质量的验收标准、验收规定、验收的程序及组织。

【相关链接】

房屋建筑和市政基础设施工程质量监督管理规定

《房屋建筑和市政基础设施工程质量监督管理规定》已经第58次住房和城乡建设部常务会议审议通过,现予发布,自2010年9月1日起施行。

住房和城乡建设部部长 姜伟新

二〇一〇年八月一日

第一条　为了加强房屋建筑和市政基础设施工程质量的监督，保护人民生命和财产安全，规范住房和城乡建设主管部门及工程质量监督机构(以下简称主管部门)的质量监督行为，根据《中华人民共和国建筑法》《建设工程质量管理条例》等有关法律、行政法规，制定本规定。

第二条　在中华人民共和国境内主管部门实施对新建、扩建、改建房屋建筑和市政基础设施工程质量监督管理的，适用本规定。

第三条　国务院住房和城乡建设主管部门负责全国房屋建筑和市政基础设施工程(以下简称工程)质量监督管理工作。

县级以上地方人民政府建设主管部门负责本行政区域内工程质量监督管理工作。

工程质量监督管理的具体工作可以由县级以上地方人民政府建设主管部门委托所属的工程质量监督机构(以下简称监督机构)实施。

第四条　本规定所称工程质量监督管理，是指主管部门依据有关法律法规和工程建设强制性标准，对工程实体质量和工程建设、勘察、设计、施工、监理单位(以下简称工程质量责任主体)和质量检测等单位的工程质量行为实施监督。

本规定所称工程实体质量监督，是指主管部门对涉及工程主体结构安全、主要使用功能的工程实体质量情况实施监督。

本规定所称工程质量行为监督，是指主管部门对工程质量责任主体和质量检测等单位履行法定质量责任和义务的情况实施监督。

第五条　工程质量监督管理应当包括下列内容：

(一)执行法律法规和工程建设强制性标准的情况。

(二)抽查涉及工程主体结构安全和主要使用功能的工程实体质量。

(三)抽查工程质量责任主体和质量检测等单位的工程质量行为。

(四)抽查主要建筑材料、建筑构配件的质量。

(五)对工程竣工验收进行监督。

(六)组织或者参与工程质量事故的调查处理。

(七)定期对本地区工程质量状况进行统计分析。

(八)依法对违法违规行为实施处罚。

第六条　对工程项目实施质量监督，应当依照下列程序进行：

(一)受理建设单位办理质量监督手续。

(二)制订工作计划并组织实施。

(三)对工程实体质量、工程质量责任主体和质量检测等单位的工程质量行为进行抽查、抽测。

(四)监督工程竣工验收，重点对验收的组织形式、程序等是否符合有关规定进行监督。

(五)形成工程质量监督报告。

(六)建立工程质量监督档案。

第七条　工程竣工验收合格后，建设单位应当在建筑物明显部位设置永久性标牌，载明建设、勘察、设计、施工、监理单位等工程质量责任主体的名称和主要责任人姓名。

第八条　主管部门实施监督检查时，有权采取下列措施：

(一)要求被检查单位提供有关工程质量的文件和资料。

(二)进入被检查单位的施工现场进行检查。

(三)发现有影响工程质量的问题时，责令改正。

第九条　县级以上地方人民政府建设主管部门应当根据本地区的工程质量状况，逐步建立工程质量信用档案。

第十条　县级以上地方人民政府建设主管部门应当将工程质量监督中发现的涉及主体结构安全和主要

使用功能的工程质量问题及整改情况，及时向社会公布。

第十一条　省、自治区、直辖市人民政府建设主管部门应当按照国家有关规定，对本行政区域内监督机构每三年进行一次考核。

监督机构经考核合格后，方可依法对工程实施质量监督，并对工程质量监督承担监督责任。

第十二条　监督机构应当具备下列条件：

（一）具有符合本规定第十三条规定的监督人员。人员数量由县级以上地方人民政府建设主管部门根据实际需要确定。监督人员应当占监督机构总人数的75%以上。

（二）有固定的工作场所和满足工程质量监督检查工作需要的仪器、设备和工具等。

（三）有健全的质量监督工作制度，具备与质量监督工作相适应的信息化管理条件。

第十三条　监督人员应当具备下列条件：

（一）具有工程类专业大学专科以上学历或者工程类执业注册资格。

（二）具有三年以上工程质量管理或者设计、施工、监理等工作经历。

（三）熟悉掌握相关法律法规和工程建设强制性标准。

（四）具有一定的组织协调能力和良好职业道德。

监督人员符合上述条件经考核合格后，方可从事工程质量监督工作。

第十四条　监督机构可以聘请中级职称以上的工程类专业技术人员协助实施工程质量监督。

第十五条　省、自治区、直辖市人民政府建设主管部门应当每两年对监督人员进行一次岗位考核，每年进行一次法律法规、业务知识培训，并适时组织开展继续教育培训。

第十六条　国务院住房和城乡建设主管部门对监督机构和监督人员的考核情况进行监督抽查。

第十七条　主管部门工作人员玩忽职守、滥用职权、徇私舞弊，构成犯罪的，依法追究刑事责任；尚不构成犯罪的，依法给予行政处分。

第十八条　抢险救灾工程、临时性房屋建筑工程和农民自建低层住宅工程，不适用本规定。

第十九条　省、自治区、直辖市人民政府建设主管部门可以根据本规定制定具体实施办法。

第二十条　本规定自2010年9月1日起施行。

第五章 工程准备阶段文件(A类)

【职业能力目标】

对归档范围内的A类文件进行汇总,并能够按照要求完成A类文件的编写、收集、整理工作。

【学习要求】

1. 了解A类文件的报批手续。
2. 熟悉A类文件的内容。
3. 掌握A类文件的编写、收集、整理。

第一节 立项文件(A1)

立项阶段是基本建设项目最初的决策阶段,主要是完成建设项目正式立项的一系列工作。建设项目立项阶段分为项目建议书和可行性研究两个阶段。

立项文件是由建设单位在工程建设前期形成的文件,主要包括项目建议书批复文件及项目建议书、可行性研究报告批复文件及可行性研究报告、专家论证意见、项目评估文件、有关立项的会议纪要、领导批示等。

一 项目建议书批复文件

经审查合格的项目建议书,应报送上级部门或国家有关主管部门审批。根据国家有关文件规定:

(1)大型和重大建设项目由国家发改委审查,纳入国家前期工作计划。

(2)中小型建设项目由国务院主管部门或省、自治区、直辖市的计委审批,纳入部门和地区的前期工作计划,并报国家发改委备案。

(3)根据国家下达的前期工作计划,经国务院主管部门和省、自治区、直辖市发改委审查批准并提出项目建议书的建设项目,发出前期工作通知书。

项目建议书的批复文件直接作为归档文件存档。

二 项目建议书

项目建议书是建设单位向国家提出申请建设某一工程项目的建议文件。项目建议书、审批文件由建设单位申报,按国家规定划定审批权限的上级部门批复,以上级审批文件形式直接归档。

1. 项目建议书的概念

项目建议书是投资决策对拟建项目的大体设想,提出拟建项目的目的、必要性和依据。

2. 项目建议书的作用

(1)国家选择建设项目的依据。

(2)进行下一阶段可行性研究的依据。

(3)利用外资的项目对外开展工作的依据。

(4)选择建设地点、联系配套条件、签订意向协议的依据。

3. 项目建议书的内容

项目建议书包括拟建项目的必要性、条件的可行性、获利的可能性,并以分析必要性为主,其内容一般包括以下几个方面:

(1)建议建设项目的必要性和依据。

(2)产品方案、拟建条件、建设地点的初步设想。

(3)资源情况、建设条件、协作关系的初步分析。

(4)投资估算和资金筹措的设想。

(5)项目的进度安排。

(6)对经济效果、投资效益的初步估计。

4. 项目建议书的审查

编制完成的项目建议书,审批前建设单位应组织有关部门和专家参与审查,主要审查以下几个方面:

(1)是否符合国家的建设方针和长期规划。

(2)产品是否符合市场需要,论证是否充分。

(3)建设地点是否符合城市规划要求。

(4)经济效益的估算是否合理,是否与资金投入相一致。

(5)对遗漏和论证不足之处是否进行了补充、修改。

(6)对需办理有关手续的,是否办理齐全,需补办手续的是否补办齐全。

经审查符合要求的项目建议书才能报请有关部门审批。

三 可行性研究报告批复文件

可行性研究报告批复文件是对可行性研究报告的客观性、全面性、准确性进行评估与抉择,主要指项目评估研究资料。

项目评估的主要内容包括建设项目的必要性、建设规模、技术设备的可靠性、工程的方案和标准、投资来源与结算、社会效益评价、项目中评价等。

可行性研究报告经批准后审批立项,下达批准文件,以过程形成文件和上级审批文件的形式直接归档。

四 可行性研究报告及附件

可行性研究报告是由建设单位委托有资质的工程咨询单位根据可行性成果编制的综合报告。它是由主管部门组织计划、经济、设计等部门,在可行性研究的基础上,选择经济效益最好的方案的文件。

(一)可行性研究的目的

(1)根据国民经济发展和地区规划,结合自然和资源条件,对拟建项目在技术、经济上全面进行考查、论证,通过多种方案比较,提出评价意见,为编制可行性研究报告提供可靠依据。

(2)分析论证拟建项目经济上是否合理、技术上是否先进、条件上是否可行、经营上是否盈利、成果是否实用,使决策更加科学,使拟建项目获得尽可能好的效益。

(二)可行性研究的内容

针对不同行业和用途的建设项目,可行性研究的内容有不同的侧重点,主要有以下基本内容:

(1)项目提出的背景和依据,投资的必要性和经济意义。

(2)建设规模、产品方案、市场需求预测和确定的依据。

(3)技术工艺、建设标准、主要设备。

(4)资源、原材料、燃料供应及公用设施配合条件。

(5)建设地点、占地面积、布置方案、选址意见。

(6)项目构成、设计方案、公用辅助配套工程。

(7)环境影响及防震要求。

(8)企业组织、劳动定员和人员培训。

(9)建设工期和施工进度。

(10)投资估算和资金筹措方式。

(11)经济效益和社会效益。

可行性研究要收集各种与本建设项目有关的资料和信息,整理出相关的调查材料,根据调查材料进行客观的分析研究,提出分析研究成果、建议资料和评价资料。

(三)可行性研究报告的主要内容

1. 概述

(1)项目提出的背景(改、扩建项目要说明现有单位的概况)、投资的必要性和经济意义。

(2)研究工作的依据和范围。

2. 需求预测和拟建规模

(1)国内外需求预测。

(2)国内现有项目生产能力的预测。

(3)销售预测、价格分析、产品竞争能力、进入国内外市场的前景。

(4)对拟建项目的规模、产品方案和发展方向的经济、技术进行比较和分析。

3. 资源、原材料、辅助材料、燃料及公用设施落实情况

(1)资源、原材料、辅助材料、燃料的种类、数量和供应可能。

(2)需用公用设施的种类、数量、供应方式和供应条件。

4. 建设条件和建设方案

(1)建设地点的地理位置、气象、水文、地质、地形条件和社会经济现状。

(2)交通运输及水、电、热、气的现状和发展趋势。

(3)不同建设地点比较和选择意见。

5. 设计方案

(1)项目构成范围(指主要的单项工程);主要技术来源和生产方法;主要技术、工艺和设备选型方案的比较;引进技术、设备的来源、国别;合作制造的设想。改、扩建项目要说明原有国有资产的利用情况。

(2)建设项目布置方案的初步选择和土建工程量估算。

(3)公用辅助设施和内外交通运输方式的比较和初步选择。

6. 环境保护

调查环境现状,预测项目对环境的影响,提出环境保护和治理"三废"的初步方案。

7. 生产组织、劳动定员和人员培训

拟定生产组织和形式,对劳动定员和人员培训进行数目估算。

8. 实施进度的建议

拟定工程项目建设进度,提出施工方案、进度建议。

9. 投资估算和资金筹措

(1)主体工程和协作配套工程所需的投资。

(2)生产流动资金的估算。

(3)资金来源、筹措方式及贷款的偿付方式。

10. 社会及经济效果评价

对经济效果评价要进行动态和静态分析,不仅计算建设项目本身的微观经济效果,还要分析建设项目对国民经济的宏观经济效果的贡献,以及建设项目对社会的影响。

以上的可行性研究报告是以工业项目为蓝本。对非工业项目的可行性研究报告的内容,可参照上述内容,再结合自身项目的特点适当进行调整。

(四)可行性研究报告附件

除可行性研究报告正文外,还需具备以下几个附件:

1. 选址意向书

(1)选址依据

选址就是具体选择建设项目建设地点,确定坐落位置和东西南北四至。它是建设项目前

期工作的重要环节,是设计工作的基础。

选择建设地点的依据是:

①要执行城市的总体规划和分区规划。城市中的任何建筑物和构筑物的建设均要遵守城市规划,因此,建设项目选址一定要经过规划管理部门的同意。

②满足项目的技术要求。各种建设工程都必须考虑自然地理特征;供水、供电、供热、排水、交通运输条件;环卫、环保条件,以适应人们生产、生活的需要。

③经济合理。在投资建设某一个建设项目的时候,选择能更大限度地满足建设和生产经营的要求、建设费用、经营费用最省的建设位置。

(2)工程选址意向书

在城市规划区域内进行建设的建设项目,都需要向城市规划管理部门申请用地,提出选址报告,又称为工程选址意向书。

在意向书中,除选址的依据和经过、经济技术指标外,还要考虑以下几方面的内容:

①土地面积和外形满足建设需要。

②地理位置、气象、水文、地质、地形条件合适。

③交通、运输及水、电、气供应能力及发展趋势。

④生产资料情况。

⑤社会条件。

最后,对各个选址方案进行比较,选出建设场地的初步方案。

2. 选址意见书

新建、改建、扩建的工程项目,建设单位的选址意向书应报城市规划管理部门备案,并需征得规划管理部门的意见。对其安排在城市规划区内的建设项目,城市规划管理部门应从城市规划方面提出选址意见书。在可行性研究报告报请有关部门审批时,城市规划管理部门的选址意见书是必备的附件。选址意见书的内容包括:

(1)建设项目的基本情况

主要是指建设项目名称、性质、用地与建设规模、能源的需求、运输方式以及“三废”处理方式和排放量。

(2)建设项目选址的主要依据

①建设项目建议书批准文件。

②建设项目与城市规划布局的协调。

③建设项目与城市交通、通风、能源、市政、防灾规划的衔接与协调。

④与建设项目相配套的生活设施、城市生活居住条件、公共设施的衔接和协调。

⑤建设项目对城市环境可能造成污染的影响,以及与城市环境保护规划和风景名胜、文物古迹保护规划的协调。

(3)建设项目选址、用地范围

①建设项目选址、用地范围要符合城市详细规划要求。

②选址意见书的审批要与建设项目规划审批权限相一致。

(4)选址意见通知书

由城市规划主管部门下发,并有附图。

3. 外协意向性协议

外协意向性协议，是与建设项目有关的外部协作单位主管部门进行磋商，双方签订供应使用的协议意向书。

项目建议书批准后，建设单位应与有关部门协商办理外协意向性协议。需要办理外协意向性协议的项目主要有征用土地、原材料及燃料供应、动力供应、通讯、交通运输条件、配套措施、辅助设施等内容。

(1)拆迁安置意向书

在选址意向书圈定的征地范围内，对地上的建(构)筑物、住户，耕地上的青苗等，要与辅助拆迁安置的当地政府拆迁安置部门共同研究、协商拆迁安置具体意见。按照国家和地方有关拆迁安置条例及实施细则，协商确定安置费用意向，签订用地范围内地面和地下设施及建筑物处理意向性协议。

(2)原材料、燃料供应意向书

对原材料、燃料、辅助材料需要量比较大的种类，需与当地政府主管部门和生产厂家联系，就材料来源、质量要求、供应数量、交货地点、供应时间、交货方式等进行协商，并签订意向书，作为建设时期和投入使用后的物质保证。

(3)动力供应意向性协议

动力供应主要是指供水和供电。建设单位要与当地政府主管部门签订供水水源、取水地点和取用量协议意向书。建设单位与当地供电主管部门签订外部供电意向书，主要是电力供应数量、方式、价格等项内容。如果供应有困难，需要签订采取补救措施的意向书，为施工用电和建成后用电打下基础。

(4)电信协议

电信包括通讯和通邮。通讯要征得当地的电讯部门的同意，签订安装电话、广播电视信息、租用通讯卫星线路等意向书；通邮要与邮政部门签订通邮意向书。

(5)运输条件

建设项目需自建铁路、公路设施的建设单位，要与当地铁道、公路的主管部门联系并备案，取得准建证和运输协议意向书。

(6)配套措施和辅助设施

配套措施指建设时的原材料加工、机械维修等，辅助设施指地方提供服务的设施，如供热、供气等。这些配套措施及辅助设施如何为建设项目提供服务，事先应与有关主管部门协商，如能提供服务，双方签订协作意向书。

4. 可行性研究报告的审批

(1)审批权限

建设单位完成编制可行性研究报告后，向有关主管计委或行业主管部门申报和审批。对可行性研究报告的申报和审批，国家有关文件的规定审批权限为：

①大中型项目可行性研究报告，按照项目隶属关系由行业主管部门或省、自治区、直辖市和计划单列市审查同意后，报国家计委审批，或由国家计委委托有关单位审批。重大项目和特殊项目以及投资 2 亿元以上的项目，由国家计委审核后报国务院审批。

②小型项目的可行性研究报告，按照隶属关系，分别由行业主管部门和省、自治区、直辖市

和计划单列市计委审批。

③企业横向联合投资的大中型基本建设项目,凡自行解决资金以及投产后的产、供、销能够自己落实,不需要国家安排的项目,可行性研究报告由有关部门和省、自治区、直辖市、计划单列市计委审批,抄报国家计委和有关部门备案。

④地方投资的地方院校、医院和其他文化、教育、卫生事业的大中型项目,可行性研究报告由省、自治区、直辖市和计划单列市计委审批,报国家计委有关部门备案。

(2)审批后文件的效力

可行性研究报告经过正式批准后,建设项目即正式立项。正式立项的建设项目应当按审批意见严肃执行,任何部门、单位或个人都不得随意修改和变更。如因建设条件变化、建设内容变化或建设投资变化,确实需要变更或调整可行性研究报告的指标和内容时,要经过原批准单位同意,并正式办理变更手续。

5. 可行性研究工作程序

从接到建设项目前期工作通知书后,到建设项目正式立项的工作程序。

6. 建设项目立项文件

建设单位根据批复的可行性研究报告,召开立项会议,组织关于立项的事宜。立项会议以纪要的形式对立项进行全面的概括阐述,对专家们的立项建议进行组织和整理,形成文件,并对项目评估做出研究。

其归档文件有:项目建议书、对项目建议书的批复文件、可行性研究报告、对可行性研究报告的批复文件、关于立项的会议纪要、领导批示、专家对项目的有关建议文件、项目评估研究资料、计划部门批准的立项文件、计划部门批准的设计任务等。

五 专家论证意见

这类文件是指在立项过程中,由建设单位组织形成的专家建议资料,直接存档。

六 项目评估文件

这类文件指的是在立项过程中,建设单位组织形成的对项目的可行性进行评估的资料,直接归档。

七 关于立项的会议纪要、领导批示

这类文件是指在审批立项过程中,由建设单位或上级单位组织,根据过程记录整理,形成会议纪要、领导批示的文件资料,应按实际形成的文件直接归档。

第二节 建设用地、拆迁文件(A2)

一 选址申请及选址规划意见通知书

该资料是指城市规划管理部门最终审批的工程项目选址申请及选址规划意见通知书,此文件直接归档,按当地城市规划行政主管部门的统一表式执行。

(一)申请建设项目选址意见通知书的一般程序

(1)建设项目申请人根据申请条件、依据,向城市规划管理部门提出选址申请,填写建设项目规划审批及其他事项申报表。

(2)该申请经城市规划管理部门审查,符合有关法规标准的,及时填写“选址规划意见通知书”两份。将其中一份加盖收件专用印章后交申请人;将另一份与申请材料装袋,填写移交单,转交有关管理部门。

(二)选址申请

在城市规划区域内进行建设的建设项目,申请人根据申请条件、依据,向城市规划管理部门提出选址申请,填写建设项目规划审批及其他事项申报表。申请还需提交如下申报材料:

1. 建设项目新征(占)用地(包括出让、转让用地和尚未办理建设用地规划许可证的用地)

(1)建设单位出具的申报委托书和填写完整并加盖单位印章的《建设项目规划审批及其他事项申报表》。

(2)市计划主管部门对项目建议书的批复文件(原件1份)。

(3)建设单位新征(占)用地申请文件(包含发文号、签发人、单位印章等基本公文要素)、选址要求及拟建项目情况说明各1份。

(4)拟建项目设计方案图纸(包括主要经济技术指标)1份。

(5)在基本比例尺图纸上,用铅笔画出新征(占)用地范围或位置的地形图1份。

(6)依法需进行环境影响评价的建设项目,需持经相应环保部门批准的环境影响评价文件。

(7)普测或钉桩成果。

(8)其他法律、法规、规章规定的相关资料。

2. 自有用地建设项目

(1)建设单位出具的申报委托书和填写完整并加盖单位印章的《建设项目规划审批及其他事项申报表》。

(2)建设用地规划许可证或国有土地使用证、房产证等其他证明土地权属的文件的复印件1份。

(3)建设单位对拟建项目情况的说明1份。建设项目拟加层的,需附设计部门出具的建筑结构基础证明文件。

(4)拟建项目设计方案图纸(包括主要经济技术指标)1份。

(5)在基本比例尺图纸上,用铅笔画出新征(占)用地范围或位置的地形图1份。

(6)依法需要进行环境影响评价的建设项目,需持经相应环保部门批准的环境影响评价文件。

(7)普测或钉桩成果。

(8)其他法律、法规、规章规定的相关资料。

(三)选址规划意见通知书

选址规划意见通知书由城市规划主管部门下发,并有附图。

二 建设用地批准书

建设单位持批准的建设项目可行性研究报告或县级以上人民政府批准的有关文件,向县级以上人民政府土地管理部门提出项目建设用地申请。

征用土地应严格按照国家规定的基本建设程序和审批权限办理,办理程序如下:

1. 建设用地申请

建设单位和个人在取得建设用地规划许可证后,方可向县级以上地方人民政府土地管理部门申请用地,编制申请用地报告。

2. 协商征地数量和补偿安置方案

县级以上人民政府土地管理部门对建设用地申请进行审核,划定用地范围,并组织建设单位与被征用土地单位以及有关单位依法商定征用土地协议和补偿、安置方案,报县级以上人民政府批准。

3. 划拨土地

建设用地的申请,依照法律规定,经县级以上人民政府批准后,由土地管理部门根据建设进度需要进行一次或者几次分期划拨建设用地,下发划拨建设用地文件、建设用地批准文件。

三 拆迁安置意见、协议、方案等

建设单位与被征用土地单位及有关单位签订的有关拆迁方面的安置办法,由各有关单位签字盖章,直接归档。

四 建设用地规划许可证及附件

建设用地规划许可证是由建设单位和个人提出建设用地申请,城市规划行政主管部门根据规划和建设项目的用地需要,确定建设用地位置、面积、界线的法定凭证。

1. 提出规划用地申请

建设单位持有按国家基本建设程序批准的建设项目立项的有关证明文件,向城市规划管理部门提出用地申请,填写规划审批申报表并准备好有关文件。

规划审批申报表按当地城市规划行政主管部门的统一表式执行,以城市规划行政主管部门最终审批的文件归档;填写的申报表要加盖建设单位和申报单位公章。

(1)建设用地规划许可证申报表的主要内容

包括建设单位、申报单位、工程名称、建设内容、地址、规模等概况。

(2)申请时需要准备的有关文件

①计划主管部门批准的征用土地计划。

②土地管理部门的拆迁安置意见、地形图。

③规划管理部门的选址意见书。

④其他要求取得的有关协议、意向书等文件。

⑤图纸。

2. 核发建设用地规划许可证

规划管理部门根据城市总体规划的要求和建设项目的性质、内容,以及选址时初步确定的用地范围界线,提出规划设计条件,核发建设用地规划许可证。

办理建设用地规划许可证时应注意以下几个问题:

(1)征用农村集体土地,由城市规划行政主管部门提出选址规划意见通知书,待批准后,方可办理建设用地规划许可证。使用国有土地时,城市规划行政主管部门提出选址意见通知书,待批准后方可办理建设用地规划许可证。

(2)国有土地管理部门提出拆迁安置意见后,正式确定使用国有土地的范围和数量,并待城市规划行政主管部门审定设计方案后,方可办理建设用地规划许可证。

(3)建设用地规划许可证规定的用地性质、位置和界线,未经原审批单位同意,任何单位和个人不得擅自变更。

五 土地使用证明文件及其附件

建设项目竣工后,由城市规划管理部门会同土地管理部门、房地产管理部门核查实际用地后,由县级以上人民政府办理土地登记手续,核发《国有土地使用证》。

国有土地使用证必须由县级以上人民政府土地管理部门核发,按当地土地管理部门统一表式执行,经县级以上人民政府依法批准。

国有土地使用证直接归档。

六 建设用地钉桩通知单

该文件是指建设单位委托测绘设计单位根据划拨用地等文件提供的用地测绘资料,由本地、市规划委员会审批。

规划行政主管部门在核发规划许可证时,应当向建设单位一并发放建设用地钉桩(验线)通知书。

第三节 勘察、设计文件(A3)

一 工程地质勘察报告

工程地质勘察报告是为查明建筑地区工程地质条件,进行综合性的地质勘察工作所获得的成果而编写的报告。通过工程地质勘察,对建筑地区工程地质情况和存在问题做出评价,为工程建设的规划、设计、施工提供必需的参考依据。

工程地质勘察报告的内容分为文字和图表两部分。

1. 文字部分

包括前言、地形、地貌、地层结构、含水层构造、不良地质现象、土的最大冻结深度、地震基本烈度、预测环境工程地质的变化和不良影响、工程地质建议等。

2. 图表部分

包括工程地质分区图、平面图、剖面图、勘探点平面位置图、钻孔柱状图,以及不良地质现象的平剖面图、物探剖面图和地层的物理力学性质、试验成果资料等。

城市规划区内的建设工程,因建筑范围有限,一般只进行工程地质勘察工作,就可以满足设计需要。需注意:岩土工程勘察报告要由经国家批准的有资质等级的单位进行工程地质勘察工作后再进行编写。

二 水文地质勘察报告

水文勘察是指为查明水文地质条件、开发利用地下水资源或其他专门目的,运用各种勘探手段而进行的水文地质工作。水文地质勘察主要在野外进行,工作的结果需要提交水文地质勘察报告并附有相应的图件。

根据目的、任务、要求和比例尺的不同,水文地质勘察可分为综合性的水文地质普查和专门性的水文地质勘探两类。

水文地质勘察的成果一般分为报告和图件两部分。报告应当正确地反映实际的水文地质条件,回答要求解决的问题。图件一般是一系列的水文地质图,根据勘察的目的、要求的不同,图件的数量和内容都可以不同,常见的有综合水文地质图、地下水等水位线图、岩石含水性图、水化学图、地下水埋深图、地下水污染程度图、水文地质参数分区图等。

三 设计方案审查意见

1. 建设单位申报规划设计条件

建设项目立项后,建设单位应向规划行政管理部门申报规划设计条件,并准备好相关文件和图纸。内容包括:

(1)计划部门批准的可行性研究报告。

(2)建设单位对拟建项目说明。

(3)拟建方案示意图。

(4)地形图和用地范围。

(5)其他。

2. 规划行政管理部门签发《审定设计方案通知书及审查意见》

规划行政主管部门对建设单位申报的规划设计条件进行审查和研究,同意进行设计时,签发《审定设计方案通知书及审查意见》,作为方案设计的依据。

四 人防、环保、消防有关部门(对设计方案)审查意见

该文件指分别由人防、环保、消防、交通、园林、河湖、市政、文物、通信、保密、教育、卫生等有关行政主管部门对项目涉及的相关方面的审查批准文件或协议文件,直接存档。

建筑工程在开工前要将设计方案(图纸)提交人防、环保、消防等相关机构审核,相关机构会出具各自的设计审核意见书。意见有两种情况:①不合格,不允许施工,提出不合格依据,设

计单位需修改设计方案,直至合格;②合格,允许施工。

需提供的材料有:

(1)初步设计文本(工程概况、消防设计专篇)。

(2)由设计单位设计的全套图纸。

(3)上级主管部门的立项批文。

(4)规划部门的批文。

五 初步设计文件(说明书)、设计计算书

所有新建、扩建、改建和技术改造项目在计划任务被批准以后,应当及时委托设计单位根据规划管理部门签发的工程设计条件通知书及附图,进行工程设计,编制设计文件。

一般建设项目实行两阶段设计,即初步设计和施工图设计。对于技术比较复杂,采用新工艺、新技术的重大项目,而又缺乏设计经验的,通常采用三阶段设计,即初步设计、技术设计和施工图设计。

初步设计主要包括设计总说明、各专业设计说明、节能设计专项内容、各专业设计图纸、主要材料设备表、工程概算、专业计算书等。

施工图设计主要包括总平面图、建筑图、结构图、给水排水图、电气图、弱电图、采暖通风及空气调节图、动力图设计及预算等。

工程项目的初步设计图、施工图及各自的设计说明应归档。

六 施工图设计文件及审查意见

建筑工程施工图设计文件审查是为了加强工程项目设计质量的监督和管理,保护国家和人民生命财产安全,保证建设工程设计质量而实施的行政管理。

国务院《建设工程质量管理条例》规定:"建设单位应当将施工图设计文件报县级以上政府建设行政部门或者其他有关部门审查"、"施工图设计文件未经审查和批准的不得使用"。目前实施的是对各类新建、改建、扩建的建筑工程项目的施工图设计文件的审查。

1. 管理部门和审查机构

各级建委(县级以上)负责本市施工图设计文件审查的管理工作,并委托施工图设计文件审查机构审查;建筑业管理办公室负责对施工图设计文件审查机构的考核管理和工程施工图设计文件审查的备案等监督管理工作,并委托质量监督总站实施备案。

2. 审查范围

审查范围是行政地域范围内符合建筑工程设计等级分级标准中的各类新建、改建、扩建的建筑工程项目。

3. 审查内容

(1)建筑物的稳定性、安全性,包括地基基础和主体结构体系是否安全、可靠。

(2)是否符合消防、节能、环保、抗震、卫生、人防等有关强制标准和规范。

(3)施工图是否达到规定的深度要求。

(4)是否损害公众利益。

七 节能设计备案文件

根据《中华人民共和国节约能源法》《民用建筑节能条例》等的规定,施工图审查机构应当按照建筑节能强制性标准对施工图设计文件进行审查;对不符合建筑节能强制性标准的项目,施工图审查机构不得出具审查合格书,建设主管部门不得备案和颁发施工许可证。

经审查合格的施工图设计文件不得擅自变更,确需变更建筑节能设计的,建设单位应当重新履行施工图审查程序。

经过备案的节能设计及其备案登记表应以原件形式存档。

1. 节能设计备案受理范围和条件

(1)已完成施工图文件设计。

(2)施工图文件已经过具有相应资质的专业施工图审查机构审查合格,并出具了含有建筑节能专项的施工图审查合格书。

2. 需提交的材料

(1)施工图设计文件 1 份,如涉及建筑节能部分变更,同时提交。

(2)施工图审查合格书 1 份(建筑节能专篇)。

(3)节能计算书 1 份。

(4)《民用建筑节能设计审查备案登记表》。

(5)《公共建筑节能设计专项审查备案登记表》。

第四节 招投标文件(A4)

一 勘察(设计)招投标文件

(一)勘察招投标文件

勘察招投标文件是指建设单位在选择工程项目勘察单位过程中所进行的招标、投标活动的文件资料。

工程勘察是招标人委托有资格的勘察单位对建设项目的可行性研究立项选址,并作为后期设计工作提供现场的实际资料。

由于建设项目的各项条件不同,委托勘察工作的内容和科研项目也相应不同。在招标文件中,勘察任务应具体明确,应给出任务的数量指标。

1. 实行工程勘察招标的建设项目应具备条件

(1)具有经过有审批权限的机关批准的设计任务书。

(2)具有建设规划管理部门同意的用地范围许可文件。

(3)具有符合要求的地形图。

2. 工程勘察招投标的工作程序

(1)办理招标登记、建立招标工作机构、成立评标小组、编制招标文件。

(2)报名参加投标、对投标单位进行资格审查、领取招标文件、编制投标书并送交招标单位。

(3)开标、评标、中标、发中标通知、签订勘察合同。

(二)设计招投标文件

为了保证设计指导思想连续地贯彻于设计的各个阶段，一般工程项目多采用技术设计招标或施工图设计招标，不单独进行初步设计招标，由中标的设计单位承担初步设计任务。

1. 建设项目进行项目设计招标应具备条件

(1)建设单位必须是法人或依法成立的组织。

(2)有相应的技术、管理人员。

(3)具有编制招标文件、审查投标单位资格和组织招标、开标、评标、定标的能力。

2. 进行设计招标的建设项目应具备条件

(1)具有经过审批机关批准的设计任务书。

(2)具有工程设计所需的基础资料。

3. 设计招投标的程序

(1)编制招标文件，发布招标广告或发出招标通知书，领取招标文件，投标单位报送申请书及提供资格预审文件，对投标者进行资格审查。

(2)组织投标单位现场踏勘，对招标文件进行答疑，编制投标书并按规定送达。

(3)当众开标、组织评标、确定中标单位，与中标单位签订合同。

二 勘察(设计)合同

勘察合同是指建设单位与中标或委托的勘察单位签订的勘察合同，按建设与勘察单位签订的合同文件直接归档。

设计合同是指建设单位与中标或委托的设计单位签订的设计合同，按建设与设计单位签订的合同文件直接归档。

三 施工招投标文件

施工招投标文件是指建设单位在选择工程项目施工单位过程中所进行的招标、投标活动的文件资料。

1. 招投标程序

建设工程施工招投标程序分为3个阶段，即招标准备阶段、招投标阶段、决标阶段。

(1)招标准备阶段

该阶段工作包括选择招标方式、办理招标备案手续、组成招标班子和编制招标有关文件。

(2)招投标阶段

该阶段工作主要是发布招标公告、进行资格预审、确定投标单位名单、分发招标文件以及图纸和技术资料、组织踏勘现场和招标文件答疑、接受投标文件、建立评标组织、制定评标、决标的办法。

(3)决标阶段

此阶段工作是召开开标会议、审查投标标书、组织评标、公开标底、决标前谈判、决定中标单位、发布中标通知书、签订施工承发包合同。

2. 编制招标文件

招标文件主要包括以下 4 个方面内容:

(1)招标公告

由招标人通过媒介发布招标公告,实行邀请招标的,应向 3 个以上符合资质条件的投标人发送投标邀请书。招标公告上主要介绍招标工程项目基本情况和招标单位的情况、投标单位购买预审文件办法等有关事宜。

(2)资格预审文件

资格预审文件由资格预审须知和资格预审申请表两部分组成。资格预审须知是明确参加投标单位应知事项和申请人应具备的资历及有关证明文件;资格预审申请表是由投标人按照招标单位对投标申请人的要求条件而编写的。

(3)招标文件

招标文件是投标人编写投标书和报价的依据,文件中的各项内容应尽可能完整、详细、明确、具体,要最大限度减少误解和可能产生的争议。

(4)标底

标底一般委托工程造价单位编制。标底须报请主管部门审定,审定后应密封保存,严格保密,直到开标不得泄露。

3. 编制投标文件

投标单位在正式投标前进行投标资格预审,投标单位要填写资格预审文件,申请投标。投标单位根据招标文件的要求编写投标书,投标书编制完成后在规定的期限内密封送达招标单位。

四 施工合同

建设工程施工承包合同是建设单位(招标单位)与施工单位(中标单位)根据有关法律、法规签订的工程施工合同。按建设单位与施工单位签订的合同直接归档。

《建设工程施工合同(示范文本)》中把合同分为协议书、通用条款、专用条款 3 个部分,并附有 3 个附件。

1. 协议书

合同协议书需要填写的主要内容包括工程概况、工程承包范围、合同工期、质量标准、合同价款、组成合同的文件及合同的生效时间等。

2. 通用条款

包括词语定义及合同文件、双方一般权利和义务、施工组织设计和工期、质量与检验、安全施工、合同价款与支付、材料设备与供应、工程变更、竣工验收与结算、违约、索赔和争议、其他。共 11 个部分,47 个条款。

3. 专用条款

专用条款是结合具体工程实际,经协商达成一致意见的条款,是对通用条款的具体化、补充或修改。其内容由合同当事人根据建设工程项目的具体特点和实际要求细化。

4. 附件

《建设工程施工合同(示范文本)》中附有3个附件,即《承包人承揽工程项目一览表》、《发包人供应材料设备一览表》和《房屋建筑工程质量保修书》。

五 工程监理招投标文件

1. 招标文件

监理招标文件应包括以下几方面的内容,并提供必要的资料。

(1)投标须知。

包括工程项目综合说明、委托的监理范围和监理业务、投标文件的编制、投标文件的递交、投标时间、评标原则等。

(2)合同条件。

(3)建设单位提供的现场办公条件(包括交通、通信、住宿、办公用房等)。

(4)对监理单位的要求(包括现场监理人员、检测手段、工程技术难点等方面)。

(5)必要的设计文件、图纸、有关资料及有关技术规定。

(6)其他事宜。

2. 投标文件

投标人根据招标文件的要求编制投标书,投标书包括以下几方面内容:

(1)投标人的资质。

(2)监理大纲。

(3)拟派项目的主要监理人员及监理人员的素质说明。

(4)监理单位提供用于工程的检测设备和仪器,或委托有关单位检测的协议。

(5)监理费报价和费用的组成。

六 监理合同

建设工程委托监理合同简称监理合同,是指建设单位聘请监理单位代其对工程项目进行管理,明确双方权利义务的协议。

《建设工程委托监理合同文本》由建设工程委托监理合同、标准条件、专用条件组成。

1. 建设工程委托监理合同

建设工程委托监理合同是一个总的协议,是纲领性文件。主要内容有当事人双方确认的委托监理工程的概况,合同签订、生效、完成的时间,双方愿意履行约定的各项义务的承诺,以及合同文件的组成。

2. 标准条件

标准条件内容涵盖了合同中所用词语的定义,适用范围和法规,签约双方的责任、权利和义务,合同生效、变更和终止,监理报酬。它是监理合同的通用文本,适用于各类工程建设监理委托,是所有签约工程都要遵守的基本条件。

3. 专用条件

由于标准条件适用于所有的工程建设监理委托,因此其中的某些条款规定得比较笼统,需要在签订具体工程项目的监理委托合同时,就地域特点、专业特点和委托监理项目的特点,对标准条件中的某些条款进行补充修正,形成专用条件。

第五节　开工审批文件(A5)

一　建设工程规划许可证及附件

建设单位在城市规划区内新建、改建、扩建建筑物、构筑物、道路、管线和其他工程设施,必须持有相关批准文件向城市规划行政主管部门提出申请,由城市规划行政主管部门提出规划要求,并审查设计施工图等有关文件,核发建设工程规划许可证。

1. 进行规划申请时需报送的文件和图纸

(1)年度施工任务批准文件。

(2)人防、消防、环保、园林、市政、文物、通讯、教育、卫生等有关行政主管部门的审批意见和要求,以及取得的协议书。

(3)工程竣工档案登记表。

(4)工程设计图,包括总平面图,各层平、立、剖面图,基础平面图和设计图纸目录。

(5)其他资料。

2. 建设工程规划许可证申报程序

(1)建设单位领取并填写规划审批申报表,加盖建设单位公章。

(2)提交申报建设工程规划许可证要求中所列要求报送的文件和图纸。

(3)城市规划行政管理部门填发建设工程规划许可证立案表,作为申报建设工程规划许可证的回执。

(4)城市规划行政管理部门进行审查,对不符合规划要求的初步设计提出修改意见,发出修改工程图纸通知书,修改后重新申报。

(5)经审查合格的建设工程,建设单位在取件日期内在规划管理单位领取建设工程规划许可证。

(6)办理建设工程规划许可证要经过建设单位申请和规划行政管理部门审查批准。

3. 建设工程规划许可证附件

建设工程规划许可证还包括建设工程规划许可证附图与附件。附图与附件由发证机关确定,与建设工程规划许可证具有同等的法律效力。

二　建设工程施工许可证

建设单位在取得建设工程规划许可证和其他有关行政主管部门的批准文件后,向建设行政主管部门提出申请开工报告,填报建设工程开工审批表,由建设行政主管部门审查批准,核发给建设工程施工许可证。

1. 建设工程施工许可证申请表

申请表是指新建、改建、扩建项目在工程正式动工前，对具备了开工条件的建设项目，由建设单位向建设行政主管部门提出要求开工的申请。一般由建设单位会同施工单位共同办理，其基本内容包括：

(1)建设工程概况。

(2)可行性研究报告和初步设计的批准文件。

(3)列入年度建设计划。

(4)完成了施工现场准备，完成了三通一平、测量放线等工作。

(5)施工材料、物资准备基本就绪，建筑材料、施工机具等已做好准备，开工必备的物资已进场。

(6)完成了施工图设计和施工组织设计。

(7)建立了项目组织机构和项目管理规划。

(8)资金准备已出具证明文件，审计部门出具了审计证明。

(9)与施工单位签订了施工合同。

(10)与监理单位签订了监理合同。

(11)其他。

2. 审批建设工程施工许可证

建设行政主管部门及有关部门接到工程开工审批表后，要进行逐项认真审查、核实，确定是否具备了开工条件。

(1)大中型项目批准开工之前，国家计委或委托有关部门派人到现场检查落实开工条件，凡未达到开工条件的，不予批准。

(2)小型项目的开工审批工作按各地区、各部门制定的具体办法办理。

(3)军队建设项目由军队系统基本建设行政主管部门直接进行审核，并核发建设工程施工许可证。

3. 核发建设工程施工许可证

建设行政主管部门应当自收到申请之日起十五日内，对符合条件的申请者发给施工许可证。

建设单位应当自领取施工许可证之日起三个月内开工。因故不能按期开工，应当向发证机关申请延期。延期以两期为限，每次不超过三个月。

因故不能按期开工超过六个月的，应当重新办理开工报告的审批手续。

第六节　工程造价文件(A6)

一 工程投资估算材料

投资估算是指在整个投资决策过程中，依据现有的资料和一定的方法，对建设项目的投资额(包括工程造价和流动资金)进行的估计，所形成的投资估算文件以原件形式存档。

投资估算文件一般由封面、签署页、编制说明、投资估算分析、总投资估算表、单项工程估算表、主要技术经济指标等内容构成。

1. 投资估算编制说明的内容

(1)工程概况。

(2)编制范围。

(3)编制方法。

(4)编制依据。

(5)主要技术经济指标。

(6)有关参数、率值选定的说明。

(7)特殊问题的说明(包括采用新技术、新材料、新设备、新工艺);必须说明的价格的确定;进口材料、设备、技术费用的构成与计算参数;采用巨型结构、异型结构的费用的估算方法;环保(不限于)投资占总投资的比重;未包括项目或费用的必要说明等。

(8)采用限额设计的工程还应对方案比选的估算和经济指标做进一步说明。

2. 投资估算分析的内容

(1)工程投资比例分析。

(2)分析设备购置费、建筑工程费、安装工程费、工程建设其他费用、预备费占建设总投资的比例;分析引进设备费用占全部设备费用的比例等。

(3)分析影响投资的主要因素。

(4)与国内类似工程项目的比较,分析说明投资高低的原因。

3. 总投资估算表的内容

包括汇总单项工程估算,工程建设其他费用,估算基本预备费,差价预备费,计算建设期利息等。

4. 单项工程估算表的内容

应按建设项目划分的各个单项工程分别计算组成工程费用的建筑工程费、设备购置费、安装工程费等。

二 工程设计概算材料

设计概算文件是在初步设计和扩大初步设计阶段,由设计单位根据初步投资估算、设计要求及初步设计图纸或扩大初步设计图纸,依据概算定额或概算指标、各项费用定额或取费标准、建设地区自然、技术经济条件和设备、材料预算价格等资料,或参照类似工程预(决)算文件,编制和确定的建设项目由筹建至竣工交付使用的全部建设费用的经济文件,直接存档。

设计概算可分为单位工程概算、单项工程综合概算和建设项目总概算三级。

建设项目总概算是确定整个建设项目从筹建到竣工验收所需全部费用文件,它是由各单项工程综合概算、工程建设其他费用概算、预备费、建设期贷款利息和投资方向调节税概算汇总编制而成的。

单项工程综合概算是指在一个建设项目中,具有独立的设计文件,建成后可以独立发挥生产能力或工程效益的项目。单项工程是一个复杂的综合体，是具有独立存在意义的一个完整工程，由各单位工程概算汇总编制而成，是建设项目总概算的组成部分。其内容包括：各功能单元的综合概算例如输水工程、净水工程、管网建设工程。

单位工程概算是指具有独立的设计文件、能够独立组织施工过程，是单项工程的组成部分，其内容包括土建工程概算、给排水、采暖工程概算，通风、空调工程概算包括机械设备及安装工程概算，电气设备及安装工程概算，热力设备及安装工程概算，工具、器具及生产家具购置费概算等。

其他工程和费用概算的内容包括：土地征购、坟墓迁移和清除障碍物等项及其费用。

三 招标控制价格文件

招标控制价是指招标人根据国家或省级、行业建设主管部门颁发的有关计价依据和办法，以及拟定的招标文件和招标工程量清单，结合工程具体情况编制的招标工程的最高投标限价。国有资金投资的工程建设项目应实行工程量清单招标，并应编制招标控制价，所形成的文件直接存档。

招标控制价的作用决定了招标控制价不同于标底，无须保密。为体现招标的公平、公正，防止招标人有意抬高或压低工程造价，招标人应在招标文件中如实公布招标控制价，不得对所编制的招标控制价进行上浮或下调。

招标人在招标文件中公布招标控制价时，应公布招标控制价各组成部分的详细内容，不得只公布招标控制价总价。同时，招标人应将招标控制价报送工程所在地的工程造价管理机构备查。

报送的招标控制价格文件应包括下列材料：

(1)招标文件中有关工程计价条款。

(2)工程量清单。

(3)建设工程招标控制价格成果文件。

(4)其他文件。

四 合同价格文件

合同价格是指发包人用于支付承包人按照合同约定完成承包范围内全部工作的金额，包括合同履行过程中按合同约定发生的价格变化。合同价格文件直接存档。

五 结算价格文件

工程结算价格文件是指施工企业按照承包合同和已完工程量向建设单位办理工程价格清算的经济文件。如果工程建设周期长，耗用资金大，为使建筑安装企业在施工中耗用的资金及时得到补偿，需要对工程价款进行中间结算（进度款结算）、年终结算，全部工程竣工验收后应进行竣工结算。

工程结算是工程项目承包中的一项十分重要的工作，编制建设工程结算文件必须严格遵守国家和地区的有关规定,实事求是地按实际完成的工程量付款。在编制建设工程计算时需要注意量差、价差和费用三个方面,并应根据实际建设工程承包合同情况决定是否对相关方面进行调整。

工程结算价格文件直接存档。

本章小结

工程准备阶段文件是指在工程开工前,在立项、审批、征地、勘察、设计、招投标等工程准备阶段形成的文件,包括建设项目决策立项文件,建设用地、征地、拆迁文件,勘察、测绘和设计文件,招投标文件、承包合同,开工审批文件,以及财务文件等。

【相关链接】

建筑工程施工许可管理办法

中华人民共和国住房和城乡建设部令

第18号

《建筑工程施工许可管理办法》已经第13次部常务会议审议通过,现予发布,自2014年10月25日起施行。

住房和城乡建设部部长　姜伟新

2014年6月25日

第一条　为了加强对建筑活动的监督管理,维护建筑市场秩序,保证建筑工程的质量和安全,根据《中华人民共和国建筑法》,制定本办法。

第二条　在中华人民共和国境内从事各类房屋建筑及其附属设施的建造、装修装饰和与其配套的线路、管道、设备的安装,以及城镇市政基础设施工程的施工,建设单位在开工前应当依照本办法的规定,向工程所在地的县级以上地方人民政府住房城乡建设主管部门(以下简称发证机关)申请领取施工许可证。

工程投资额在30万元以下或者建筑面积在300m^2以下的建筑工程,可以不申请办理施工许可证。省、自治区、直辖市人民政府住房城乡建设主管部门可以根据当地的实际情况,对限额进行调整,并报国务院住房城乡建设主管部门备案。

按照国务院规定的权限和程序批准开工报告的建筑工程,不再领取施工许可证。

任何单位和个人不得将应当申请领取施工许可证的工程项目分解为若干限额以下的工程项目,规避申请领取施工许可证。

……

第四条　建设单位申请领取施工许可证,应当具备下列条件,并提交相应的证明文件:

(一)依法应当办理用地批准手续的,已经办理该建筑工程用地批准手续。

(二)在城市、镇规划区的建筑工程,已经取得建设工程规划许可证。

(三)施工场地已经基本具备施工条件,需要征收房屋的,其进度符合施工要求。

(四)已经确定施工企业。按照规定应当招标的工程没有招标,应当公开招标的工程没有公开招标,或者肢解发包工程,以及将工程发包给不具备相应资质条件的企业的,所确定的施工企业无效。

（五）有满足施工需要的技术资料，施工图设计文件已按规定审查合格。

（六）有保证工程质量和安全的具体措施。施工企业编制的施工组织设计中有根据建筑工程特点制定的相应质量、安全技术措施。建立工程质量安全责任制并落实到人。专业性较强的工程项目编制了专项质量、安全施工组织设计，并按照规定办理了工程质量、安全监督手续。

（七）按照规定应当委托监理的工程已委托监理。

（八）建设资金已经落实。建设工期不足一年的，到位资金原则上不得少于工程合同价的50%，建设工期超过一年的，到位资金原则上不得少于工程合同价的30%。建设单位应当提供本单位截至申请之日无拖欠工程款情形的承诺书或者能够表明其无拖欠工程款情形的其他材料，以及银行出具的到位资金证明，有条件的可以实行银行付款保函或者其他第三方担保。

（九）法律、行政法规规定的其他条件。

县级以上地方人民政府住房城乡建设主管部门不得违反法律法规规定，增设办理施工许可证的其他条件。

第五条　申请办理施工许可证，应当按照下列程序进行：

（一）建设单位向发证机关领取《建筑工程施工许可证申请表》。

（二）建设单位持加盖单位及法定代表人印鉴的《建筑工程施工许可证申请表》，并附本办法第四条规定的证明文件，向发证机关提出申请。

（三）发证机关在收到建设单位报送的《建筑工程施工许可证申请表》和所附证明文件后，对于符合条件的，应当自收到申请之日起十五日内颁发施工许可证；对于证明文件不齐全或者失效的，应当当场或者五日内一次告知建设单位需要补正的全部内容，审批时间可以自证明文件补正齐全后作相应顺延；对于不符合条件的，应当自收到申请之日起十五日内书面通知建设单位，并说明理由。

第六条　建设单位申请领取施工许可证的工程名称、地点、规模，应当符合依法签订的施工承包合同。

施工许可证应当放置在施工现场备查，并按规定在施工现场公开。

第七条　施工许可证不得伪造和涂改。

第八条　建设单位应当自领取施工许可证之日起三个月内开工。因故不能按期开工的，应当在期满前向发证机关申请延期，并说明理由；延期以两次为限，每次不超过三个月。既不开工又不申请延期或者超过延期次数、时限的，施工许可证自行废止。

第九条　在建的建筑工程因故中止施工的，建设单位应当自中止施工之日起一个月内向发证机关报告，报告内容包括中止施工的时间、原因、在施部位、维修管理措施等，并按照规定做好建筑工程的维护管理工作。

建筑工程恢复施工时，应当向发证机关报告；中止施工满一年的工程恢复施工前，建设单位应当报发证机关核验施工许可证。

第十条　发证机关应当将办理施工许可证的依据、条件、程序、期限以及需要提交的全部材料和申请表示范文本等，在办公场所和有关网站予以公示。

发证机关作出的施工许可决定，应当予以公开，公众有权查阅。

第十一条　发证机关应当建立颁发施工许可证后的监督检查制度，对取得施工许可证后条件发生变化、延期开工、中止施工等行为进行监督检查，发现违法违规行为及时处理。

第十二条　对于未取得施工许可证或者为规避办理施工许可证将工程项目分解后擅自施工的，由有管辖权的发证机关责令停止施工，限期改正，对建设单位处工程合同价款1%以上2%以下罚款；对施工单位处3万元以下罚款。

第十三条　建设单位采用欺骗、贿赂等不正当手段取得施工许可证的，由原发证机关撤销施工许可证，责令停止施工，并处1万元以上3万元以下罚款；构成犯罪的，依法追究刑事责任。

第十四条　建设单位隐瞒有关情况或者提供虚假材料申请施工许可证的，发证机关不予受理或者不予许可，并处1万元以上3万元以下罚款；构成犯罪的，依法追究刑事责任。

建设单位伪造或者涂改施工许可证的,由发证机关责令停止施工,并处1万元以上3万元以下罚款;构成犯罪的,依法追究刑事责任。

第十五条　依照本办法规定,给予单位罚款处罚的,对单位直接负责的主管人员和其他直接责任人员处单位罚款数额5%以上10%以下罚款。

单位及相关责任人受到处罚的,作为不良行为记录予以通报。

第十六条　发证机关及其工作人员,违反本办法,有下列情形之一的,由其上级行政机关或者监察机关责令改正;情节严重的,对直接负责的主管人员和其他直接责任人员,依法给予行政处分:

(一)对不符合条件的申请人准予施工许可的。

(二)对符合条件的申请人不予施工许可或者未在法定期限内作出准予许可决定的。

(三)对符合条件的申请不予受理的。

(四)利用职务上的便利,收受他人财物或者谋取其他利益的。

(五)不依法履行监督职责或者监督不力,造成严重后果的。

第十七条　建筑工程施工许可证由国务院住房城乡建设主管部门制定格式,由各省、自治区、直辖市人民政府住房城乡建设主管部门统一印制。

施工许可证分为正本和副本,正本和副本具有同等法律效力。复印的施工许可证无效。

第十八条　本办法关于施工许可管理的规定适用于其他专业建筑工程。有关法律、行政法规有明确规定的,从其规定。

《建筑法》第八十三条第三款规定的建筑活动,不适用本办法。

军事房屋建筑工程施工许可的管理,按国务院、中央军事委员会制定的办法执行。

第十九条　省、自治区、直辖市人民政府住房城乡建设主管部门可以根据本办法制定实施细则。

第二十条　本办法自2014年10月25日起施行。1999年10月15日建设部令第71号发布、2001年7月4日建设部令第91号修正的《建筑工程施工许可管理办法》同时废止。

第六章

监理文件（B类）

【职业能力目标】

对归档范围内的B类文件进行汇总，并能够按照要求完成B类文件的编写工作。

【学习要求】

1. 了解B类文件中需要报审的文件的报批手续。
2. 熟悉B类文件的归档范围。
3. 掌握B类文件的编写。

第一节　监理管理文件（B1）

一　监理规划

《监理规划》是监理单位在签订委托监理合同及收到设计文件后由总监理工程师主持、专业监理工程师参加编制的，经监理单位技术负责人审核批准，用来指导项目监理机构全面开展监理工作的纲领性文件。

（一）监理规划的作用

（1）《监理规划》是项目监理机构全面开展监理工作的具有可操作性的指导性文件。

（2）《监理规划》是监理单位的主管部门对监理单位进行检查了解、考核评判的依据资料之一。

（3）《监理规划》是建设单位确认监理单位是否全面、认真履行监理合同的主要依据。

（4）《监理规划》是监理资料的重要组成部分。

（二）监理规划的编制要求

（1）《监理规划》的基本构成内容应当力求统一。

这是《建设工程监理规范》的要求,也是监理工作制度化、科学化的要求。

(2)《监理规划》的具体内容应具有针对性。

《监理规划》是指导一个特定工程项目监理工作的技术组织文件,而所有工程项目都具有单件性和一次性特点,在《监理规划》的基本构成内容力求统一的基础上应具有针对性。

(3)《监理规划》的表达方式应当格式化、标准化。

为了提高工作效率,使监理规划更明确、更简洁、更直观,因此最有效、最基本的方法就是尽可能利用图、表和简单的文字说明,来表示《监理规划》的各项内容。

(4)项目总监理工程师是《监理规划》编写的主持人。

①《监理规划》应由项目总监理工程师组织专业监理工程师编写。

②在《监理规划》编写过程中,应当了解建设单位的建设意图,最大程度地满足他们的合理要求,以使在监理工作中得到他们的大力支持。

③在《监理规划》编写过程中,还可以争取施工单位的意见和建议,以使在监理工作中得到他们的密切配合。

(5)《监理规划》应在签订委托监理合同及收到设计文件后开始编制。

(6)《监理规划》应当经过审批。

《监理规划》编制完成后应由监理单位技术负责人审核批准,并应在召开第一次工地会议前报送建设单位。

(7)在监理工作实施过程中,如实际情况或条件发生重大变化而需要调整《监理规划》时,应由总监理工程师组织专业监理工程师研究修改,按原报审程序经过批准后报建设单位。

(三)《监理规划》的编制依据

(1)建设工程的相关法律、法规及项目审批文件。

(2)与建设工程项目有关的标准、设计文件、技术资料。

(3)监理大纲、委托监理合同文件以及与建设工程项目相关的合同文件。

(4)工程地质、水文地质、气象资料、材料供应、勘察、设计、施工、交通、能源、市政公用设施等方面的资料。

(5)工程报建的有关批准文件、招投标文件及国家、地方政府对建设监理的规定。

(6)勘察、设计、施工、质量检验评定等方面的规范、规程、标准等。

(四)《监理规划》的基本内容

1. 工程项目概况

工程项目概况包括工程名称、建设地址、工程项目组成及建设规模、主要建筑结构类型、建筑面积、工期及开竣工日期、工程质量等级、预计工程投资总额、主要设计单位及工程总承包单位等。

2. 监理工作范围

监理工作范围是指监理单位所承担任务的工程项目建设监理的范围。

3. 监理工作内容

应根据监理工作界定的范围制定监理工作内容。在工程项目建设的不同阶段,监理的工作内容都不相同。在项目的施工阶段,监理工作内容主要是四控制(投资控制、质量控制、进度控制、安全控制)、二管理(信息管理、合同管理)、一协调(组织协调)。

4. 监理工作目标

监理工作目标是监理单位所承担工程项目的投资、工期、安全、质量等的控制目标,应按监理合同所确定的监理工作目标来控制。

5. 监理工作依据

监理工作依据是指监理工作时应遵循的标准,包括建设工程相关的法律、法规、规范、标准;建设项目设计文件;监理大纲;委托监理合同文件以及与建设工程项目相关的合同文件等。

6. 项目监理机构的组织形式

按照项目监理机构的岗位设置内容采用的组织形式,用图或表的形式表示。

7. 项目监理机构的人员配备计划

根据监理工作内容、工作复杂程度,配备相应层次和数量的总监理工程师、总监代表、专业监理工程师和监理员。

8. 项目监理机构的人员岗位职责

项目监理机构的人员岗位职责是指项目监理机构各职能部门的职责以及各类监理人员的职责分工。

9. 监理工作程序

监理工作程序是指监理工作时的流程及顺序。

10. 监理工作方法及措施

监理工作方法及措施是指针对监理工作内容的不同方面制订的详细的工作方法及相应的措施。

11. 监理工作制度

监理工作制度是指监理会议制度、信息和资料管理制度、监理工作报告制度以及其他监理工作制度。

12. 监理设施

监理设施是指由建设单位按照监理合同约定提供的设施和监理单位自备的监理设施。当工程项目较为特殊时,还应增加其他必要的内容。

(五)《监理规划》的编制要点

(1)“工程项目概况”中,如果所监理的项目工程不是单体工程,而是多栋建筑物,应尽可能列表编制。

(2)“监理工作范围”中,如果监理单位承担全部建设工程的监理任务,监理范围为全部工程,否则应按监理单位所承担的建设工程的建设标段或子项目划分确定建设工程监理工作范围。

(3)“监理工作内容”中,主要是编写监理单位“做什么”的内容,可分施工前准备阶段、施工阶段、验收阶段、保修阶段(监理合同有约定时)分别编写,每个施工阶段中可包括所涉及的进度控制内容、质量控制内容、造价控制内容、安全控制内容、合同管理的内容、信息管理内容(现阶段可以不编写,监理规范没有要求)、组织协调内容。

(4)“监理工作目标”中,质量控制目标、进度控制目标、投资控制目标可以按照施工合同的规定编写,安全控制目标可以编写为:杜绝死亡事故,控制重伤事故。

(5)在“监理工作依据”中,可以参照下列13个方面编写:

①建设工程监理合同。

②建设工程施工合同及分包合同。

③工程地质勘察资料、设计文件。

④企业ISO9001:2000质量标准体系文件。

⑤建设部《关于落实建设工程安全生产监理责任的若干意见》。

⑥《建筑法》。

⑦《安全生产法》。

⑧《建设工程质量管理条例》。

⑨《建设工程安全生产管理条例》。

⑩《建设工程监理规范》(GB/T 50319—2013)。

⑪《建设工程标准强制性条文》。

⑫《建筑工程施工质量验收统一标准》(GB 50300—2013)。

⑬国家和地方现行的专业施工质量验收规范、规程和有关文件的规定。

(6)在“项目监理机构的组织形式”中,一般建设项目都可以按照直线制组织形式编写,大型的建设工程项目也可以按照其他组织形式编写。

(7)“项目监理机构的人员配备计划”,由总监理工程师和企业负责人商定。

(8)“项目监理机构的人员岗位职责”,按照企业制定的“各级监理人员的职责”编写,主要是体现各级监理人员“做什么”。

(9)在“监理工作程序”中,可以只编写流程图而不书写程序,流程图应简洁、流畅,流程图的编制范围可以涉及进度控制、质量控制、造价控制、安全控制、合同管理。

(10)在“监理工作方法及措施”中,“方法”主要编写监理机构应该“如何做”,“措施”主要编写监理机构达不到目的又应该“如何做”,“方法”和“措施”都应该体现事前、事中和事后三个阶段。“方法”和“措施”应该涉及进度控制、质量控制、造价控制、安全控制、合同管理、组织协调。质量控制和安全控制是《建筑工程质量管理条例》和《建筑工程安全生产管理条例》规定的监理人员的责任和义务,控制不好涉及违法的问题,因此应详细认真编写。进度控制、造价控制、合同管理、组织协调是监理合同规定的监理人员的责任和义务,处理不好是水平问题,仅涉及违约而不涉及违法,编写时要适度,在满足建设单位要求的基础上力求简单,不要大吹大擂。信息管理的内容监理规范没有要求,现阶段执行起来还有难度,可以不编写。

(11)“监理工作制度”按照企业制定的《监理工作制度》执行,主要是要体现企业要求监理人员在特定的工作中必须“做什么”,必须“怎么做”。

(12)在“监理设施”中,要编写所监理的项目工程需要的监理设施就可以了,适当考虑企业形象的因素,不要过分吹嘘。

(13)在“本项目工程监理工作的重点”中,主要是结合所监理的工程项目的特点和难点,有针对性地编写预防出现工程质量缺陷或隐患的措施。

二 监理实施细则

《监理实施细则》是根据监理规划，在落实了各专业的监理责任后，由专业监理工程师编写，并经总监理工程师批准，针对工程项目中某一专业或某一方面开展监理工作的操作性文件。

（一）《监理实施细则》的编制范围

（1）《建设工程监理规范》规定：中型及以上或专业性较强的工程项目，监理单位应编制《监理实施细则》。

（2）中型及以上工程项目，对应于《工程监理企业资质管理规定》中的工程类别为二等的工程项目，包括：

①14～28 层房屋建筑工程。

②24～36m 跨（轻钢结构除外）房屋建筑及工业建筑工程。

③建筑面积 10000～30000m^2 的单项工程。

④70～120m 高耸构筑工程。

⑤6 万～12 万 m^2 住宅小区工程。

（3）对规模较小或小型的工程可将监理规划编制得详细一点，不再另行编写监理实施细则。

（二）《监理实施细则》的编制要求

（1）《监理实施细则》应在相应工程施工开始前编制完成，当某分部或单位工程按专业划分构成一个整体的局部，或出现施工图未出齐就开工等情况时，可按工程进展情况分阶段编写《监理实施细则》。

（2）《监理实施细则》应由专业监理工程师编制，并必须经总监理工程师批准。

（3）《监理实施细则》应符合《监理规划》的要求，并应结合工程项目的专业特点，做到详细具体、具有可操作性。例如：砖混、框架、排架、框剪等不同结构类型的建筑各有特点，在专业技术、管理和目标控制方面都有具体要求，应分别编制。

（4）在监理工作实施过程中，《监理实施细则》应根据实际情况进行补充、修改和完善。

（三）《监理实施细则》的编制依据

（1）已批准的《监理规划》。

（2）与专业工程相关的标准、设计文件和技术资料。

（3）施工组织设计。

（四）《监理实施细则》的内容

（1）专业工程的特点。

（2）监理工作的流程。

（3）监理工作的控制要点及目标值。

(4)监理工作的方法及措施。

(五)《监理实施细则》的编制要点

(1)“专业工程的特点”是指拟编制《监理实施细则》的专业工程的特点,如钢筋工程的特点、混凝土工程的特点等,而不是指单位工程概况。

(2)“监理工作的流程”是指拟编制《监理实施细则》的专业工程的流程,如砌体工程监理工作流程、模板工程监理工作流程等,而不是质量控制工作流程、进度控制工作流程等。

(3)“监理工作的控制要点及目标值”的“要点”是控制的重点,“目标值”是监理单位对专业工程质量设定的目标值,而不是施工合同规定的质量标准。

(4)“监理工作的方法及措施”与《监理规划》中的监理工作的方法及措施相似,《监理规划》中的监理工作的方法及措施指的是质量控制或安全控制等某一个方面的一般工作方法和措施,而这里的监理工作的方法及措施指的是对某一个专业工程的监理工作方法和措施。

三 监理月报

《监理月报》是在工程施工过程中,监理单位就工程实施情况和监理工作,定期向建设单位所作的报告。

监理单位每月以《监理月报》的形式向建设单位报告本月的监理工作情况,使建设单位了解工程施工的基本情况,同时掌握工程进度、质量、投资及施工合同的各项目标完成的监理控制情况。

《监理月报》由总监理工程师组织专业监理工程师编制,签认后报送建设单位。

(一)《监理月报》的作用

《监理月报》能全面反映施工进展情况及监理工作情况,其主要作用是:

(1)向建设单位通报本月份工程各方面的进展情况,目前工程尚存在哪些待解决的问题。

(2)向建设单位汇报在本月中监理单位做了哪些工作,收到什么效果。

(3)监理单位通过编制《监理月报》总结本月份工作,为下一阶段工作做出计划与部署。

(4)为上级主管部门到监理单位检查工作时提供关于工程概况、施工概况及监理工作情况的说明文件。

(二)《监理月报》编制依据

(1)《建设工程监理规范》(GB/T 50319—2013)。

(2)省、市地方标准《建设工程监理规程》。

(3)省、市地方标准《建筑工程资料管理规程》。

(4)工程质量验收系列规范、规程和技术标准。

(5)监理单位的有关规定等。

(三)《监理月报》编制要求

(1)《监理月报》应由项目总监理工程师组织编制,签认后报送建设单位。

(2)《监理月报》报送时间由监理单位和建设单位协商确定。一般来讲,《监理月报》的编制周期为上月 26 日到本月 25 日,在下月 5 日前发出。

(3)《监理月报》应真实反映工程现状和监理工作情况,做到数据准确、重点突出、语言简练,并附必要的图表和照片。

(4)《监理月报》采用 A4 规格纸编写。

(5)《监理月报》的封面由项目总监理工程师签字,并加盖监理单位章。

(四)《监理月报》基本内容

(1)本月工程概况。

(2)本月工程形象进度。

(3)工程进度:

①本月实际完成情况与计划进度比较。

②对进度完成情况及采取措施效果的分析。

(4)工程质量:

①本月工程质量情况分析。

②本月采取的工程质量措施及效果。

(5)工程安全:

①本月工程安全情况分析。

②本月采取的工程安全措施及效果。

(6)工程计量与工程款支付:

①工程量审核情况。

②工程款审批情况及月支付情况。

③工程款支付情况分析。

④本月采取的措施及效果。

(7)合同其他事项的处理情况:

①工程变更。

②工程延期。

③费用索赔。

(8)本月监理工作总结:

①对本月进度、质量、安全、工程款支付等方面的综合评价。

②本月监理工作情况。

③有关本工程的意见和建议。

④下月监理工作的重点。

(五)《监理月报》的编写要点

1. 本月工程概况

"本月工程概况"主要编写本月施工所涉及的质量、进度、造价、安全方面的概况,不要写本工程的总体概况。

2. 本月工程形象进度

“本月工程形象进度”主要编写本月施工的所有工程项目所完成的程度。

3. 工程进度

(1)“本月实际完成情况与计划进度比较”可用横道图或列表等简单形式表示。

(2)对进度完成情况及采取措施效果的分析可从以下方面入手:

①天气原因:影响工程正常施工的风、雨、雪、温度及不可抗力等。

②施工人员、材料、机械设备原因:进场时间和数量是否满足施工需要,人员素质、材料质量、机械设备性能是否能满足施工进度等。

③现场管理原因:计划安排是否合理,施工组织是否严密科学,管理体系是否健全等。

④周围环境原因:交通运输方面、场地布置方面、夜间施工环境方面。

⑤工程变更原因:变更引起工程量的增减而影响工程进度,变更是否及时。

⑥业主方面原因:工程款支付、设计文件及其他应提供的资料是否及时到位等。

⑦采取的措施及效果分析:主要写监理单位针对进度拖后的具体原因,而采取了那些进度控制措施以及产生了哪些效果。例如:进度拖后的原因是施工单位木工操作人员进场不及时造成,监理机构立即下达了《监理工程师通知》,要求施工单位马上组织木工进场,并采取赶工措施。施工单位接到《监理工程师通知》后,立即组织木工进场,并及时采取了夜间连续 5 天赶工措施,使工程进度达到了计划要求。

4. 工程质量

(1)“本月工程质量情况分析”按照下列情况编写:

①施工单位质量管理体系、技术管理体系、质量保证体系的运行情况分析。即:各种规章制度是否健全、专职管理人员是否到岗、各种管理机构是否运行正常;如果存在问题,原因是什么等。

②施工单位施工组织设计及施工技术方案实施情况分析。

③本月进场的原材料、构配件、成品或半成品检验及试验情况分析。

④本月完成的分项、分部工程质量情况分析,可采用列表的方式进行表达。

(2)“本月采取的工程质量措施及效果”主要编写内容:

①采取了监理措施中的哪种措施(组织措施、技术措施、经济措施、合同措施),取得了哪些效果。

②在采取监理措施时,运用了哪些监理手段(计量、巡视、旁站、平行检验、试验、指令性文件、不良记录),如何进行处理。

③在采取监理措施时,利用了合同约定的哪些权利(建议权、检验权、审批权、签认权、监督权、认可权),进行了怎样的处理。

5. 施工安全

(1)“本月工程安全情况分析”按照下列情况编写:

①施工单位安全管理体系的运行情况。即:各种安全规章制度是否健全、专职安全管理人员是否到岗、安全管理机构是否运行正常、特种作业人员是否持证上岗且满足施工工艺需要。

②安全防护措施是否按照安全技术方案加以落实。

③安全防护用的材料是否合格以及是否经过必要的检验和检测。

④本月存在的安全问题以及是否发生了安全事故。

(2)本月采取的安全监理措施及效果分析(同质量)。

6. 工程计量与工程款支付

(1)“工程量审核情况”主要写明施工单位所报工程量,监理单位审核后剩余工程量,可以列表对比表示。

(2)工程款审批情况及月支付情况:“工程款审批情况”主要写明按照合同规定的各个项目工程单价与相应工程量相乘后的单项直接费和汇总后的直接费的审核情况,可以列表表示,要分别体现出施工单位和监理单位执行合同单价情况;“工程款月支付情况”应写明本月实际支付工程款,所扣除的合同规定的罚款额、所扣除的备料款的回扣款额、所扣除的质保金以及所扣除(或增加)的双方索赔额。

(3)“工程款支付情况分析”主要写明按照工程实际进度情况,工程款是支付多了还是少了,原因是什么。

(4)“本月采取的措施及效果”主要写明监理单位采取了哪些恰当的措施,又取得了哪些效果。

7. 合同其他事项的处理情况

(1)“工程变更”主要写明本月所有工程变更的全部内容和原因以及提出单位;重大结构变更是否经过原审图单位的审查等。

(2)“工程延期”主要写明根据进度计划和合同工期要求,判断本月工程提前或延期多少天,以及工期提前或延期的详细原因。例如:工程变更后工程量增大或不可抗力造成工程延期等。

(3)“费用索赔”主要写明施工单位和建设单位各自提出的索赔项目的内容、日期、费用(或工程量)多少,及监理单位依据施工合同和相关法规的规定确定的当月最终索赔额,可以列表表示。

8. 本月监理工作小结

(1)“对本月工程质量、安全、进度、工程款支付等方面情况的综合评价”主要写明对监理单位自身工作的综合评价,而不是写明对施工单位的综合评价,综合评价中可只写明各方面标题和结论。

(2)“本月监理工作情况”主要写明监理单位本月监理工作情况的整体叙述,简明扼要即可。例如:组织召开或参加了哪些会议;解决了哪些问题;审批了施工单位哪些方案等。

(3)“有关本工程的意见和建议”主要写明根据工程的具体情况,监理单位认为施工中还有哪些方面存在不足之处或待需解决的问题,均可在此提出意见或建议。

(4)“下月监理工作的重点”主要写明监理单位针对安全、质量、进度、工程款支付等方面做出的预控,或者说监理单位不做哪些工作工程将出现问题,这个问题就是重点。

(六)编写《监理月报》的注意事项

(1)月报的内容要实事求是,按提纲要求逐项编写。要求文字简练、表达有层次、突出重点,多用数据说明,但数据必须有可靠的来源。

(2)提纲中开列的各项内容编排顺序不得任意调换或合并;各项内容如果本期未发生,应将项目照列,并注明“本期未发生”。

(3)月报底稿要求字体工整,不得潦草,使用规范的简体汉字,使用国家标准规定的计量单位。如 m、cm^2、mm^2、t、L 等,不使用中文计量单位名称,如米、平方厘米、平方毫米、吨、升等。

(4)文中出现的数字一律使用阿拉伯数字,如地下 2 层、第 15 层,不使用地下二层、第十五层等。

(5)各种技术用语应与各种设计、标准、规范、规程中所用术语相同。

(6)本规定中的各种表格的表号不得任意变动,不得自行增减栏目,也不得颠倒各栏目的排列顺序,以免打印时发生错误。

(7)月报中参加工程建设各方的名称作如下统一规定:

①建设单位:不使用业主、甲方、发包方、建设方。

②施工单位:不使用乙方、承包商、承包方,可使用总包单位和分包单位。施工单位分包的包工的建筑队一律称包工队,施工单位派驻施工现场的执行机构统称项目经理部。

③监理单位:不使用监理方。监理单位派驻施工现场的执行机构统称项目监理部。一般不宜单独使用“监理”一词,应具体注明所指为监理公司、监理单位、项目监理部、监理人员或者监理工程师。

④设计单位:不使用设计院、设计、设计人员等。

(8)文稿中所用的图表及文件,要求字迹及图表线条清楚,一律使用黑色或蓝黑色墨水,或黑色圆珠笔,不得使用铅笔或红蓝铅笔。

(9)《监理月报》稿应按目录顺序排列,各表格应排列至适当位置,并装订成册,经总监理工程师检查无误并签认后再打印。

(10)各项图表填报的依据及各表格中填报的统计数字,均应由监理工程师进行实地调查或进行实际计量计算,如需施工单位提供时,也应进行审查与核对无误后自行填写,严禁将图表、表格交施工单位任何人员代为填报。

四 监理会议纪要

在工程施工过程中,根据委托监理合同的管理范围,总监理工程师应根据实际情况定期或不定期主持召开监理会议,形成的会议纪要由监理单位负责起草,并经与会各方代表会签。

有关质量问题的《监理会议纪要》作为长期存档文件归档。

监理会议包括第一次工地会议、工地例会及专题会议等。

(一)第一次工地会议

在单位工程开工前,总监理工程师应组织召开施工现场第一次工地会议,主要目的是了解施工准备工作的情况。第一次工地会议应包括以下内容:

(1)建设单位、施工单位和监理单位分别介绍各自驻现场的组织机构、人员及其分工。

(2)建设单位根据委托监理合同宣布对总监理工程师的授权。

(3)建设单位介绍工程开工准备情况。

(4)施工单位介绍施工准备情况。

(5)建设单位和总监理工程师对施工准备情况提出意见和要求。

(6)总监理工程师介绍监理规划的主要内容。

(7)研究确定各方在施工过程中参加工地例会的主要人员,召开工地例会周期、地点及主要议题(表6-1)。

第一次工地会议纪要 表6-1

工程名称	××市第一中学教学楼				编号			××××××
时间:2016年5月1日下午2时30分								
地点:××市第一中学教学楼工程现场办公室								
主持人:××市第一中学的总工程师×××								
主要内容: 一、建设单位、施工单位和监理单位分别介绍各自驻现场的组织机构、人员及其分工。 二、建设单位的总工程师×××,依据监理合同和监理规范的规定,宣布对总监理工程师的授权,并希望监理机构正确执行国家和地方的“法规”“规范”“规程”和“标准”,认真履行岗位职责,对工程的质量、安全、投资和进度进行严格的控制,建设单位还表示对监理机构开展监理工作将给予全力支持。 三、建设单位总经理×××,向与会人员介绍了工程开工前的准备工作,重点讲述了施工前期手续已经全部具备,已经领取了施工许可证,施工现场的“三通一平”工作也顺利完成,希望施工单位能够抓紧施工,另外本工程项目的建设得到了政府各级领导的重视和支持,行业主管部门也本着特事特办的原则,同意先行根据预放线进行基础土方开挖,但基础工程施工必须待正式放线手续完善后方可进行。 四、施工单位项目经理×××介绍了施工准备情况:施工管理体系已经建立健全,施工作业人员已经到位,工程材料已经进场,施工机械已经安装完毕并经法定检测部门检测合格,施工组织设计及各专项施工方案已经过监理机构审批合格,施工图纸会审完毕,完全具备了开工要求,待建设单位取得正式放线手续后立即组织施工。 五、总监理工程师×××就监理工作的范围、内容、依据、程序、制度、方法、手段、措施等事项,对施工单位进行了全面系统的监理交底(附件)。								
会议决定: 一、确定了各方在施工过程中参加工地例会的主要人员,召开工地例会周期、地点及主要议题。 二、参加工地例会的人员有: 1.建设单位的总工程师×××、工程部长×××。 2.监理单位的总监理工程师×××、土建专业监理工程师×××、电气专业监理工程师×××、水暖专业监理工程师×××。 3.施工单位的项目经理×××、单位工程技术负责人×××、专职质量检查员×××、专职安全监督员××。 三、召开工地例会的周期为一周,特殊情况下,各参建单位的现场负责人可以提议召开专题会议。 四、会议的地点在建设单位的现场办公室。								
到会人员签字:								
建设单位	×××	×××	×××	×××	×××	×××	×××	×××
监理单位	×××	×××	×××	×××	×××	×××	×××	×××
施工单位	×××	×××	×××	×××	×××	×××	×××	×××

(二)工地例会

在工程施工过程中,总监理工程师定期组织召开工地例会,解决工程施工中存在的质量问题。工地例会应包括以下内容:

(1)检查上次例会议定事项的落实情况,分析未完事项原因。

(2)检查分析工程项目质量状况,针对存在的质量问题提出改进措施。

(3)检查分析工程项目进度计划完成情况,提出下一阶段进度目标及其落实措施。

(4)检查工程质量核定及工程款支付情况。

(5)解决需要协调的有关事项。

(6)其他有关事宜。

(三)专题会议

专题会议是为解决施工过程中的各种专项问题而召开的不定期会议,由总监理工程师或其授权的监理工程师主持,工程项目各主要参建单位参加,会议应有主要议题。专题工地会议纪要的形成过程与工地例会相同。

(四)资料要求

(1)会议纪要必须及时记录、整理,记录内容齐全,对会议中提出的问题记录准确,技术用语规范,文字简练明了。

(2)会议纪要由监理单位起草,总监理工程师审阅,与会各方代表签字。

(3)会议记录必须有会议名称、主持人、参加人、会议时间、地点、会议内容、参加人员签章等。

(五)填表说明

(1)"主要内容"应简明扼要地写清楚会议的主要内容及中心议题(即与会各方提出的主要事项和意见),工地例会还包括检查上次例会议定事项的落实情况。

(2)"会议决定"应写清楚会议达成的一致意见、下步工作安排和对未解决问题的处理意见。

五 监理工作日志

《监理工作日志》是监理单位在监理工程的施工期间每日记录气象、施工工作、监理工作及有关事项的日记。

《监理工作日志》是监理资料中重要的组成部分,是监理单位完整的工程跟踪资料,是监理服务工作量和价值的体现,是工程实施过程中最真实的工作证据,也是监理人员素质和技术水平的体现。

(一)资料要求

(1)《监理工作日志》中应真实、准确、全面地记录工程施工过程中的监理工作及相关事项。

(2)《监理工作日志》由现场监理人员填写,监理单位每个成员均可查询或提出修改补充,总监理工程师应经常查阅《监理工作日记》,每周检阅一次。

(3)专业监理工程师书面或口头要求施工单位整改的工程项目,施工单位整改完毕后,专业监理工程师应将施工单位的整改情况(简述整改过程和整改结果)记入整改完毕的《监理工作日志》中。

(4)《监理工作日志》以单位工程为记录对象,从工程开工之日起至工程竣工日止,由专人或相关人逐日记载,记载内容应保持其连续性和完整性。

(5)《监理工作日志》应使用统一制定的表格形式,每册封面应标明工程名称、册号、记录时间段及建设、设计、施工、监理单位名称,并由总监理工程师签字。

(6)监理人员巡检、专检或工作后应及时填写《监理工作日志》并签字。

(7)《监理工作日志》不得补记,不得隔页或扯页,应保持其原始记录。

(8)《监理工作日志》应做到记录内容齐全、详细、准确,真实反映当天的具体情况;技术用语规范,文字简练明了。

(二)《监理工作日志》内容

1. 天气情况

及时准确记录当日晴、阴、雨、雪、风力、温度等。

2. 施工情况

当日施工内容、部位、进度、质量、安全情况;劳务人员、施工设备进出场情况。

3. 材料进场及使用情况

进场的材料、设备、构配件(包括采取安全防护措施使用的材料和设备等)的名称、规格、数量、使用部位、核验情况及试验试件的抽样及检验结果。

4. 监理工作情况

(1)施工过程巡查、检查情况。

(2)施工过程旁站监理、见证取样情况。

(3)施工测量放线、工程报验情况及验收结果。

(4)材料、设备、构配件和主要施工机械设备进场情况及进场验收结果。

(5)建设单位、施工单位提出的有关事宜及处理意见(应记明要求人、内容、时间、地点等)。

(6)有关工程进度、质量、安全方面会议的主要内容等。

(7)当日签发的指令、通知、报验、审批等。

(8)施工单位资料报审及审查结果。

(9)施工图交接、工程变更的有关事项。

(10)发现的质量和安全问题及提出的处理措施。

(11)日前发现的质量和安全问题的处理结果及当事人。

(12)工地会议议定的有关事项及协调确定的有关问题。

(13)工程质量事故(问题)及处理方案。

(14)异常事件及其对施工的影响情况。

(15)设计人员到工地处理、交代的有关事宜。

(16)质量监督人员、有关领导来工地检查、指导工作情况及有关指示。

(17)其他重要事项。

5. 其他记事内容

对监理过程中发生的事件,如法律、法规、政策变化;停水、停电、不可抗力事件等;所发监理通知(书面或口头)的主要内容及签发人、接收人;信息反馈,音像录制情况;其他需要记录的事项。

表6-2所示为某教学楼工程监理工作日志。

监理工作日志　　表6-2

<table>
<tr><td>工程名称</td><td colspan="8">××市第一中学教学楼</td></tr>
<tr><td>日　期</td><td rowspan="2">星期</td><td rowspan="2">三</td><td rowspan="2">天气</td><td rowspan="2">晴</td><td rowspan="2">气温</td><td rowspan="2">18～28℃</td><td rowspan="2">风力</td><td rowspan="2">3～4级
东南风</td></tr>
<tr><td>2016年6月25日</td></tr>
<tr><td>施工部位</td><td colspan="4">标高5.80m(二层)</td><td colspan="2">监理人员</td><td colspan="2">×××、×××</td></tr>
<tr><td colspan="9">施工情况:
1. 下午3点开始①～⑤轴梁板浇注混凝土C30。
2. ⑤～⑩轴梁板绑扎钢筋。
3. 施工方法:现场搅拌C30,采用QT40t·m塔式起重机(固定式)做现场垂直运输。</td></tr>
<tr><td colspan="9">材料进场及使用情况:
1. 进场石嘴子产1～30mm粒径碎石约200m³、小屯水泥厂产PS32.5等级水泥60t,质量保证资料齐全有效,宏观检查合格,并予以见证取样复试。
2. 二层梁板使用的钢筋及拟浇筑的混凝土中所用的碎石、中砂、水泥,前期已经复试合格,试验单编号分别为××××、××××、××××、××××。</td></tr>
<tr><td colspan="9">监理工作情况:
1. 下午1时,监理工程师对二层①～⑨梁板平行检验时发现,KL－1梁的梁底钢筋采用的是直径为22mm的螺纹钢筋,而设计图纸要求的是直径为25mm螺纹钢筋,随即下达了《监理工程师通知》要求施工单位进行返工处理。施工单位接到《监理工程师通知》后立即进行了整改,于下午2时整改完毕并向监理机构重新报验,经监理工程师复验合格,同意施工单位浇筑混凝土,并签署钢筋隐蔽工程验收记录。报验单编号为×××,验收人×××。
2. 土建专业监理工程师×××对现场搅拌的混凝土配比进行了抽检,情况如下:
理论配比(kg/罐):PS32.5水泥　中砂　1～30mm碎石
200　280.8　479.2
计量实测:水泥平均每袋49.5kg,少1%(允许±2%),中砂每罐288.8kg,多2.85%(允许±3%),碎石486kg,多1.5%(允许±3%)。抽查结果:合格
3. 二层①～⑨梁板浇筑混凝土时,监理工程师×××派监理员×××实施旁站监理,其相关内容详见旁站监理记录。</td></tr>
<tr><td colspan="9">安全监理工作情况:
上午10时,监理工程师巡视检查发现,外双排钢管脚手架局部高于二层楼面的尺寸,未达到1.2m,不符合安全防护要求,监理工程师立即下达了《监理工程师通知》,要求施工单位整改并临时撤离该部位的作业人员,施工单位接到《监理工程师通知》后立即进行了整改,于11时整改完毕,经监理工程师检查合格。</td></tr>
<tr><td colspan="9">其他记事内容:
无</td></tr>
</table>

六 监理工作总结

《监理工作总结》就是把一个时间段的监理工作情况进行一次全面系统的检查、评价、分析、研究,主要是分析成绩、不足、经验等。

《监理工作总结》包括专题总结、月报总结、工程竣工总结及工程质量评估报告等。在各阶段监理工作结束时,监理单位应按要求编写监理工作总结,提交给建设单位并归档。

(一)专题总结

监理专题总结是在施工过程中监理单位就某项工作、某一问题、某一任务或某一事件向建设单位所作的报告。

监理专题总结应用标题清楚地表现问题的性质,主要内容应详尽地阐述发生问题的情况、原因分析、处理结果和建议。

监理专题总结由报告人、总监理工程师签字,并加盖项目监理机构章。

施工过程中的合同争议、违约处理等可采用监理专题报告,并附有关记录。

(二)工程竣工总结

施工阶段监理工作结束时,监理单位应向建设单位提交工程竣工总结。

工程竣工总结是指监理单位对履行委托监理合同情况及监理工作的综合性总结。

工程竣工总结由总监理工程师组织项目监理机构有关人员编写。

(三)工程竣工总结的资料要求

(1)应能客观、公正、真实地反映工程监理的全过程。

(2)能对监理效果进行综合描述和正确评价。

(3)能反映工程的主要质量状况、结构安全、投资控制及进度目标实现的情况。

(4)工程竣工总结的内容应符合《建设工程监理规范》(GB/T 50319—2013)的规定。

(5)工程竣工总结由项目总监理工程师、监理单位负责人签字盖章,并在施工阶段监理工作结束时,由监理单位向建设单位提交。

(四)工程竣工总结的内容

(1)工程概况。

(2)监理组织机构、监理人员和投入的监理设施。

(3)监理合同履行情况。

(4)监理工作成效。

(5)施工过程中出现的问题及处理情况和建议。

(6)工程照片(有必要时)。

(五)工程竣工总结的编写要点

1. 工程概况

主要包括工程名称(填写全称)、工程地址(填写详址)、工程项目的单位工程数量、不同单位工程的结构类型、不同单位工程的建筑层数、不同单位工程的建筑面积、开工时间、竣工时间和施工总天数、工程质量、进度、投资的总体状况等。

2. 勘察、设计技术文件简况

包括勘察、设计单位名称、资质等级;勘察、设计技术文件的交收状况(应说明建设方交来多少、收回多少)。

3. 施工单位项目组织状况

包括施工单位的名称、资质等级;施工单位的施工项目组织状况、质保体系的实际配置状况。应填写姓名、职务、职称、专业。

4. 项目监理机构设置与实际变化过程

包括不同时期总监理工程师姓名、职务、职称;各专业监理工程师姓名、职务、职称、专业;监理员姓名、职务、职称、专业,以及监理工作运作过程中实际变化过程概况(填写姓名、职务、职称、专业、变化时间)。

5. 投资、质量、进度控制与合同管理的措施与方法

1)投资控制

(1)月度工程量计量控制情况——月工程量计量总和应等于其工程量的总计。

(2)月度工程款签收情况——工作量计算结果应符合该段工程量预算结果合计。

(3)工程决算的审查控制——工程决算与工程预算的对比及其原因分析。

(4)如何进行投资预控管理。

(5)投资控制的成效和存在问题。

2)质量控制

(1)对施工单位质量保证体系的控制。

(2)质量目标的控制结果。

(3)地基处理的质量控制情况。

(4)不同结构类型的质量控制要点(砖混、框架、框剪、框筒等)及监控结果。

(5)质量控制的成效及存在问题。

3)进度控制

(1)进度控制总目标的控制简况。

(2)按合同要求如何强化和细化进度监督与控制,采取何种控制方法细化进度监控。

(3)进度控制的成效及存在问题。

4)合同管理

(1)建设、监理、施工三方执行合同情况。

(2)公正处理各种纠纷情况。

(3)协调建设、设计、施工等单位各方关系情况,各方的索赔情况。

6. 材料报验和工程报验情况

1)材料报验(含材料、设备、构配件等)

主要材料、设备、构配件报验的名称和数量。主要包括土建材料、设备、构配件;电气材料与设备;水暖、热力煤气、通风空调材料与设备,以及电梯材料与设备的名称与数量。

2)工程报验

分项工程报验数量、质量等级及存在问题;分部工程报验数量、质量等级及存在问题;单位工程报验情况及存在问题。

3)工程报验评定结果

分项工程报验评定结果;分部工程报验评定结果;单位工程报验评定结果。

4)混凝土、砂浆试验报告报验与评定

(1)混凝土试验报告的报验数量及评定结果是否满足标准要求。

(2)砂浆试验报告的报验数量及评定结果是否满足标准要求。

7. 监理工作情况

监理工作制度化、标准化、规范化的开展情况;监理工作是如何开展的;如何提高(监理、施工单位)人员素质;如何取得业主的信任。

8. 经验与教训

监理工作成效、监理工作存在问题、对监理工作的建议。

9. 工程交付使用后的注意事项

应根据不同工程特点提出。

七 工作联系单

监理单位和其他参建单位传递意见、建议、决定、通知等的工作联系时,可采用《工作联系单》(表 6-3)。

工作联系单(表 B. 1. 1)　　表 6-3

工程名称	××市第一中学教学楼	编号	××××××
致　××市第一建筑工程公司　(单位) 事由:场地清理。 内容:厕所抽水泵未拆除,多余土方未清理,东南角围墙在图纸施工范围之内需要清除。 单　位:××市建设工程监理公司 负责人:××× 日　期:2016 年 6 月 25 日			

注:本表由相关单位各保存一份。

《工作联系单》中应写明联系的事由、具体内容,并应由联系单位盖章、负责人签字。

当《工作联系单》不需要回复时,应有签收记录,并应注明收件人的姓名、单位和接收日期,并由有关单位各保存一份。

八 监理工程师通知

《监理工程师通知》是指监理单位认为在工程实施过程中需要将建设、设计、勘察、施工、材料供应等各方应知的事项发出的监理文件。

在监理工作中,监理单位按委托监理合同授予的权限,对施工单位所发出的指令、提出的要求,除另有规定外,均应采用此表。监理工程师现场发出的口头指令及要求,也应采用此表予以确认。

(一)下达《监理工程师通知》的要点

(1)总监理工程师对工程项目管理体系进行审查并签发此表。

(2)专业监理工程师对施工单位委托的工程试验室(自有试验室或外委试验室)进行审核并签发此表。

(3)对未经报验或验收不合格的材料、构配件、设备及预拌混凝土等,项目监理工程师应签发此表。

(4)对未经监理工程师验收或验收不符合标准、规范、施工图设计文件的隐蔽工程、检验批工程、分项工程、分部(子分部)工程、中间验收工程、功能检验工程、设备运转调试等,监理工程师应向施工单位签发此表。

(5)专业监理工程师应随时掌握工程进度的实际情况,并进行实际进度与计划进度的比较,当实际进度严重偏离计划进度时,应及时报总监理工程师,由总监理工程师签发此表。

(二)《监理工程师通知》的种类

1. 通知类《监理工程师通知》

(1)通知施工单位相关人员参加监理单位组织召开的某项专题会议。

(2)转达建设单位对施工单位的通知、要求。

2. 预控类《监理工程师通知》

(1)督促施工单位按照拟定的施工方案施工。

(2)督促施工单位按照新发布的规范编制施工方案或组织施工。

3. 指令类《监理工程师通知》

(1)指令施工单位对监理单位检查不合格的项目直接按照规范的规定或施工图纸的要求进行整改。

(2)指令施工单位对监理单位检查不合格的项目提出处理方案,并经过监理单位审批后实施整改。

指令类《监理工程师通知》中,应载明质量或安全等事件的详细部位、违背了什么规范或图纸的要求,以及通知人要求被通知人如何做。

(三)资料要求

(1)专业监理工程师负责下达《监理工程师通知》,专业监理员不得下达《监理工程师通知》。

专业监理工程师指令专业监理员下达的《监理工程师通知》,责任由专业监理工程师承担。

(2)专业监理工程师对施工单位的指令均应采取《监理工程师通知》的形式,目的是界定责任和积累监理成果。

(3)《监理工程师通知》必须经施工单位项目部的项目经理、技术负责人、专职质量检查员签字并回执。

(4)本表填写必须及时、准确,通知内容完整,技术用语规范,文字简练明了。

(5)填写时,内容应齐全、完整,文字简明易懂。需附图时,附图应简单,且能反映要求的内容。

(6)《监理工程师通知》必须加盖公章和总监理工程师签字,不得代签和加盖手章,不签字无效。

(四)填表说明

(1)"致"指监理单位发给施工单位的单位名称。

(2)"事由"指通知事项的主题(发生问题的部位、问题的性质、提出问题的依据等)。

(3)"内容"指通知事项的详细说明和对施工单位的工作要求、指令等。应包括以下内容:

①施工过程中出现了与设计图纸不符,与规范、规程及监理工作要求相违背的问题后,由监理单位向施工单位、材料供应等单位发出通知,说明违章的内容、程度、建议或改正措施等。

②建设单位组织协调确定的事项,需要设计、施工、材料等各方实施,且需由监理单位发出通知的事宜。

③监理在旁站、巡视过程中发现需要及时纠正的事宜,通知应包括工程部位、地段、发现时间、问题性质、要求处理的程度等。

④季节性天气预报的通知。

⑤工程计量的通知。

⑥试验结果需要说明或指正的内容等。

表6-4为某教学楼工程的监理工程师通知。

监理工程师通知(表B.1.2)　　表6-4

工程名称	××市第一中学教学楼	编号	××××××
致　××市第一建筑工程公司　(施工总承包单位/专业承包单位) 事由:关于框架柱根部混凝土出现孔洞。 内容: 我项目监理部对一层框架柱平行检验时发现,框架柱根部存在孔洞,且深度已经达到保护层的厚度,为此特发此通知,要求对此处工程质量缺陷立即提出处理方案,报监理机构审查,同时不准进入下道工序施工。 附件: 监　理　单　位:××市建设工程监理公司 总/专业监理工程师:××× 日　　　　期:2016年5月7日			

注:本表一式两份,由监理单位、施工单位各保存一份。

九 工程暂停令

《工程暂停令》是指施工过程中发生了需要停工处理的事件,由总监理工程师签发的暂时停止施工的指令性文件。

总监理工程师应根据暂停工程的影响范围和影响程度,依据《建设工程监理规范》(GB 50319)的要求,按照施工合同和委托监理合同的约定签发《工程暂停令》。

(一)下发《工程暂停令》的要求

(1)总监理工程师对工程施工中存在的重大质量隐患(可能造成质量事故或已经造成质量事故),应向施工单位下达《工程暂停令》。

(2)总监理工程师在签发《工程暂停令》时应根据暂停工程的影响范围和影响程度,明确指出工程停工范围。

(3)由于非施工单位的原因时,总监理工程师在签发《工程暂停令》前应就有关工期和费用等事宜与施工单位进行协商。

(4)由于建设单位原因,或非施工单位原因导致工程暂停时,监理单位应如实记录所发生的实际情况。

(二)签发《工程暂停令》时对相关问题的处理

(1)工程暂停原因是施工单位的原因造成,施工单位申请复工时,除了填报《工程复工报审表》外,还应报送针对导致停工原因所进行的整改工作报告等有关材料。

(2)工程暂停是由于非施工单位的原因造成,若是建设单位的原因(或应由建设单位承担责任的风险),总监理工程师在签发工程暂停令之后,应尽快按施工合同的规定处理因工程暂停引起的工期、费用等有关问题。

(3)施工中出现下列情况之一者,总监理工程师有权下达《工程暂停令》,要求施工单位停工整改、返工。

①未经监理工程师审查同意,擅自变更设计或修改施工方案进行施工。

②未通过监理工程师审查的施工人员或经审查不合格的施工人员进入现场施工。

③擅自使用未经监理工程师审查认可的分包单位进入现场施工。

④使用不合格的或未经监理工程师检查验收的材料、构配件、设备或擅自使用未经审查认可的代用材料。

⑤工序施工完成后,未经监理工程师验收或验收不合格而擅自进行下一道工序施工。

⑥隐蔽工程未经监理工程师验收确认合格而擅自隐蔽。

⑦施工中出现质量异常情况,经监理工程师指出后,施工单位未采取有效改正措施或措施不力、效果不好仍继续作业。

⑧已发生质量事故,迟迟不按监理工程师要求进行处理,或发生质量隐患、质量事故,如不停工则质量隐患、质量事故将继续发展,或已发生质量事故,施工单位隐瞒不报,私自处理。

(三)资料要求

(1)本表由监理单位填写、下发。

(2)《工程暂停令》办理必须及时、准确,通知内容完整,技术用语规范,文字简练明了。

(3)监理单位必须加盖公章和总监理工程师签字,不得代签和加盖手章,不签字无效。

(4)因试验报告单不符合要求下达停工指令时,应注意在指令中说明试验编号,以备核对。

(5)《工程暂停令》由监理工程师提出建议,并经总监理工程师批准,经建设单位同意后下发。

(四)填表说明

(1)"致________(施工总承包单位/专业承包单位)"应填写施工该单位工程的施工单位名称,按全称填写。

(2)"由于"后面应简明扼要、准确填写工程暂停原因。

(3)"________部位(工序)"应填写本暂停令所停工工程项目的范围。

(4)"要求内容"指工程暂停后要求施工单位所做的有关工作,如对停工工程的保护措施,针对工程质量问题的整改、预防措施等。

表6-5为某教学楼工程的工程暂停令。

工程暂停令(表B.1.3)　　　　表6-5

工程名称	××市第一中学教学楼	编号	××××××
致 ××市第一建筑工程公司 (施工总承包单位/专业承包单位) 由于 回填土每层铺土厚度及压实遍数不符合《建筑地基基础工程施工质量验收规范》(GB 50202—2002)第6.3.3条要求 原因,现通知你方必须于 2016 年 5 月 23 日 8 时起,对本工程的 地基基础 的部位(工序)实施暂停施工,并按下述要求做好各项工作: 要求内容: 1.承包单位对上述停工原因进行整改并提出整改、预防措施。 2.承包单位在采取措施后不得再次发生类似的问题。 3.承包单位提出有效整改措施并整改完毕后提出复工申请。 监 理 单 位:××市建设工程监理公司 总监理工程师:××× 日　　　期:2016年5月23日			

注:本表一式三份,建设单位、监理单位、施工单位各留存一份。

第二节　质量控制文件(B3)

一 质量事故报告及处理资料

当发生工程质量事故时,监理单位要以书面报告的形式,经监理单位技术负责人签署意见后,上报至建设单位和建设行政主管部门。

(一)事故处理程序

(1)事故发生后,监理人员应及时向总监理工程师报告,总监理工程师应及时对事故发生的相关部位下达停工指令。

(2)总监理工程师应及时向建设单位和本监理单位提交有关质量事故的书面(第一时间先口头报告)报告。

(3)对需要返工处理或需要加固补强的质量事故,总监理工程师应责令施工单位报送质量事故调查报告和经设计等相关单位认可的处理方案。

(4)监理单位应监督施工单位实施事故处理方案,并应对质量事故的处理过程和处理结果进行跟踪检查和验收,验收合格后应批准施工单位复工。

(5)监理单位应将完整的质量事故处理记录整理归档。

(6)监理单位应将事故的处理结果向工程质量监督部门反馈。

(二)书面报告内容

(1)事故发生的时间、地点、工程名称、参建单位。

(2)事故发生的简要经过、伤亡人数和直接经济损失。

(3)事故发生的原因。

(4)事故发生后采取的措施及事故控制情况。

(5)事故的处理意见。

二 旁站监理记录

旁站监理是在工程项目实施过程中,项目监理人员在施工现场对施工单位的施工活动进行的跟踪监理。旁站监理是监理单位执行法律和规范、规定所应尽的职责,是监理单位为保证工程质量的自身价值体现。

《旁站监理记录》是监理工程师或总监理工程师依法行使其签字权的重要依据。对于需要旁站监理的关键部位、关键工序施工,凡没有实施旁站监理或者没有《旁站监理记录》的,监理工程师或总监理工程师不得在相应文件上签字。

(一)资料要求

(1)旁站监理必须坚决执行并记录,记录应及时、准确,内容完整、齐全,技术用语规范,文字简练明了。

(2)经监理工程师验收后,应当将《旁站监理记录》存档备查。

(3)签字及盖章必须齐全,不得代签和加盖手章,不签字无效。

(二)旁站监理应记录的内容

(1)记录旁站监理的部位或工序名称,说明该部位是关键部位或关键工序。

(2)旁站监理起讫时间、地点、气候与环境(如冬期、酷夏、特殊天气)。

(3)旁站监理施工中执行规范、设计等的情况。例如,混凝土工程中的坍落度、和易性、浇筑厚度、施工缝处理、钢筋位移、保护层厚度、预埋件固定等控制情况。

(4)旁站监理工作中对所监理的关键部位、工序等的质量控制情况,对旁站监理系统的工程质量的总体评价。

(5)旁站监理工作中发现的操作、工艺、质量等方面的问题;旁站监理中有无突发性事故发生,如有是什么内容,提出了哪些解决办法。

(6)旁站监理的工程质量结果如何。

(7)其他应记录的内容。

(三)旁站监理工作要点

1. 旁站监理的范围

《房屋建筑工程施工旁站监理管理办法(试行)》规定:施工阶段监理中,对房屋建筑工程的关键部位、关键工序的施工质量实施全过程现场跟班监督活动。

关键部位与关键工序的质量控制,不同结构类型的工程,其控制内容是不同的。

1)地基基础工程

包括土方回填;混凝土灌注桩浇筑;地下连续墙、土钉墙、后浇带等其他结构混凝土、防水混凝土浇筑;卷材防水细部构造处理;钢结构安装等。

2)主体结构

包括梁、柱节点钢筋隐蔽过程;混凝土浇筑;预应力张拉;装配式结构安装;钢结构安装等。

监理单位在编制监理规划时,应当制订旁站监理方案,明确旁站监理的范围、内容、程序和旁站监理人员的职责等。

2. 旁站监理的主要任务

(1)见证整个单项产品质量的形成过程,必须做到记录齐全,发现问题必须及时解决。

(2)监督施工单位严格按照设计和规范要求施工。

3. 旁站监理工作的主要操作程序

(1)检查用于该旁站监理的全部工程的材料、半成品和构配件是否经过检验,该检验是否全格。

(2)检查特殊工种的上岗操作证书,无证不准上岗。

(3)检查施工机械、设备运行是否正常。

(4)检查施工环境是否对工程质量产生不利影响。

(5)检查操作人员的技术水平、操作条件是否达到标准要求,是否经过技术交底。

(6)检查施工是否按技术标准、规范、规程和批准的设计文件、施工组织设计、“工程建设标准强制性条文”施工。

(7)施工单位的质量管理人员、质量检查人员,必须在岗并定期进行检查。

(8)对已施工的工程进行检查,看其是否存在质量和安全隐患,发现问题及时上报。

(9)做好监理的有关资料填报、整理、签审、归档等工作。

4. 旁站监理必须考核的内容

(1)旁站监理的时间考核:必须保证全过程监理。

(2)旁站监理的工程质量考核:必须保证旁站监理的工程质量符合设计和规范规定的质量标准。

(3)旁站监理的绩效考核:保证旁站监理的质量效果达到100%。

(四)旁站监理记录的填写要点

1.“旁站监理的部位或工序”专栏的填写

(1)平面部位以轴线间的范围表示。

(2)竖向部位以层数加标高综合表示。

2.“施工情况”专栏的填写

(1)人员的配备情况。

(2)材料(半成品)的使用情况。

(3)机械设备的使用情况。

(4)施工方法和施工工艺情况。

(5)施工环境情况。

3.“监理情况”专栏的填写

(1)施工单位专职质量检查人员的到岗情况。

(2)采用商品混凝土时对“混凝土标记”的检查情况。

(3)模板牢固性检查情况。

(4)混凝土的水灰比和坍落度的检查情况。

(5)监督混凝土试块的制作情况。

(6)现场搅拌混凝土的材料计量抽查情况。

(7)现浇板的厚度及楼板标高的检查情况。

(8)剪力墙和柱插筋的位置检查情况。

(9)冬、雨季浇筑混凝土时防护措施的实施情况。

(10)安全生产情况。

4.“发现问题”专栏的填写

(1)记录违背工程建设强制性标准情况。

(2)记录违背专业施工验收规范、施工技术方案、安全防护措施情况。

(3)记录“监理情况”专栏中检查发现的违规情况。

5.“处理结果”专栏的填写

(1)对“发现问题”专栏的问题提出的处理要求以及处理情况。

(2)发现重大质量或安全隐患向监理工程师报告情况。

表6-6为某教学楼工程的旁站监理记录。

旁站监理记录(表B.3.1)　　表6-6

工程名称	××市第一中学教学楼			编号	×××
开始时间	6日20时	结束时间	7日6时20分	日期及天气	2016年6月6日,晴,23℃
旁站监理的部位或工序：　五层(标高16.970)①~⑩轴梁、板浇筑混凝土					
施工情况： 1. 五层(标高16.970m)①~⑩轴梁、板混凝土施工。 2. 混凝土的强度等级为C30,全部采用商品混凝土,配合比显示混凝土坍落度为160mm。 3. 采用罐车运输商品混凝土,运距10km,汽车泵和布料机配合浇筑,整个浇筑过程中,罐车运输商品混凝土及时并连续浇筑。 4. 混凝土振捣采用插入式振捣器。 5. 施工人数:工长一人、振捣工2人、力工20人、钢筋维修工2人、模板维修工2人。					

续上表

监理情况： 1. 经检查施工单位专职质量检查员×××到岗。 2. 施工机械运转正常，进场的商品混凝土标记正确，强度等级符合设计图纸要求。 3. 每2小时抽查一次混凝土坍落度：20时为165mm；22时为164mm；24时为158mm；次日2时为195mm；次日4时为155mm；次日6时为170mm。 4. 混凝土板厚及标高抽查：卫生间和客厅部位板厚分别为105mm（设计要求100mm）和144mm（设计要求140mm），符合规范规定（5mm）的偏差要求；卫生间和客厅板顶标高分别26.875m和26.974m，高出楼板顶部设计标高分别为4mm和5mm，均符合规范规定（10mm）。 5. 混凝土浇筑过程中，模板系统牢固可靠，未发生跑模、胀模现象，插筋位置准确，无位移现象。 6. 混凝土初凝前，要求施工单位派专人对混凝土进行了二次拍压。 7. 整个浇筑过程中，振捣工艺符合规范及施工方案要求。 8. 共浇筑混凝土195m^3，监督施工单位分别于22时、次日3时各制作两组混凝土试块，共4组（其中2组为同条件试块），制作人×××。
发现问题： 6月7日2时抽查混凝土的坍落度为195mm，超出了坍落度允许偏差30mm。
处理结果： 责令施工单位对混凝土的坍落度为195mm的罐车做退场处理，该罐车混凝土坍落度超差的原因已经查出，是由罐车司机私自加水造成，已要求施工单位拒绝该司机再运输商品混凝土。
备注： 商品混凝土采用的是×××商品混凝土公司的产品。

监理单位名称：××市建设工程监理公司 旁站监理人员（签字）：×××	施工单位名称：××市第一建筑工程公司 质检员（签字）：×××

注：本表由监理单位填写，一式三份，建设单位、监理单位、施工单位各留存一份。

三 见证取样和送检见证人员备案表

见证取样和送检是指在工程监理单位人员或建设单位人员的见证下，由施工单位的现场试验人员对工程中涉及结构安全的试块、试件和材料在现场取样，并送至经省以上建设行政主管部门对其资质认可和省以上质量技术监督部门对其计量认证的当地建设工程质量检测机构进行检测。

根据国家有关规定，见证人员和取样人员应取得上岗证书后，方可履行见证、取样及送检职责。

见证员一般由工程项目的监理单位任命，没有委托工程监理的项目由建设单位任命，见证员必须具备监理员以上资格或初级以上专业技术职称资格，掌握工程建设有关法律、法规及规范、标准。

取样员由施工单位任命，必须具备初级以上专业技术职称资格，掌握工程建设有关法律、法规及规范、标准。

见证员和取样员取得岗位证书后，应在见证取样和送检前到承担相应见证试验的检测机构备案，填写《见证取样和送检见证人员备案表》。见证人员和取样人员更换时，应在见证取样和送检前将更换后的人员信息到监督机构和检测机构备案。

(一)见证员开展见证工作应符合的要求

(1)见证建筑材料取样和试件、试块制作全过程。

(2)送检前在试样包装上签名并作好标记。

(3)监护试样送达检测单位,向检测单位收样员出示见证员证件。

(4)出现不合格试验结果时,做好记录并及时上报项目总监和质监机构。

(5)对见证样品的代表性、真实性负责。

(二)取样员开展取样(送检)工作应符合的要求

(1)在见证员的见证下,按有关规范、标准制作和抽取试样。

(2)送检前在试样包装上签名并作好标记。

(3)在见证员的监护下,将试样送达检测单位,向检测单位收样员出示取样员证件。

(4)出现不合格试验结果时,做好记录并及时上报项目负责人及项目技术负责人。

(5)对送检样品的代表性、真实性负责。

表6-7为某教学楼工程的见证取样和送检见证人员备案表。

见证取样和送检见证人员备案表(表B.3.2)　　表6-7

<table>
<tr><td>工程名称</td><td colspan="2">××市第一中学教学楼</td><td>编号</td><td>××××××</td></tr>
<tr><td>质量监督站</td><td colspan="2">××市建设工程质量监督站</td><td>日期</td><td>2016年5月1日</td></tr>
<tr><td>检测单位</td><td colspan="4">××市建设工程质量检测中心</td></tr>
<tr><td>施工总承包单位</td><td colspan="4">××市第一建筑工程公司</td></tr>
<tr><td>专业承包单位</td><td colspan="4"></td></tr>
<tr><td rowspan="4">见证人员签字</td><td>×××</td><td rowspan="4">见证取样和送检印章</td><td colspan="2" rowspan="4"></td></tr>
<tr><td>×××</td></tr>
<tr><td>×××</td></tr>
<tr><td></td></tr>
<tr><td colspan="3">建设单位(章)</td><td colspan="2">监理单位(章)</td></tr>
</table>

注:本表由监理单位填写,一式五份,质量监督站、检测单位、建设单位、监理单位、施工单位各留存一份。

四 见证记录

见证人员应按照见证取样和送检计划,对施工现场的取样和送检进行见证。取样人员应在试样或其包装上作出标识、封志。标识和封志应标明工程名称、取样部位、取样日期、样品名称和样品数量,并由见证人员和取样人员签字。见证人员应制作《见证记录》,并将《见证记录》归入施工技术档案。

见证取样的试块、试件和材料送检时,应由送检单位填写委托单,委托单应有见证员和送检员(一般由取样员担任)签字。

检测单位应进一步落实窗口收样人员的责任,严格对送检样品、见证记录和见证员、送检员资格进行查验,做好记录和签认,并妥善存档备查。

(一)必须实施见证取样和送检的试块、试件和材料

(1)用于承重结构的混凝土试块。

(2)用于承重结构的砌筑砂浆试块。

(3)用于承重结构的钢筋及连接接头试件。

(4)用于承重结构的砖和混凝土小型砌块。

(5)用于拌制混凝土和砌筑砂浆的水泥。

(6)混凝土、砂浆中使用的掺加剂。

(7)防水材料。

(8)建筑门窗及幕墙、暖卫材料、电气材料。

(9)国家规定必须实行见证取样和送检的其他试块、试件和材料。

(二)对出现下列情况的,不得作为见证取样和送检样品

(1)见证员和送检员没有一起将试样送达的。

(2)《见证记录》无见证、取样人员签字,或签字的见证、取样人员资格不符合要求的。

(3)试样的数量、规格等不符合检测标准要求的。

(4)封样标识和封志信息不全的。

(5)封样标识和封志上无取样人员和见证人员签字的。

(三)填表说明

(1)"取样部位/地点":应写明所取试样的施工部位,及试样的采样地点。

(2)"见证取样说明":应详细写明试样的组成材料有哪些,试样的品种、规格、数量,试样的取样方法、试样的封存、标识、送检是否满足要求。

(3)"见证取样和送检印章":应加盖见证员、取样员的取样和送检印章。

(4)"签字栏":应由取样员、送检员本人签字。

表6-8为某教学楼工程的见证记录。

见证记录(表B.3.3)　　表6-8

工程名称	××市第一中学教学楼		编号	××××××	
样品名称	混凝土试块C25	试件编号	×××	取样数量	3块
取样部位/地点	一层顶板、梁、楼梯/施工现场		取样日期	2016年5月5日	
见证取样说明	1. 水泥:采用复合硅酸盐水泥。 2. 品种、规格、数量:混凝土试块、C25、150mm×150mm×150mm、3块。 3. 试样现场随机取样,方法正确。 4. 取样、封存、标识、送检:满足要求。				
见证取样和送检印章					
签字栏	取样人员				
	×××				

注:本表由监理单位填写,一式三份,建设单位、监理单位、施工单位各留存一份。

第三节　造价控制文件(B4)

一　工程款支付证书

《工程款支付证书》是监理单位在收到施工单位的《工程款支付申请表》后,根据承包合同和有关规定审查复核后签署的,用于建设单位应向施工单位支付工程款的证明文件,它是监理单位向建设单位转呈的支付证明书。

(一)工程量计量和工程款支付方法

(1)专业监理工程师对施工单位报送的《工程款支付申请表》进行审核时,应会同施工单位对现场实际完成情况进行计量,对验收手续齐全、资料符合验收要求并符合施工合同规定的计量范围内的工程量予以核定。

(2)《工程款支付申请表》中包括合同内工程款、工程变更增减费用、经批准的索赔费用、应扣赊的预付款、保留金及施工合同约定的其他支付费用。专业监理工程师应逐项审查后提出审查意见,报总监理工程师审核签认。

(二)资料要求

(1)本表是监理单位根据施工单位提请报审的《工程款支付申请表》的审查结果而填写的工程款支付证书,由总监理工程师签字后报送建设单位。

(2)《工程款支付证书》的办理必须及时、准确,内容填写完整,文字简练明了。

(3)《工程款支付证书》中监理单位必须加盖公章和总监理工程师签字,不得代签和加盖手章,不签字无效。

(三)填表说明

(1)"施工单位申报款"是指施工单位向监理单位申报《工程款支付申请表》中申报的工程款额。

(2)"经审核施工单位应得款"是指经专业监理工程师对施工单位向监理单位填报的《工程款支付申请表》审核后核定的工程款额,包括合同内工程款、工程变更增减费用、经批准的索赔费用等。

(3)"本期应扣款"是指根据承包合同的约定,本期应扣除的预付款、保留金及其他应扣除的工程款的总和。

(4)"本期应付款"是指经审核,施工单位应得款扣除本期应扣款的余额。

(5)附件是指施工单位向监理单位申报的《工程款支付申请表》及其附件、总监理工程师指定专业监理工程师对施工单位向监理单位申报的《工程款支付申请表》及其附件的审查记录。

表6-9为某教学楼工程的工程款支付证书。

工程款支付证书(表 B.4.1)　　表 6-9

工程名称	××市第一中学教学楼	编号	××××××
致 ××市第一中学 (建设单位) 根据施工合同___条___款的约定,经审核施工单位的支付申请及附件,并扣除有关款项,同意本期支付工程款为(大写) 贰佰壹拾叁万元整 (小写:2,130,000)。请按合同约定及时支付。 其中: 1. 施工单位申报款为: 贰佰柒拾叁万贰仟伍佰元整 2. 经审核施工单位应得款为: 贰佰叁拾陆万贰仟元整 3. 本期应扣款为: 贰拾叁万贰仟元整 4. 本期应付款为: 贰佰壹拾叁万元整 附件: 1. 施工单位的工程支付申请表及附件。 2. 监理单位审查记录。 监 理 单 位:××市建设工程监理公司 总监理工程师:××× 日　　期:2016 年 6 月 25 日			

注:本表由监理单位填报,一式三份,建设单位、监理单位、施工单位各留存一份。

二 费用索赔审批表

施工单位提出的索赔符合《建设工程监理规范》所规定的条件时,总监理工程师应予以受理,并应与建设单位、施工单位进行协商,并签发《费用索赔审批表》。

(一)受理索赔的条件

(1)索赔事件造成了施工单位直接经济损失。

(2)索赔事件是由于非施工单位的责任发生的。

(3)施工单位已按施工合同规定的期限和程序提出《费用索赔申请表》,并附有索赔凭证材料。

(二)索赔处理的依据

(1)国家有关的法律、法规和地方法规。

(2)本工程的施工合同文件。

(3)国家、部门和地方有关的标准、规范。

(4)施工合同履行过程中与索赔事件有关的凭证。

(三)索赔处理的程序

(1)总监理工程师在收到施工单位的《费用索赔申请表》后进行索赔审查,并在初步确定一个额度后,与施工单位和建设单位进行协商。

(2)总监理工程师在规定的期限内审核结束后,签署《费用索赔审批表》,并附一份索赔审查报告。

索赔审查报告分正文、附件两个部分。正文包括受理索赔的日期、工作概况、确认的索赔理由及合同依据,经过调查、讨论、协商而确定的计算方法,及由此而得出的索赔批准额和结论。附件包括总监理工程师对索赔的评价、施工单位索赔报告及其有关证据、资料。

(四)索赔处理的要求

(1)当施工单位提出的费用索赔要求与工程延期要求相关联时,总监理工程师在做出费用索赔的批准决定时,应与工程延期的批准联系起来,综合做出费用索赔和工程延期的决定。

(2)由于施工单位的原因造成建设单位的额外损失,建设单位向施工单位提出费用索赔时,总监理工程师在审查索赔报告后,应公正地与建设单位和施工单位进行协商,并及时做出答复。

表6-10所示为某教学楼工程的费用索赔审批表。

费用索赔审批表(表B.4.2)　　表6-10

工程名称	××市第一中学教学楼	编号	××××××
致　××市第一建筑工程公司　(施工总承包单位/专业承包单位) 根据施工合同　×　条　××　款的约定,你方提出的　××市第一中学教学楼　费用索赔申请(第　14　号),索赔金额(大写)　壹万贰仟　元,经我方审核评估: □不同意此项索赔。 □同意此项索赔,金额为(大写)　壹万贰仟　元。 同意/不同意索赔的理由: 施工合同制冷机组订货合同已约定供货时间,因制冷机组未按时间进场,直接引起承包单位租用的汽车吊的闲置。 索赔金额的计算:略。 监　理　单　位:××市建设工程监理公司 总监理工程师:××× 日　　　　期:2016年6月25日			

注:本表由监理单位填写,一式三份,建设单位、监理单位、施工单位各留存一份。

第四节　工程管理文件(B5)

一、工程延期审批表

总监理工程师应在施工合同约定的期限内签发《工程延期审批表》,并依据施工合同中有关工期的约定及工期拖延和影响工期事件的事实和程度、影响工期事件对工期影响的量化程度来确定工程延期的时间。

在影响工期事件全部结束后,监理单位在详细研究并评审影响工期的全部事件及其对工程总工期影响的基础上，批准施工单位最终有效延期时间。

总监理工程师在签认工程延期前应与建设单位、施工单位协商，宜与费用索赔一并考虑处理。

（一）工程延期的规定

（1）当施工单位提出工程延期要求，并符合施工合同文件的规定文件时，监理单位应予以受理。

（2）当影响工期事件具有持续性时，监理单位在收到施工单位提交的阶段性《工程延期申请表》并经过审查后，先由总监理工程师签署工程临时延期审批表并通报建设单位。

（3）当施工单位提交最终的《工程延期申请表》后，监理单位应复查工程延期及临时延期情况，并由总监理工程师签署工程最终延期审批表。

（4）监理单位在做出临时工程延期批准或最终的工程延期批准前，均应与建设单位和施工单位进行协商。

（5）监理单位在审查工程延期时，将依据下列情况确定批准工程延期的时间：

①施工合同中有关工程延期的约定。

②工期拖延和影响工期事件的事实和程度。

③影响工期事件对工期影响的量化程度。

（6）在确定各影响工期事件对工期或区段工期的综合影响程度时，可按下列步骤进行：

①以事先批准的详细的施工进度计划为依据，确定假设工程不受影响工期事件影响时应该完成的工作或应该达到的进度。

②详细核实受该影响工期事件影响后，实际完成的工作或实际达到的进度。

③查明因受该影响工期事件的影响而受到延误的作业工种。

④查明实际的进度滞后是否还有其他影响因素，并确定其影响程度。

⑤最后确定该影响工期事件对工程竣工时间或区段竣工时间的影响值。

（7）工程延期造成施工单位提出费用索赔时，监理应按“费用索赔的处理”中的办法处理。

（8）最终延期时间是指承包商对一次影响工期事件的终结或最终延期申请批准后的累计时间，但并不是每一项延期时间的累加，如果后面批准的延期内包含有前一个批准延期的内容，则前一项延期的时间搭接不能予以累计。

（9）最终延期的提出应依据真实，审查批复必须严格，延时必须发生在关键线路上。

（10）施工单位提出工程延期和监理单位批准延期均必须在规范限定的时间内。

（二）资料要求

（1）工程延期审批，监理单位必须加盖公章，经专业监理工程师签字，总监理工程师审核同意签字后发出，不得代签和加盖手章，不签字无效。

（2）本表由监理单位填写，总监理工程师或专业监理工程师签字后下发。

（三）填表说明

（1）“根据施工合同____条____款____的约定，我方对你方提出的____工程延期申请……”

分别填写处理本次延长工期所依据的施工合同条目和施工单位申请延长工期的原因。

(2)“第____号”填写施工单位提出的最后一个《工程延期报审表》编号。

(3)若不符合承包合同约定的工程延期条款或计算不影响最终工期，监理单位在不同意延长工期前“口”内划“√”；需延长工期时在同意延长工期前“口”内划“√”。

(4)“同意工期延长的日历天数”为由于影响工期事件原因使最终工期延长的总天数。

(5)“原竣工日期”指承包合同签订的工程竣工日期或已获批准修改的竣工日期。

(6)“延迟到的竣工日期”指原竣工日期加上同意工期延长的日历天数后的日期。

(7)“说明”栏应翔实说明本次影响工期事件和工期拖延的事实和程度、处理本次延长工期所依据的施工合同条款、工期延长计算所采用的方法及计算过程等。

表6-11所示为某教学楼工程的工程延期审批表。

工程延期审批表(表B.5.1)　　　　表6-11

<table>
<tr><td>工程名称</td><td>××市第一中学教学楼</td><td>编号</td><td>××××××</td></tr>
<tr><td colspan="4">致　××市第一建筑工程公司　(施工总承包单位/专业承包单位)

根据施工合同　×　条　××　款的约定，我方对你方提出的　××市第一中学教学楼　工程延期申请(第001号)要求延长工期　11　日历天的要求，经过审核评估：

□同意延长工期　11　日历天，使竣工日期(包括已指令延长的工期)从原来的　2016　年　10　月　30　日延迟到　2016　年　11　月　10　日。请你方执行。

□不同意延长工期，请按约定竣工日期组织施工。

说明：

工程延期事件发生在被批准的网络进度计划的关键线路上，经双方协商，同意延长工期。

监理单位：××市建设工程监理公司
总监理工程师：×××
日　　期：2016年6月25日</td></tr>
</table>

注：本表由监理单位填报，一式四份，建设单位、监理单位、施工单位、城建档案馆各留存一份。

第五节　监理验收文件(B6)

一、监理资料移交书

工程完工后，监理单位应将整理好的监理资料向建设单位移交，并按要求填写《监理资料移交书》，双方签字盖章。

监理资料的移交应符合下列条件：

(1)工程完工，并具备竣工验收条件。

(2)除配合竣工结算审核、审计等以外，监理项目工作结束，无监理自身遗留问题。

(3)移交资料内容完整、真实，整理规范，符合相关要求。

表6-12所示为某教学楼工程的监理资料移交书。

监理资料移交书

表6-12

<table>
<tr><td>工程名称</td><td>××市第一中学教学楼</td><td>编　　号</td><td>××××××</td></tr>
<tr><td colspan="4">致　××市第一中学　(建设单位)

我方现将　××市第一中学教学楼　工程的监理资料移交给贵方,请予以审查、接收。

附件:
1. 工程监理资料清单。
2. 工程监理资料整理归档文件。

监　理　单　位:××市建设工程监理公司
总监理工程师:×××
日　　　　期:2016年7月22日</td></tr>
<tr><td colspan="4">建设单位审查、接收意见:

同意接收。

建设单位:××市第一中学
接 收 人:×××
日　　期:2016年7月22日</td></tr>
</table>

注:本表由监理单位填报,一式两份,建设单位、监理单位各留存一份。

本 章 小 结

建设工程监理是监理单位受项目建设单位委托,依据我国建设法律、法规、政策文件、技术标准以及建设工程监理合同、建设工程施工合同等合同文件,对工程建设进行的监管、控制、指导和评价。监理文件是在建设工程监理实施过程中形成的并由监理单位收集、汇总、整理的文件或资料。本章按照监理的属性和主要控制环节将监理资料划分为监理管理文件、进度控制文件、质量控制文件、造价控制文件、工程管理文件、监理验收文件六个方面。主要内容为各种监理文件的概念、资料表式、资料要求及填表方法等。

【相关链接】

怎样写好监理工作日志

监理资料的编写、整理是监理工作的重要环节,是监理服务工作量和价值的体现。而监理工作日志的记录是监理资料中较重要的组成部分,是工程实施过程中最真实的工作证据,是记录人素质、能力和技术水平的体现。所以监理日记的内容必须保证真实、全面,充分体现参建各方合同的履行程度。公正地记录好每天发生的工程情况是监理人员的重要职责。

(一)准确记录时间、气象

监理人员在书写监理工作日志时,往往只重视时间记录,而忽视了气象记录,其实气象记录的准确性和工程质量有直接的关系。

(1)混凝土强度、砂浆强度在不同气温条件下的变化值有着明显的区别,监理人员可以根据混凝土浇捣时的温度及今后几天的气温变化,准确计算出强度的理论计算值,从而判断是否具备拆模条件,是否具备承载能力。

(2)在地基与基础工程、主体工程、装饰工程、屋面工程等分部工程施工过程中,气象的变化直接影响工程的施工质量。有些工程在单位工程结束后出现一系列的质量问题,调查人员即可根据问题部位的监理工作日志做出分析,有的质量问题可能就与气象有直接的关系。比如雨季施工时,基槽遭雨水浸泡,引起土壤变化进而影响基础工程的质量。

(二)做好现场巡查,真实、准确、全面地记录工程相关问题

(1)监理人员在书写监理工作日志之前,必须做好现场巡查,增加巡查次数,提高巡查质量,巡查结束后按不同专业、不同施工部位进行分类整理,最后工整地书写监理工作日志,并做记录人的签名工作。

(2)监理人员在做监理工作日志记录时,往往只记录工程进度,而对施工中存在的问题没有做好记录,或者认为问题较小,没有必要写在日志当中,或者认为问题已经解决,没有必要再找麻烦,其实这就忽视了自身价值的体现。而监理工作日志让业主能更多地了解监理的工作内容和服务宗旨,所以在记录监理工作日志时,要真实、准确、全面地反映与工程相关的一切问题(包括四控制、二管理、一协调)。

(3)监理人员在做监理工作日志记录时,往往只记录工程进度、存在问题,没有记录问题是怎样解决的。应该说,发现问题是监理人员经验和观察力的表现,解决问题是监理人员能力和水平的体现。在监理工作中,并不只是发现问题,更重要的是怎样科学合理地解决问题,所以监理日记要记录好发现的问题、解决的方法以及整改的过程和程度。

(三)关心安全文明施工管理,做好安全检查记录

一般的监理合同中大多不包括安全内容,虽然安全检查属于合同外的服务,但直接影响操作工人的情绪,进而影响工程质量,所以监理人员也要多关心、多提醒,做好检查记录,从而保证监理工作的正常开展。

(四)书写工整、规范用语、内容严谨

监理工作日志充分展现了记录人对各项活动、问题及其相关影响的表达。文字如处理不当,比如错别字多、涂改明显、语句不通、不符逻辑,或用词不当、用语不规范、采用日常俗语等等都会产生不良后果。语言表达能力不足的监理人员在日常工作中要多熟悉图纸、规范,提高技术素质,积累经验,掌握写作要领,严肃认真地记录好监理工作日志。

(五)书写好监理工作日志后,要及时交总监审查,以便及时沟通和了解,从而促进监理工作正常有序地开展

监理工作日志的记录是监理的重要基础工作,应该得到每个监理人员的重视。每个监理人员都有责任做好监理日记,为工程项目提供有价值的证据,为自己和公司树立良好的形象,以便让更多的人了解监理,提高监理活动的社会信誉。

第七章
施工文件（C类）

【职业能力目标】

对归档范围内的施工文件（即C类文件）进行汇总，并能够按照要求完成施工文件的编写、收集、整理工作。

【学习要求】

1. 了解施工文件中材料试验的内容、施工过程中试验的内容。
2. 熟悉施工文件的归档范围。
3. 掌握施工文件的编写、收集、整理。

第一节　施工管理文件（C1）

一　工程概况表

《工程概况表》是对工程基本情况的简要描述，应包括单位工程的一般情况、构造特征、机电系统等。

（一）一般情况

工程名称、建筑用途、建筑地点、建设单位、监理单位、设计单位、施工单位、建筑面积、结构类型和建筑层数等。

（二）构造特征

地基与基础、柱、内外墙、梁、板、内外墙装饰、楼地面装饰、屋面构造、防火设备等。

（三）机电系统名称

工程所包括的机电各系统名称。

(四)其他

指特殊需要说明的内容。

表 7-1 所示为某教学楼工程的工程概况表。

工程概况表(表 C.1.1)　　表 7-1

工程名称		××市第一中学教学楼	编号	××××××
一般情况	建设单位	××市第一中学		
	建设用途	公共建筑	设计单位	××市建筑设计研究院
	建设地点	院内	勘察单位	××市勘察测绘大队
	建筑面积	12450m^2	监理单位	××市建设工程监理公司
	工期	303 日历天	施工单位	××市第一建筑工程公司
	计划开工日期	2016 年 3 月 1 日	计划竣工日期	2016 年 10 月 30 日
	结构类型	框架	基础类型	桩基础
	层次	地上六层/地下一层	建筑檐高	36.20m
	地上面积	12450m^2	地下面积	
	人防等级	四级	抗震等级	二级
构造特征	地基与基础	地基持力层为粉质黏土;基础为空心管桩。		
	柱、内外墙	框架柱为 C30 混凝土,外围护墙为 200mm 厚加气混凝土砌块、内墙 200mm 厚加气混凝土砌块		
	梁、板、楼盖	现浇钢筋混凝土梁、板,强度等级 C30		
	外墙装饰	外墙装饰以面砖为主,局部为干挂花岗石材		
	内墙装饰	内墙装饰以乳胶漆为主		
	楼地面装饰	地面以地砖为主,局部房间木地板		
	屋面构造	SBS 改性沥青卷材与双层三元乙丙丁基橡胶卷材结合		
	防火设备	一级防火等级,每层设消火栓箱		
机电系统名称		本工程采用中央空调供暖,电气系统包括照明、动力、电视、消防报警系统、自动喷淋系统、给排水系统配套		
其他				

注:本表由施工单位填写,一式四份,建设单位、监理单位、施工单位、城建档案馆各保存一份。

二 施工现场质量管理检查记录

《施工现场质量管理检查记录》是对健全质量管理体系的具体要求,凡是在建的建筑工程在开工前都要做施工现场质量检查记录。

《施工现场质量管理检查记录》由施工单位填写,监理单位的总监理工程师(或建设单位项目负责人)进行检查,并做出检查结论。

检查时间应在开工之前,保证开工后施工能顺利进行并保证工程质量。

通常每个单位工程只检查一次,如有分段施工、人员更换,或管理工作不到位时,可再次检查。

《施工现场质量管理检查记录》的填写要求如下:

(一) 表头部分

填写参与工程建设各责任方的主要概况。

1. 工程名称

要填写工程名称全称，要与合同或招投标文件的工程名称一致。

2. 施工许可证

填写当地建设行政主管部门批准核发的施工许可证(开工证)的编号。

3. 负责人

可统一由资料员填写，不需具体人员签名，只是明确负责人的地位。

建设单位项目负责人是指合同上签字人或以文字形式委托的代表——工程的项目负责人；设计单位项目负责人是指设计合同书上签字人或签字人以文字形式委托的项目负责人；总监理工程师是指合同或协议书中明确的项目监理负责人，也可以是监理单位以文件形式明确的该项目监理负责人；项目经理、项目技术负责人是指施工单位在合同中明确的项目经理、项目技术负责人。

4. 建设单位、设计单位、监理单位、施工单位

填写单位的全称，与盖章上的名称要一致。

(二) 检查项目

填写各项检查项目文件的名称或编号，并将文件(原件或复印件)附在表后供检查，检查后将文件归还原单位，由总监理工程师签字认可。

(三) 检查内容

根据检查情况，将检查结果填到相对应的栏中，可直接将有关资料的名称写上。当资料较多时，也可将有关资料进行编号，将编号填写上，注明份数。

1. 现场质量管理制度

自检、交接检、专检制度、质量例会制度、月底评比制度、质量与经济挂钩制度。

2. 质量责任制

岗位责任制、施工技术质量安全交底制、挂牌制。

3. 主要专业工种操作上岗证书

电焊工、电工、起重工等上岗证核查结果。

4. 专业承包单位资质管理制度

审查分包资质及相应管理制度。

5. 施工图审查情况

施工图审查批准文号、图纸会审记录、设计交底记录。

6. 地质勘察资料

地质报告及审查批准文号。

7. 施工组织设计、施工方案及审批

编制与审批程序和内容是否与施工相符。

8. 施工技术标准

施工图所包含各专业施工技术标准。

9. 工程质量检验制度

原材料检验制度、施工各阶段检验制度、工程抽检项目检验计划等。

10. 混凝土搅拌站及计量装置

自搅拌混凝土(砂浆)搅拌站管理制度、设施与计量精度以及控制措施。

11. 现场材料、设备存放与管理

应与已批准的施工组织设计相符及具有相应的管理制度。

(四)检查结论

此栏由总监理工程师或建设单位项目负责人填写。

总监理工程师或建设单位项目负责人对施工单位承包的各项资料进行验收核查,验收核查合格后,签署认可意见。检查结论要明确,是符合还是不符合要求。如总监理工程师或建设单位项目负责人验收核查不合格,施工单位必须限期改正,否则不准许开工。

表7-2所示为某教学楼工程的施工现场质量管理检查记录。

施工现场质量管理检查记录(表C.1.2) 表7-2

工程名称	××市第一中学教学楼	施工许可证(开工证)	××××××××
建设单位	××市第一中学	项目负责人	×××
设计单位	××市建筑设计研究院	项目负责人	×××
勘察单位	××市勘察测绘大队	项目负责人	×××
监理单位	××市建设工程监理公司	总监理工程师	×××
施工单位	××市第一建筑工程公司	项目经理	×××
		项目技术负责人	×××
序号	项目	内容	
1	现场质量管理制度	有质量例会制度;月评比及奖罚制度;三检及一票否决制度;样板引路制度;质量与经济挂钩制度	
2	质量责任制	有岗位责任制度;设计交底制度;技术、质量、安全交底制度;挂牌制度	
3	主要专业工种操作上岗证书	起重工、电工、电焊工、架子工、防水工、测量工、木工、钢筋工、混凝土工都有上岗证书,均在有效期限内	
4	专业承包单位资质管理制度	资质均在承包业务范围内;总包单位有分包管理制度	
5	施工图审查情况	施工图已审查,批准文号为×××××××	
6	地质勘察资料	地质勘察报告编号为×××××××	
7	施工组织设计、施工方案及审批	施工组织设计编制、审核、批准手续齐全	
8	施工技术标准	施工技术标准全部具备	
9	工程质量检验制度	有原材料检验制度、施工检验制度;抽测项目检测计划;分部分项工程三检制度	
10	混凝土搅拌站及计量装置	搅拌站有管理制度;计量设施已检测,有控制措施	

续上表

序　　号	项　　目	内　　容
11	现场资料、设备存放与管理	按施工组织设计的要求进行了布置;有相应的管理制度
12		
检查结论: 施工现场质量管理制度完善,符合要求,工程质量有保障。 总监理工程师(建设单位项目负责人):××× 2016年3月1日		

注:本表由施工单位填写,一式两份,监理单位、施工单位各留存一份。

三 企业资质证书及相关专业人员岗位证书

施工单位承揽工程项目时,必须满足相应的资质要求,其项目经理及关键技术岗位的专业人员(包括施工员、预算员、质检员、安全员、材料员、机械员、测量员、资料员)也必须具备上岗资格。

施工单位的企业资质证书复印件、项目经理执业资格证书复印件及专业人员的上岗证书复印件需要存档。

四 分包单位资质报审表

《分包单位资质报审表》是施工总承包单位实施工程分包时,提请监理单位对其分包单位资质审查确认的批复。

施工合同中已明确的分包单位,施工单位可不再对分包单位资质进行报审;如施工合同中未指明分包单位,监理单位应对分包单位的资质进行审查。

监理单位对审查不合格的分包单位应予以否决,指令施工单位另外选择分包单位并重新报审。

分包单位的资质审查是审查施工单位是否符合拟分包工程的实际情况,而不是亲自或直接选择分包单位。

(一)审查内容

(1)分包单位是否具有营业执照、资质等级证书、安全生产许可证、特殊行业施工许可证、国外(境外)企业在国内承包工程许可证。

(2)分包单位是否具有与拟分包工程的类似工程的施工业绩(指分包单位近三年所承建的分包工程名称、质量等级证书或经建设单位组织验收后形成的各方签章的单位工程质量验收记录)。

(3)拟分包工程的内容和范围是否超出资质证书中核定的内容和范围。

(4)专职管理人员和特种作业人员资格证和上岗证是否合法有效。

(二)资料要求

(1)本表由施工单位填报,加盖公章,项目经理签字,经专业监理工程师审核,符合要求后签字,由总监理工程师最终审核并签字,加盖监理单位章。

(2)《分包单位资质报审表》和报审所附的分包单位有关资料的审查必须在分包工程开工前完成。

(三)填表说明

1. 附件

(1)"分包单位资质证明及有关材料"是指分包单位的企业法人营业执照、企业资质等级证书、特殊行业施工许可证、外地企业承包工程的备案表,以及拟进现场的专业管理人员和特种作业人员的资格证、上岗证。

(2)"分包单位业绩材料"是指分包单位近三年完成的与分包工程工作内容类似的工程及工程质量的情况。

(3)"分包工程名称(部位)"是指拟分包给所报分包单位的工程项目名称(部位)。

(4)"工程数量"是指分包工程项目的工作量(工程量)。

(5)"分包工程合同额"是指在拟签订的分包合同中签订的金额。

(6)"备注"是指其他需要说明的事项。

2. 专业监理工程师审查意见

由总监理工程师指定专业监理工程师对分包单位资质和分包单位的有关资质资料(原件)进行审核并签字,签署是否符合有关规定的意见,并留下加盖分包单位公章的复印件做本表的附件。

3. 总监理工程师审核结论

经总监理工程师对专业监理工程师审查意见进行审核、确认,符合有关规定后,由总监理工程师予以签认。

表7-3所示为某教学楼工程的分包单位资质报审表。

分包单位资质报审表(表C.1.3)　　表7-3

工程名称	××市第一中学教学楼	施工编号	××××××
		监理编号	××××××
		日　期	2016年5月25日

致　××市建设工程监理公司　(监理单位)

经考察,我方认为拟选择的　×××建筑装饰装修工程有限公司　(专业承包单位)具有承担下列工程的施工资质和施工能力,可以保证本工程项目按合同的约定进行施工。分包后,我方仍承担总包单位的责任,请予以审查和批准。

附件:1. □分包单位资质资料。
　　2. □分包单位业绩材料。
　　3. □中标通知书。

续上表

分包工程名称(部位)	工 程 数 量	分包工程合同额	备　　注
建筑装饰装修工程	4000m^2	600 万元	劳务承包
合　　计			
施工总承包单位(章):××市第一建筑工程公司 项　　目　　经　　理:×××			
专业监理工程师审查意见: 经审查,分包单位资质、业绩材料齐全、真实有效,具有承担分包工程的施工资质和施工能力。 专业监理工程师:××× 日　　　　期:2016 年 5 月 25 日			
总监理工程师审核结论: 同意资格审查。 监 理 单 位:××市建设工程监理公司 总监理工程师:××× 日　　　　期:2016 年 5 月 25 日			

注:本表由施工单位填写,一式三份,建设单位、监理单位、施工单位各留存一份。

五 建设单位质量事故勘查记录

建设工程质量事故是指在工程建设过程中或在交付使用后,由于建设、勘察、设计、施工、监理等单位违反工程质量有关法律法规和工程建设标准,使工程产生结构安全、重要使用功能方面的质量缺陷,造成人身伤亡或者重大经济损失的事故。

工程质量事故发生后,事故现场有关人员应当立即向工程建设单位负责人报告,工程建设单位负责人接到报告后,应于 1h 内向事故发生地县级以上人民政府建设行政主管部门及有关部门报告。

建设行政主管部门逐级上报事故情况时,每级上报时间不得超过 2h,并且应当按照有关人民政府的授权或委托,组织或参与事故调查组,对事故进行调查,核实事故基本情况,核查事故项目基本情况,分析事故的直接原因和间接原因,认定事故的性质和事故责任。

工程质量事故调查组应对质量事故的调(勘)查及处理情况,形成《建设工程质量事故调查、勘查记录》,并存档。

表 7-4 所示为某教学楼工程的建设单位质量事故勘查记录。

建设单位质量事故勘查记录(表 C.1.4)　　表 7-4

工程名称	××市第一中学教学楼		编号	××××××
			日期	2016 年 5 月 6 日
调(勘)查时间	2016 年 5 月 5 日 8 时 30 分至 11 时 30 分			
调(勘)查地点	××市第一中学会议室			
参加人员	单　位	姓　名	职　务	电　话
被调查人	××市第一建筑工程公司	××	技术负责人	××××××××
陪同调(勘)查人员	××市第一建筑工程公司	×××	项目经理	××××××××
调(勘)查笔录	略			
现场证物照片	□有　□无　共　张　共　页			
事故证据资料	□有　□无　共　条　共　页			
被调查人签字	×××	调(勘)查人签字		××× ×××

注:本表由调查单位填写,一式五份,调查单位、建设单位、监理单位、施工单位、城建档案馆各留存一份。

六 建设工程质量事故报告书

调查组应编制《建设工程质量事故报告书》并存档。

报告书应包括以下内容:

(一)事故发生时间、发生地点、当前伤亡情况

按照实际情况说明。

(二)事故简要情况及事故原因的判断

事故的发生经过及事故发生的直接原因,包括设计原因(计算错误、构造不合理等)、施工原因(施工不符合规定、材料及构配件的质量不符合要求等)、不可抗力等。

(三)损失金额

因质量事故导致的材料、设备、建筑和人员伤亡等预计损失费用。

(四)事故发生后采取的措施及事故控制情况

事故发生后采取的紧急防护措施及事故的控制情况(是否控制了事故的进一步发展)。

(五)处理办法

对发生的质量事故制订的事故处理方案。

（六）直接责任者与职务

事故发生的直接责任人的姓名及职务。

（七）处理后复查意见

事故经过处理后，工程实体质量是否符合事故处理方案的要求，是否满足工程原来对结构安全和使用功能的要求的结论，由各方共同对事故处理结果进行验收，签署意见，并签字盖章。

七 施工检测计划

施工单位应编制工程项目的《施工检测计划》，并报送监理单位，由监理工程师给出审批意见后存档。

《施工检测计划》的编制应针对该工程，写出需要做哪些检测项目，检测的时间、检测的方法，出现检测不合格后怎么办等。

（一）主要内容

(1)工程概况。
(2)编制依据及说明。
(3)人员配备及检测取样要求。
(4)试验方案。
(5)检测试验计划。
(6)其他需要说明的问题。

（二）编制要求

(1)《施工检测计划》应内容齐全、步骤清晰、层次分明。
(2)应能反映工程特点。
(3)编制要及时，应在施工前完成，并报审通过。
(4)参编人员（技术人员、质检人员等）应在会签表上签字，交项目经理签署意见并签字，报监理单位审批。

八 见证试验检测汇总表

《见证试验检测汇总表》是指核查用于工程的各种材料、预制构件的见证试验检测，通过汇总达到检查的目的。汇总的要求如下：

(1)在施工过程中所采用的所有材料、预制构件的见证试验检测全部汇总，不得缺漏，并按工程进度为序进行汇总，如地基基础→主体→屋面→装饰装修。

(2)汇总时按各专业分别汇总。

(3)汇总时同种材料应在一起整理汇总，并按进场的时间顺序排列。

(4)备注应填写该批材料主要用于何部位，及需要说明的事项。

(5)项目的资料员为制表人,签字有效。

表7-5所示为某教学楼工程的见证试验检测汇总表。

见证试验检测汇总表(表C.1.5)　　表7-5

工程名称	××市第一中学教学楼		编　　号	××××××
			填表日期	2016年3月12日
建设单位	××市第一中学		检测单位	××建设工程质量检测中心
监理单位	××市建设工程监理公司		见证人员	×××
施工单位	××市第一建筑工程公司		取样人员	×××
试验项目	应试验组/次数	见证试验组/次数	不合格次数	备注
钢筋 ϕ22	7	7	0	用于框架柱
钢筋 ϕ12	6	6	0	用于楼板
…	…	…	…	…
制表人(签字)	×××			

注:本表由施工单位填写,一式两份,监理单位、施工单位各留存一份。

九 施工日志

《施工日志》是施工过程中,由管理人员对有关工程施工、技术管理、质量管理活动及其效果逐日做出的具有连续完整性的记录。《施工日志》从开工持续到竣工,贯穿整个施工过程。

(一)主要内容

(1)工程施工准备工作的记录,包括现场准备、施工组织设计学习、技术交底的重要内容及交底的人员、日期、施工图纸中的关键部位等重要问题。

(2)进入施工以后,对班组抽检活动的开展情况及其效果、组织互检和交接检的情况及效果、施工组织设计及技术交底的执行情况及效果的记录和分析。

(3)分项工程质量评定、质量检查、隐蔽工程验收、预检及上级组织的检查等技术活动的日期、结果、存在问题及处理情况记录。

(4)原材料检验结果、施工检验结果的记录,包括日期、内容、达到的效果及未达到要求单位等问题和处理情况及结论。

(5)质量、安全、机械事故的记录,包括原因、调查分析、责任者、处理情况及结论,对经济损失、工期影响等要记录清楚。

(6)有关洽商、变更情况交代的方法、对象、结果的记录。

(7)有关归档资料的整理、交接的记录。

(8)有关新工艺、新材料的推广使用情况,以及小革新、小窍门的活动记录,包括项目、数量、效果及有关人员。

(9)工程的开、竣工日期以及主要分部、分项工程的起止日期。

(10)工程重要分部的特殊质量要求和施工方法。

(11)有关领导或部门对工程所做的生产、技术方面的决定或建议。

(12)气温、气候、地质以及其他特殊情况(如停水、停电、停工)的记录等。

(13)在紧急情况下采取的特殊措施的施工方法,施工记录由单位工程负责人填写。

(14)混凝土、砂浆试块的留置组数、时间以及28d的强度试验结果。

(15)其他重要事项。

(二)编制要求

(1)要求对单位工程从开工到竣工的整个施工阶段进行全面记录,要求内容完整,能全面反映工程进展情况。

(2)施工记录、桩基记录、混凝土浇灌记录、模板拆除等,应单独记录,分别列报。

(3)审核由施工单位项目部的技术负责人负责。

(4)按要求及时记录,内容要齐全。

(5)由各专业工长分别填写,要逐日记载,不得后补。

(6)《施工日志》不应是流水账,记录的内容应与工程有关,如工程技术、质量、安全、生产变化、人员变动等情况,与生产无关的内容不要记录。

(7)应连续记录,若工程施工期间有间断,应在日志中加以说明,可在停工最后一天或复工第一天里描述。

表7-6所示为某教学楼工程的施工日志。

施工日志(表C.1.6) 表7-6

<table>
<tr><td rowspan="2">工程名称</td><td colspan="2" rowspan="2">××市第一中学教学楼</td><td>编号</td><td>××××××</td></tr>
<tr><td>日期</td><td>2016年6月4日</td></tr>
<tr><td>施工单位</td><td colspan="4">××市第一建筑工程公司</td></tr>
<tr><td colspan="2">天气状况</td><td>风力</td><td colspan="2">最高/最低温度</td></tr>
<tr><td>白天</td><td>多云</td><td>1~2级</td><td colspan="2">27/24℃</td></tr>
<tr><td>夜间</td><td>晴</td><td>2~3级</td><td colspan="2">16/10℃</td></tr>
<tr><td colspan="5">施工情况记录:(施工部位、施工内容、机械使用情况、劳动力情况、施工中存在问题等)
1. 六层Ⅰ①~③/A~F轴,顶板模板安装,塔吊作业,木工班组22人。
2. 六层Ⅱ③~⑥/A~F轴,框架柱钢筋绑扎,塔吊作业,钢筋班组25人。
3. 六层Ⅲ③~⑩/A~F轴,柱模板安装,塔吊作业,木工班组30人。
4. 发现问题:柱加密区箍筋间距过大,钢筋保护层垫块数量不足。</td></tr>
<tr><td colspan="5">技术、质量、安全工作记录:(技术、质量安全活动、检查验收、技术质量安全问题等)
1. 建设单位、设计单位、监理单位、施工单位在现场召开技术、质量、安全工作会议,参加人员×××、×××、××。
2. 主体结构于×月×日前完成。
3. 尽快插入装修工作。
4. 对施工中发现的问题立即返修,整改复查,必须符合设计、规范要求。
5. 在安全生产方面,由安全员巡视检查,主要是脚手架的安全及施工洞口的安全防护,检查要全面到位,无隐患。
6. 检查评定验收:施工工序科学、合理,地上三层Ⅲ柱模板安装予以验收,实测误差符合规范要求。
参加验收人员:
监理单位:×××、×××等
施工单位:×××、×××等</td></tr>
<tr><td colspan="5">记录人(签字):×××</td></tr>
</table>

十 监理工程师通知回复单

施工单位在接到《监理工程师通知》后,应对通知的内容及时进行回复。

回复的内容应针对《监理工程师通知》的内容进行填写,主要为施工单位向监理单位回复完成情况和监理审核情况。

(一)资料要求

(1)本表由施工单位填写。

(2)要把整改的情况、整改后的验收情况写明,然后由专业监理工程师进行审查验收,并签字确认。

(二)填表说明

(1)"致_(监理单位)"应填写该单位名称,按全称填写。

(2)"详细内容"应填写《监理工程师通知》里所提到的问题的整改情况。

(3)"复查意见"应由监理工程师对整改后的工程质量情况进行复查,如果验收合格,由专业监理工程师、总监理工程师签字确认。

表7-7所示为某教学楼工程的监理工程师通知回复单。

监理工程师通知回复单(表C.1.7)　　表7-7

<table>
<tr><td rowspan="3">工程名称</td><td rowspan="3">××市第一中学教学楼</td><td>施工编号</td><td>××××××</td></tr>
<tr><td>监理编号</td><td>××××××</td></tr>
<tr><td>日　　期</td><td>2016年4月5日</td></tr>
<tr><td colspan="4">致　××市建设工程监理公司　(监理单位)

我方接到编号为　××××××　的监理工程师通知后,已按照要求完成了框架柱根部混凝土出现孔洞的返修工作,现报上,请予以复查。

详细内容:
1. 已对框架柱根部的孔洞采用比柱混凝土高一等级的水泥砂浆进行了修复。
2. 已对修复完的混凝土表面进行了质量验收,满足验收规范的要求。
3. 已对工人进行了教育,加强了工人的质量意识。
4. 已制订了预防措施,杜绝同类质量缺陷的发生。

专业承包单位:　　　　　　项目经理/责任人:
施工总承包单位:××市第一建筑工程公司　　　　项目经理/责任人:×××</td></tr>
<tr><td colspan="4">复查意见:
经检查,该部位的返修工作已经做好,准许进行下道工序施工。
项　目　单　位:××市建设工程监理公司
专业监理工程师:×××
总监理工程师:×××
日　　　　期:2016年4月5日</td></tr>
</table>

注:本表由施工单位填报,一式两份,监理单位、施工单位各留存一份。

第二节　施工技术文件(C2)

一 工程技术文件报审表

施工单位向监理单位报送的工程技术文件(包括施工组织设计、施工方案、质量处理措施、技术核定单等),应按规定填写《工程技术文件报审表》。

总监理工程师组织专业监理工程师对工程技术文件进行审查,并签署审查意见。需要修改的内容,应签发书面意见,要求施工单位整改后重新报审,经总监理工程师审核后,填写审批意见并报送建设单位。

如果是分包单位编制的工程技术文件,应经总承包单位审核合格后报送监理单位。

表7-8所示为某教学楼工程的工程技术文件报审表。

工程技术文件报审表(表C.2.1)　　表7-8

<table>
<tr><td rowspan="3">工程名称</td><td rowspan="3">××市第一中学教学楼</td><td>施工编号</td><td>××××××</td></tr>
<tr><td>监理编号</td><td>××××××</td></tr>
<tr><td>日　　期</td><td>2016年3月5日</td></tr>
<tr><td colspan="4">致　××市建设工程监理公司　(监理单位)

我方已编制完成了　施工组织设计　技术文件,并经相关技术负责人审查批准,请予以审定。

附:技术文件　315　页　1　册

施工总承包单位:××市第一建筑工程公司　　项目经理/负责人:×××
专业承包单位:　　项目经理/负责人:×××</td></tr>
<tr><td colspan="4">专业监理工程师审查意见:

同意按此施工组织设计进行施工。

专业监理工程师:×××
日　　期:2016年5月5日</td></tr>
<tr><td colspan="4">总监理工程师审批意见:

审定结论:☐同意　☐修改后再报　☐重新编制

监理单位:××市建设工程监理公司
总监理工程师:×××
日　　期:2016年5月5日</td></tr>
</table>

注:本表由施工单位填写,一式两份,监理单位、施工单位各留存一份。

二 施工组织设计及施工方案

《施工组织设计(施工方案)》是指施工单位开工前为工程所做的施工组织、施工工艺、施工计划等方面的设计,是指导拟建工程全过程中各项活动的技术、经济和组织的综合性文件。

(一)主要内容

(1)工程概况和工程特点。

(2)施工准备工作计划。

(3)施工部署及相应的技术组织措施。

(4)主要施工方法。

(5)各项资源需用量计划。

(6)工程质量、进度、安全保证措施。

(7)施工现场文明施工保证措施。

(8)雨季、冬期施工保证措施。

(9)施工进度计划。

(10)施工平面布置图。

(二)编制要求

(1)施工组织设计或实施的施工方案应内容齐全、步骤清晰、层次分明。

(2)应能反映工程特点。

(3)编制要及时,应在施工前完成,并报审通过。

(4)参编人员(技术人员、质检人员、预算人员、材料人员、财务人员等)应在会签表上签字,交项目经理签署意见并签字,报监理单位审批。

三 危险性较大分部分项工程施工方案

根据住房和城乡建设部发布的《危险性较大的分部分项工程安全管理办法》的规定,危险性较大的分部分项工程应当在施工前单独编制专项施工方案,超过一定规模的危险性较大的分部分项工程施工方案,还应由专家进行论证。

施工单位负责编制危险性较大的分部分项工程施工方案,并组织召开专家认证会,填报《危险性较大分部分项工程施工方案专家论证表》,经专家签字确认后存档。

(一)危险性较大的分部分项工程

(1)基坑支护与降水工程。

基坑支护工程是指开挖深度超过5m(含5m)的基坑(槽)并采用支护结构施工的工程;或基坑虽未超过5m,但地质条件和周围环境复杂、地下水位在坑底以上等工程。

(2)土方开挖工程。

土方开挖工程是指开挖深度超过5m(含5m)的基坑、槽的土方开挖。

(3)模板工程。

各类工具式模板工程,包括滑模、爬模、大模板等,水平混凝土构件模板支撑系统及特殊结构模板工程。

(4)起重吊装工程。

(5)脚手架工程。

高度超过24m的落地式钢管脚手架、附着式升降脚手架,包括整体提升与分片式提升、悬挑式脚手架、门型脚手架、挂脚手架、吊篮脚手架、卸料平台。

(6)拆除、爆破工程。

采用人工、机械拆除或爆破拆除的工程。

(7)其他危险性较大的工程。

包括建筑幕墙的安装施工,预应力结构张拉施工,隧道工程施工,桥梁工程施工(含架桥),特种设备施工,网架和索膜结构施工,6m以上的边坡施工,大江、大河的导流、截流施工,港口工程,航道工程,采用新技术、新工艺、新材料,可能影响建设工程质量安全,已经行政许可,尚无技术标准的施工。

(二)需要专家组进行论证审查的分部分项工程

(1)深基坑工程。

开挖深度超过5m(含5m)或地下室三层以上(含三层),或深度虽未超过5m(含5m),但地质条件和周围环境及地下管线极其复杂的工程。

(2)地下暗挖工程。

地下暗挖及遇有溶洞、暗河、瓦斯、岩爆、涌泥、断层等地质复杂的隧道工程。

(3)高大模板工程。

水平混凝土构件模板支撑系统高度超过8m,或跨度超过18m,施工总荷载大于$10kN/m^2$,或集中线荷载大于15kN/m的模板支撑系统。

(4)30m及以上高空作业的工程。

(5)大江、大河中深水作业的工程。

(6)城市房屋拆除爆破和其他土石大爆破工程。

(三)专家论证审查的要求

(1)施工单位应当组织不少于5人的专家组,对已编制的危险性较大的分部分项工程施工方案进行论证审查。

(2)专家组必须提出书面论证审查报告,施工单位应根据论证审查报告对施工方案进行完善,经由施工单位技术负责人、总监理工程师签字后,方可实施。在实施过程中,施工单位应严格按照施工方案组织施工。

(3)专家组书面论证审查报告应作为施工方案的附件存档备查。

表7-9所示为某教学楼工程的危险性较大分部分项工程施工方案专家论证表。

危险性较大分部分项工程施工方案专家论证表(表 C.2.2)　　表 7-9

工程名称		××市第一中学教学楼		编号		××××××
施工总承包单位		××市第一建筑工程公司		项目负责人		×××
专业承包单位		/		项目负责人		/
分项工程名称		高支模				
专家一览表						
姓名	性别	年龄	工作单位	职务	职称	专业
××	男	××	××××××××	总工程师	高级工程师	建筑施工
…	…	…	…	…	…	…
专家论证意见： 经过专家论证，一致通过，同意施工单位按此施工方案进行施工。 2016 年 4 月 1 日						
签字栏		组长：××× 专家：×××　×××　×××　×××　×××				

注：本表由施工单位填写，一式两份，监理单位、施工单位各留存一份。

四 技术交底记录

技术交底是指施工企业进行技术、质量管理的一项重要环节，是把设计要求、施工措施、安全生产贯彻到基层的一项管理办法。技术交底应形成《技术交底记录》，并存档。

重点和大型工程的施工组织设计技术交底应由施工企业等技术负责人把主要设计要求、施工措施以及重要事项对项目主要管理人员进行交底；其他工程施工组织设计技术交底由项目技术负责人进行交底。

专项施工方案技术交底应由项目技术负责人负责，根据专项施工方案对专业工长进行交底。

分项工程施工技术交底应由专业工长对专业施工班组(或专业分包)进行交底。

“四新”技术交底应由项目技术负责人组织有关专业人员编制。

设计变更文件技术交底应由项目技术部门根据变更要求，并结合具体施工步骤、措施及注意事项等对专业工长进行交底。

(一)主要内容

1. 图纸交底

包括工程的设计要求、地基基础、主体结构和建筑物的特点、构造做法与要求、抗震处理；设计图纸的轴线、标高、尺寸、预留孔洞、预埋件等具体事项；砂浆、混凝土、砖等材料质量和强度的要求，要做到掌握设计关键，认真按图施工。

2. 施工组织设计交底

将施工组织设计的全部内容向施工人员交代，主要包括工程特点、施工部署、施工方法、操作规程、施工顺序及进度、任务划分、劳动力安排、施工现场平面布置、工序搭接、施工工期、质量标准及各项管理措施等。

3. 设计变更和工程洽商交底

在工程施工过程中，由于图纸本身差错或图纸与实际情况不符，或由于材料、施工条件发生变化等原因，会对图纸的部分内容做出修改。为避免在施工中发生差错，必须对设计变更、洽商记录或其他形式的图纸变动文件（如图纸会审、设计补充说明通知等）向管理和施工人员做统一说明，进行交底。

4. 分项工程技术交底

分项工程技术交底是各级技术交底的关键，应在各分项工程施工前进行。主要内容为施工准备、操作工艺、技术安全措施、质量标准、新技术的特殊要求、劳动定额、材料消耗等。

5. 安全交底

必须实行逐级安全技术交底，纵向延伸到班组全体作业人员。主要包括工程项目的施工作业特点和危险点，针对危险点的具体预防措施，应注意的安全事项，相应的安全操作规程和标准，发生事故后应及时采取的避难和急救措施。

（二）编制要求

（1）按设计图纸要求，严格执行施工验收规范要求及安全技术措施。

（2）结合本工程的实际情况及特点，提出切实可行的新技术、新工艺，交底应清楚明确。

（3）签章齐全，责任明确。

（4）《技术交底记录》的编制应符合要求，按施工图设计要求详细填写，并逐一列出；交底内容齐全，交底时间应在施工前。

（5）交底技术负责人、交底人、接收交底人均应有本人签字，并发到施工班组。

表7-10所示为某教学楼工程的技术交底记录。

技术交底记录（表C.2.3）　　表7-10

工程名称	××市第一中学教学楼	编　号	××××××	
		交底日期	2016年4月1日	
施工单位	××市第一建筑工程公司	分项工程名称	混凝土浇筑	
交底提要	框架柱混凝土浇筑的机具准备、质量要求及施工工艺		页数	共1页，第1页

交底内容：

一、施工准备

钢管、塑料布、照明灯具、水平仪、经纬仪、溜筒、振捣棒、混凝土输送泵。

二、作业条件

1. 轴线、柱子线验收完毕。
2. 柱子钢筋、水电预埋完毕，符合设计及规范要求，并办完隐检手续。
3. 安装的模板已经检查，符合设计要求，办完预检。
4. 已经抄好高程水平控制线。
5. 校核混凝土配合比，进行技术交底，准备好混凝土试模。

续上表

三、操作工艺 1. 柱子浇筑要用溜筒,分层浇筑,每层厚度为450mm。浇筑前用钢管制作标志尺杆,每450mm用红油漆标识。浇筑时将标尺杆插入模板内,当浇筑位置到达标尺识线时,停止浇筑进行振捣,以此类推,至浇筑完整根柱子为止。 2. 柱子浇筑前,先浇水湿润模板和底部,并先浇筑同等级砂浆垫底,每根柱子砂浆厚度为30~50mm,每根柱子砂浆2~3桶。 3. 柱子振捣时用人工插入式振捣,分层振捣,振捣棒应插入下层混凝土50mm,人工振捣时间20~30s,振捣间距500mm,振捣时避免碰触模板、预埋件等。 4. 柱子水平施工缝留至梁底,浇筑高度应高出梁底20~30mm,拆模后,在柱子四面按梁底标出+5mm,弹出水平线,用云石机沿线切割,再人工剔平表面浮浆,露出坚实石子。由于梁、柱混凝土强度等级不同,梁、柱核心区的混凝土浇筑时将柱边向外延伸500mm,用钢板网卡住,浇筑与柱子相同等级的混凝土,然后再浇筑其他梁板。 5. 柱子养护在拆模后立即用塑料布围裹,人工从柱顶向下洒水,每次间隔4h,养护时间7d,并要有专人每日养护,如发现不安排人员则罚款处理。 6. 混凝土柱允许偏差及检查方法: (1)轴线位置5mm,用尺量。 (2)截面尺寸±3mm,用尺量。 (3)表面平整±3mm,用尺量。 (4)角线直度3mm,用吊线。 (5)保护层厚度+5mm、-3mm,用尺量。 四、质量要求 1. 混凝土在浇筑前要测量坍落度,坍落度为(160±20)mm,满足要求方可使用。如不满足要求,则必须报告工长,退回搅拌站重新搅拌。 2. 浇筑混凝土时必须设专人看护钢筋、模板,看护时要调整好主筋的保护层。 五、安全交底 1. 施工时应注意用电安全,照明采用探照灯。 2. 尽量选用环保型低噪声振捣器,振捣时应配合相应人员控制电源的开关,防止振捣棒空转。				
签字栏	交底人	×××	审核人	×××
	接受交底人	×××		

注:本表由施工单位填写,一式一份,施工单位自留一份。

五 图纸会审记录

为了使监理工程师和施工单位熟悉设计图纸、了解工程特点和设计意图以及对关键工程部位的质量要求、及早纠正图面差错,将图纸中的质量隐患消灭于萌芽状态,做到准确按图施工、保证工程质量,在工程正式开工前必须进行认真的图纸会审。

《图纸会审记录》是对设计文件进行审查和会审,对提出的问题予以记录的技术文件。

(一)图纸会审要求

(1)所有建筑工程均应按要求组织图纸会审,重点工程还应有设计单位对工程质量的技术交底记录,应有对重要部位的技术要求和施工程序要求等技术交底资料。

(2)会审的时间在工程正式施工前,由建设单位组织,设计单位、监理单位、施工单位的相关人员参加,共同进行图纸会审,将施工图中的问题提前予以解决。

(3)凡参与该工程建设的施工、监理各单位,在会审前均应对施工图设计进行学习;各工种先对施工图初审,然后各专业对施工图进行会审;总、分包单位之间要进行专业间的协作、配合、洽商。

(二)会审目的

(1)通过事先认真地熟悉图纸,了解设计意图、工程质量标准以及新结构、新技术、新材料、新工艺的技术要求,了解图纸间尺寸关系、相互要求与配合等内在的联系,以便采取正确的施工方法。

(2)在熟悉图纸的基础上,通过有设计、建设、监理、施工单位的土建、安装等专业人员参加的会审,将有关问题解决在施工之前,给施工创造良好的条件。

(3)在图纸会审时解决图纸中存在的土建、水、电、通风、空调、设备安装中各类管道敷设过程中出现的矛盾;对在图纸中发现的尺寸、坐标、标高、说明、索引等错误,加以改正。

(三)会审方法

(1)由建设单位组织,设计单位、施工单位、监理单位参加,以会议的形式进行。

(2)会审分两个阶段进行。一是进行内部预审,由施工单位的有关人员负责在一定期限内完成,提出施工图纸中的问题,并进行整理归类,会审时一并提出;监理单位同时也应进行类似的工作,为正确开展监理工作奠定基础。二是会审,由建设单位组织,设计单位交底,施工、监理单位提出预审中的问题,设计单位逐一给予解决。

(3)对提出问题的处理。一般问题经设计单位同意的,可在图纸会审记录中注释并进行修改,并办理签字、盖章手续。较大的问题由建设、监理、设计、施工单位洽商,由设计单位修改,经监理单位同意后向施工单位签发设计变更图或设计变更通知单。

(四)会审的主要内容

(1)建筑、结构、设备安装等设计图纸是否齐全,手续是否完备;设计是否符合国家有关的现行的技术和经济政策、法律、法规、规范、标准的规定;如果有引用标准图集的,引用标准图号是否明确。

(2)图纸总的做法说明(包括分项工程做法说明)是否齐全、清楚、明确;建筑、结构、安装图、装饰和节点大样图之间有无矛盾;设计图纸(平、立、剖、构件布置、节点大样)之间相互配合的尺寸是否相符,分尺寸和总尺寸,大、小样图,建筑图与结构图,土建图与水、电安装图之间互相配合的尺寸是否一致,有无错误和遗漏;设计图纸本身、建筑构造与结构构造之间在立体与空间上有无矛盾;预留孔洞、预埋件、大样图或采用标准构配件图的型号、尺寸有无错误与矛盾。

(3)总图的建筑物坐标位置与单位工程建筑平面图是否一致;建筑物的设计标高是否可行;地基与基础的设计是否与实际情况一致,是否符合该工程地质勘察报告结论要求;建筑物与地下构筑物及管线之间有无矛盾。

(4)主要结构的设计在承载力、刚度、稳定性等方面有无问题;主要部位的建筑构造是否合理;设计能否保证工程质量和安全施工。

(5)设计图纸的结构方案、建筑装饰与施工单位的施工能力、技术水平、技术装备有无矛盾;采用新工艺、新技术,施工单位有无困难;所需特殊建筑材料的品种、规格、数量能否解决;专业机械设备能否保证。

(6)安装专业的设备、管架、钢结构立柱、金属结构平台、电缆、电线支架以及设备基础是否与工艺图、电气图、设备安装图和到货的设备相一致;传动设备、随机到货图纸和出厂资料是否齐全,技术要求是否合理,是否与设计图纸及设计技术文件相一致;底座同土建基础是否一致,管口相对位置、接管规格、材质、坐标、标高是否与设计图纸一致;管道、设备及管件需防腐衬里、脱脂及特殊清洗时,设计结构是否合理,技术要求是否切实可行。

(五)填写要求

《图纸会审记录》由组织单位进行临时记录,当达成协议后,由施工单位整理汇总,形成正式会审记录。会审内容应按土、水、电顺序分别整理,并按下列要求填写:

(1)凡需经设计单位提出设计变更或会审确定下来的解决意见,均需在答复意见栏内填写清楚,并由设计单位签发设计变更通知单;凡在会议上设计单位未给出解决意见的问题,在答复意见栏内填写待定。

(2)参加会审的设计、建设、监理、施工单位负责人必须在会审记录上签字。

(3)表中设计单位签字栏应为项目专业设计负责人签字,建设单位、监理单位、施工单位签字栏应为项目技术负责人或相关专业负责人签字。

表7-11所示为某教学楼工程的图纸会审记录。

图纸会审记录(表C.2.4)　　表7-11

工程名称	××市第一中学教学楼		编号	××××××
			日期	2012年4月25日
设计单位	××市建筑设计研究院		专业名称	土建
地点	××市第一中学会议室		页数	共6页,第1页
序号	图号	图纸委托		答复意见
1	建施-1	本工程外墙防水保护层为聚乙烯片材,可否改为120厚页岩砖		改为120厚页岩砖
2	建施-2	门窗表LD1824尺寸为1800×2400,LD2424尺寸为2400×2400,而剖面图及墙身大样图中标注的相应高度为2350		LD1824:1800×2350; LD2424:2400×2350
3	结施-10	柱子钢筋接头位置能否明确定位		所有柱子主筋第一个接头位置距楼(底)板1200mm;相邻钢筋接头位置错开1400mm
4	…	…		…
签字栏	建设单位	监理单位	设计单位	施工单位
	××× ×××	××× ×××	××× ×××	××× ×××

注:本表由施工单位整理汇总,一式五份,建设单位、设计单位、监理单位、施工单位、城建档案馆各保存一份。

六 设计变更通知单

《设计变更通知单》是在设计施工过程中,由于设计图纸本身的问题、设计图纸与实际情况不符、施工条件变化、原材料的规格、品种、质量不符合设计要求,以及有关人员提出的合理化建议等原因,需要对设计图纸部分内容进行修改而办理的变更设计文件。

(一)当遇有下列情况之一时,必须由设计单位签发变更通知单

(1)当决定对图纸进行较大修改时。

(2)施工前及施工过程中发现图纸有差错;做法或尺寸有矛盾;结构变更;图纸与实际情况不符。

(3)建设单位提出对建筑构造、细部做法、使用功能等方面进行修改,并征得了设计单位的同意。

(4)施工单位因为技术或材料等原因造成了设计修改,经设计单位同意,可请求设计变更。

(二)设计变更要求及说明

(1)建设单位、监理单位、设计单位、施工单位均应维护设计的完整性。施工单位应按图施工,不得随意更改设计,如需更改设计时,必须取得设计单位同意并具有设计变更通知单或洽商记录。

(2)凡涉及主体结构及事业功能的设计变更,建设单位应报原施工图审批机构批准。

(3)如果设计变更影响了建设规模和投资方向,应报请原批准初步设计的单位同意后方准修改;如果设计变更涉及结构问题,应报原设计图审查部门进行审查。

(三)填写要求

(1)《设计变更通知单》是经过设计、监理、建设单位审查同意后,发给施工和有关单位的重要文件,是竣工图编制的依据之一,是建设、施工双方竣工结算的依据,其文字记录应清楚,时间应准确,责任人签署意见应简单明确。

(2)《设计变更通知单》的内容应明确、具体,办理及时,不得随意涂改和后补,必要时要附图。

表 7-12 所示为某教学楼工程的设计变更通知单。

设计变更通知单(表 C.2.5)　　表 7-12

<table>
<tr><td rowspan="2">工程名称</td><td colspan="3" rowspan="2">××市第一中学教学楼</td><td>编　号</td><td>××××</td></tr>
<tr><td>日　期</td><td>2016 年 3 月 4 日</td></tr>
<tr><td>设计单位</td><td colspan="3">××市建筑设计研究院</td><td>专业名称</td><td>土建</td></tr>
<tr><td>变更摘要</td><td colspan="3">梁高尺寸变更</td><td>页　数</td><td>共 1 页,第 1 页</td></tr>
<tr><td>序号</td><td>图　号</td><td colspan="4">变 更 内 容</td></tr>
<tr><td>1</td><td>结施-5</td><td colspan="4">图中 5 层④-⑤轴 L1 原设计梁高为 300mm,现改为 400mm,其余尺寸及配筋不变</td></tr>
<tr><td>2</td><td>…</td><td colspan="4">…</td></tr>
<tr><td rowspan="2">签字栏</td><td>建设单位</td><td colspan="2">设计单位</td><td>监理单位</td><td>施工单位</td></tr>
<tr><td>×××</td><td colspan="2">×××</td><td>×××</td><td>×××</td></tr>
</table>

注:本表由设计单位签发,一式五份,建设单位、设计单位、监理单位、施工单位、城建档案馆各保存一份。

七 工程洽商记录(技术核定单)

建设单位、监理单位、施工单位在工程施工过程中,对涉及施工技术、工程造价、施工进度等方面问题提出合理化建议,需对施工图进行修改时,提出方和设计单位应与其他相关各方协商取得一致意见,对施工图按程序进行修改,并以《工程洽商记录》的形式经各方签字后存档。

发生修改时,应先有《工程洽商记录》,后施工。如果是特殊情况需先施工后办手续者,必须先征得设计单位同意,《工程洽商记录》需在一周内补上。

《工程洽商记录》的填写要求如下:

(1)应分专业办理,内容翔实,必要时应附图,并逐条注明应修改图纸的图号。

(2)不可将不同专业的工程洽商办理在同一份《工程洽商记录》上。

(3)应由设计专业负责人以及建设、监理和施工单位的相关负责人签认,签字齐全。涉及技术洽商的,由建设、监理、施工、设计单位签字盖章;涉及造价和工期洽商的,只需由建设、监理、施工单位签字即可。

表 7-13 所示为某教学楼工程的工程洽商记录。

工程洽商记录(技术核定单)(表 C.2.6) 表 7-13

工程名称	××市第一中学教学楼			编号	××××
				日期	2016 年 5 月 6 日
提出单位	××市第一建筑工程公司			专业名称	土建
洽商摘要	屋面保温材料更换			页数	共 1 页,第 1 页
序号	图号	洽商内容			
1	建施-01	总说明中,原屋面的保温层设计为 50mm 厚挤塑板,现改为 100mm 厚增强聚苯板,相对密度不小于 $25kg/m^3$			
2	…	…			
签字栏	建设单位		设计单位	监理单位	施工单位
	×××		×××	×××	×××

注:本表由提出单位填写,一式五份,建设单位、设计单位、监理单位、施工单位、城建档案馆各保存一份。

第三节 进度造价文件(C3)

一 工程开工报审表

施工单位应在合同约定的开工日期前 7d 填报《工程开工报审表》和有关资料,总监理工程师对其申报资料进行审核并征得建设单位同意后签发。

(一)开工申请条件

(1)进场道路及水、电、通讯和场地平整等已满足开工需要。

(2)施工单位质量管理体系、技术管理体系、质量保证体系和安全管理体系已建立和健全。

(3)施工单位已具有工程施工许可证和安全施工许可证。

(4)分期征地拆迁的工程,拆迁工作已能够满足工程进度的需要。

(5)施工单位的施工组织设计已获总监理工程师批准。

(6)施工单位现场管理人员已到位,机具、施工人员已进场,主要工程材料已落实。

(7)施工图纸已经过有资质的图纸审查单位审查合格。

(8)设计交底、技术交底及图纸会审已经完成并会签完毕。

(9)第一次工地会议已经召开完毕。

(10)起重机械、计量设备和测量仪器已经过法定部门检测合格。

(11)施工单位测量放线成果已经过监理单位的复验合格。

只有在施工单位完全具备上述条件时,总监理工程师方可下达工程开工指令。

(二)资料要求

(1)本表用于工程项目开工报审,由施工单位填报,监理单位复核和批复开工时间。

(2)整个项目一次开工只填报一次,如工程项目中含有多个单位工程且开工时间不同,则每个单位工程都应填报一次。

(三)填表内容

1. 工程名称

工程名称指相应的建设项目或单位工程名称,应与施工图的工程名称一致。

2. 附件

附件指《施工现场质量管理检查记录》中要求的有关资料及其证明文件,包括《建筑工程施工许可证》;现场专职管理人员资格证、上岗证;现场管理人员、机具、施工人员进场情况;工程主要材料落实情况等资料。

3. 审查意见

审查意见指监理工程师对施工单位的开工准备情况和复工条件进行检查,并逐项记录检查结果,总监理工程师应在施工合同约定的时间内完成对开工申请的审批,并注明同意或不同意开工的原因及对施工单位的要求。

表7-14所示为某教学楼工程的工程开工报审表。

工程开工报审表(表 C.3.1)　　　　表 7-14

<table>
<tr><td rowspan="3">工程名称</td><td rowspan="3">× × 市第一中学教学楼</td><td>施工编号</td><td>× × × × × ×</td></tr>
<tr><td>监理编号</td><td>× × × × × ×</td></tr>
<tr><td>日　期</td><td>2016 年 3 月 1 日</td></tr>
<tr><td colspan="4">致 × × 市建设工程监理公司 (监理单位)

我方承担的 × × 市第一中学教学楼 工程,已完成了以下各项工作,具备了开工条件,特此申请施工,请核查并签发开工指令。

附件:开工资料
1. 建设工程施工许可证(或开工证)(复印件)。
2. 施工组织设计(含主要技术管理人员和特种工种人员资格证明)。
3. 施工测量放线工作已完成。
4. 主要人员、材料、设备已进场。
5. 施工道路、水、电、通讯等已达到开工条件。

施工总承包单位(章): × × 市第一建筑工程公司
项　目　经　理: × × ×</td></tr>
<tr><td colspan="4">审查意见:

经检查,该工程开工准备已经做好,具备开工条件,同意开工。

监 理 单 位: × × 市建设工程监理公司
总监理工程师: × × ×
日　　期: 2016 年 3 月 1 日</td></tr>
</table>

注:本表由施工单位填报,一式四份,建设单位、监理单位、施工单位、城建档案馆各留存一份。

二　工程复工报审表

对停止施工的工程,在工程暂停因素消除后,施工单位应填报《工程复工报审表》,总监理工程师核查后签署审批意见。

由于施工单位原因导致工程暂停,在具备恢复施工条件时,监理单位应审查施工单位报送的复工申请及有关资料,同意后由总监理工程师签发《工程复工报审表》,指令施工单位继续施工。

(一)资料要求

(1)本表用于工程项目停工的复工报审,由施工单位填报,监理单位复核和批复复工时间。

(2)因各种原因工程暂停,施工单位准备恢复施工,需要填写本表。

(二)填表内容

1. 工程名称

指相应的建设项目或单位工程名称,应与施工图的工程名称一致。

2. 附件

“具备复工条件的说明或证明”是指证明已具备复工条件的相关资料。工程暂停原因是由施工单位的原因引起时,施工单位应报告整改情况和预防措施;工程暂停原因是由非施工单位的原因引起时,施工单位仅提供工程暂停原因消失证明。

3. 审查意见

指监理工程师对施工单位的复工条件进行检查,并逐项记录检查结果,总监理工程师应在施工合同约定的时间内完成对复工申请的审批,并注明同意或不同意复工的原因及对施工单位的要求。

表 7-15 所示为某教学楼工程的工程复工报审表。

工程复工报审表(表 C.3.2)　　　　表 7-15

<table>
<tr><td rowspan="3">工程名称</td><td rowspan="3">××市第一中学教学楼</td><td>施工编号</td><td>××××××</td></tr>
<tr><td>监理编号</td><td>××××××</td></tr>
<tr><td>日　期</td><td>2016 年 3 月 15 日</td></tr>
<tr><td colspan="4">致　××市建设工程监理公司　(监理单位)

根据　×　号《工程暂停令》,我方已按照要求完成了以下各项工作,具备了复工条件,特此申请,请核查并签发复工指令。

附:具备复工条件的说明或证明
1. 临时用电施工方案已上报,临时用电资料已补齐。
2. 脚手架施工方案已上报。
3. 农民工教育重新使用标准试卷考试。
4. 对木工、混凝土工有交底。
5. 电工××已做了相应教育。
6. 场内道路已做了硬化处理。
7. 对小型机械设备已验收并做了检修记录。

专业承包单位:　　　　项目经理/责任人:
施工总承包单位:××市第一建筑工程公司　　　　项目经理/责任人:×××</td></tr>
<tr><td colspan="4">审查意见:
经检查,该工程复工准备已经做好,具备复工条件,同意复工。

项　目　单　位:××市建设工程监理公司
专业监理工程师:×××
总 监 理 工 程 师:×××
日　　　　期:2016 年 3 月 15 日</td></tr>
</table>

注:本表由施工单位填报,一式四份,建设单位、监理单位、施工单位、城建档案馆各留存一份。

三 施工进度计划报审表

《施工进度计划报审表》是由施工单位根据已批准的施工总进度计划,按施工合同约定或监理工程师的要求而编制的施工进度计划,报送监理单位审查、确认和批准的资料。

(一) 施工进度计划报审程序

(1) 施工单位按施工合同要求的时间编制好施工进度计划,并填报《施工进度计划报审表》报监理单位。

(2)专业监理工程师对施工单位所报的《施工进度计划报审表》及有关资料进行审查,并向总监理工程师报告。

(3)总监理工程师按施工合同要求的时间,对施工单位所报的《施工进度计划报审表》予以确认或提出修改意见。应该注意,编制和实施施工进度计划是施工单位的责任,因此监理单位对施工进度的审查或批准,并不解除施工单位对施工进度计划的责任和义务。

(二)资料要求

(1)本表由施工单位填报,加盖公章、项目经理签字,经专业监理工程师审查,符合要求后报送总监理工程师,总监理工程师批准后签字有效,加盖监理单位章。

(2)施工单位提请施工进度计划报审,提供的附件应齐全真实,对任何不符合附件要求的资料,施工单位不得提请报审,监理单位不得签发报审表。

(3)当施工进度计划有调整时,调整计划是在原有计划已不适应实际情况、为确保进度控制目标的实现、需确定新的计划目标时对原有进度计划的调整。

(三)填表说明

1. 附件

附件指报审的工程施工进度计划,包括编制说明、形象进度、工程量、机械、劳动力计划等。

2. 专业监理工程师审查意见

指对施工进度计划,主要审核其与所批准总进度计划的开工、完工时间是否一致;主要工程内容是否有遗漏;各项施工计划之间是否协调;施工顺序的安排是否符合施工工艺要求;材料、设备、施工机械、劳动力、水电等生产要素供应计划能否保证进度计划的需要,供应是否均衡;对建设单位提供的施工条件的要求是否准确、合理等。

3. 总监理工程师审核意见

由总监理工程师简要说明同意或不同意的原因和理由,提出建议、修改、补充的意见。

表7-16所示为某教学楼工程的施工进度计划报审表。

施工进度计划报审表(表C.3.3)　　表7-16

工程名称	××市第一中学教学楼	施工编号	××××××
		监理编号	××××××
		日　　期	2016年5月1日

致 ××市建设工程监理公司 (监理单位)

我方已根据施工合同的有关约定完成了 ××市第一中学教学楼 工程总/年第 2 季度 5 月份工程施工进度计划的编制,请予以审查。

附件:施工进度计划及说明

1. 施工进度计划(说明、图表、工程量、资源配备) 4 份。
2. 其他资料 5 份。

施工总承包单位(章):××市第一建筑工程公司　　项目经理:×××

续上表

专业监理工程师审查意见: 经审查,施工进度计划编制有可行性和合理性,与工程实际情况相符,符合合同工期及总控计划要求,同意按此计划组织施工。 专业监理工程师:××× 日　　　　期:2016年5月1日
总监理工程师审核意见: 同意按此计划组织施工。 监 理 单 位:××市建设工程监理公司 总监理工程师:××× 日　　　　期:2016年5月2日

注:本表由施工单位填报,一式三份,建设单位、监理单位、施工单位各留存一份。

四 施工进度计划

《施工进度计划》是施工组织设计的中心内容,是建设工程按合同规定的期限交付使用的保证,施工中的其他工作必须围绕着并适应施工进度计划的要求安排。

《施工进度计划》的种类和施工组织设计相适应,分为总进度计划和单位工程施工进度计划。

施工总进度计划包括建设项目(企业、住宅区等)的施工进度计划和施工准备阶段的进度计划,按生产工艺和建设要求,确定投产建筑群的主要和辅助的建筑物与构筑物的施工顺序、相互衔接和开竣工时间,以及施工准备工程的顺序和工期。

单位工程施工进度计划是总进度计划有关项目施工进度的具体化,一般土建工程的施工组织设计还考虑了专业和安装工程的施工时间。

《施工进度计划》的编制方法有两种,一种是横道图法(又称甘特图法),另一种是网络图法。

横道图是一种带时标的表格形式计划,具有简明、形象、易懂的优点,其缺点是不能在进度计划中表示出各项工作之间的相互关系和完成计划的关键所在,对于特别复杂的项目,难以适应计划管理的需要。

网络图是按流水作业原理的网络计划方法进行的,可将整个施工进程联系起来,形成一个有机的整体,反映出各项工作(工程或工序)的工艺联系和组织联系,能为管理人员提供各种有用的管理信息。

《施工进度计划》由施工单位负责编制,经监理单位审核合格后实施,并应存档。

五 人、机、料动态表

施工单位应定期向监理单位上报工程施工所需的劳动力、机械设备、主要材料的使用情况,并填报《人、机、料动态表》,由监理单位进行核查。

主要施工设备(如塔吊、外用电梯等)进场并调试合格后,也应填写本表,其安检资料及计量设备检定资料,应于开始使用前的一个月内,作为本表的附件,由施工单位报审,监理单位留存备案。

《人、机、料动态表》的填写要求如下:

(1)“劳动力”栏应按施工现场实际工种情况填写并进行合计。

(2)“主要机械”栏应按施工现场实际使用的主要机械填写,核准其生产厂家、规格型号、数量。

(3)“主要材料”栏应填写工程使用的主要材料,并核准相应材料的库存量、进场量、消耗量。

表 7-17 所示为某教学楼工程的人、机、料动态表。

人、机、料动态表(表 C.3.4) 表 7-17

<table>
<tr><td rowspan="2">工程名称</td><td colspan="4" rowspan="2">××市第一中学教学楼</td><td colspan="2">编号</td><td colspan="3">××××××</td></tr>
<tr><td colspan="2">日期</td><td colspan="3">2016 年 4 月 25 日</td></tr>
<tr><td colspan="10">致 ××市建设工程监理公司 (监理单位)
根据 2016 年 4 月施工进度情况,我方现报上 2016 年 4 月人、机、料统计表。</td></tr>
<tr><td rowspan="3">劳动力</td><td>工种</td><td>混凝土工</td><td>瓦工</td><td>木工</td><td>钢筋工</td><td>电工</td><td>水暖工</td><td>其他</td><td>合计</td></tr>
<tr><td>人数</td><td>30</td><td>40</td><td>100</td><td>65</td><td>6</td><td>5</td><td>16</td><td>262</td></tr>
<tr><td>持证人数</td><td>30</td><td>40</td><td>100</td><td>65</td><td>6</td><td>5</td><td>16</td><td>262</td></tr>
<tr><td rowspan="5">主要机械</td><td colspan="2">机械名称</td><td colspan="3">生产厂家</td><td colspan="2">规格、型号</td><td colspan="2">数量</td></tr>
<tr><td colspan="2">空压机</td><td colspan="3">×××××××</td><td colspan="2">W-3/5</td><td colspan="2">1 台</td></tr>
<tr><td colspan="2">大电锤</td><td colspan="3">×××××××</td><td colspan="2">GBH5-38D</td><td colspan="2">5 台</td></tr>
<tr><td colspan="2">搅拌机</td><td colspan="3">×××××××</td><td colspan="2">GB3-425</td><td colspan="2">1 台</td></tr>
<tr><td colspan="2">…</td><td colspan="3">…</td><td colspan="2">…</td><td colspan="2">…</td></tr>
<tr><td rowspan="5">主要材料</td><td>名称</td><td>单位</td><td>上月库存量</td><td colspan="2">本月进场量</td><td colspan="2">本月消耗量</td><td colspan="2">本月库存量</td></tr>
<tr><td>砂</td><td>m^3</td><td>无</td><td colspan="2">40</td><td colspan="2">35</td><td colspan="2">5</td></tr>
<tr><td>碎石</td><td>m^3</td><td>无</td><td colspan="2">30</td><td colspan="2">28</td><td colspan="2">2</td></tr>
<tr><td>水泥</td><td>t</td><td>无</td><td colspan="2">10</td><td colspan="2">8</td><td colspan="2">2</td></tr>
<tr><td>…</td><td>…</td><td>…</td><td colspan="2">…</td><td colspan="2">…</td><td colspan="2">…</td></tr>
<tr><td colspan="10">附件:
塔吊安检资料、特殊工种岗位证书复印件。
施工总承包单位:××市第一建筑工程公司
项 目 经 理:×××</td></tr>
</table>

注:本表由施工单位填报,一式两份,监理单位、施工单位各留存一份。

六 工程延期申请表

工程延期报审是指发生了非施工单位原因、按施工合同约定由建设单位承担的延期责任事件后，施工单位提出工期索赔，向监理单位报送《工程延期申请表》。

监理单位收到施工单位报送的《工程延期申请表》后，总监理工程师应及时组织专业监理工程师进行审查，签发《工程延期审批表》，并报建设单位。

（一）工程延期报审程序

（1）施工单位在施工合同规定的期限内，向监理单位提交工程延期意向通知书。

（2）总监理工程师指定专业监理工程师收集与延期有关的资料。

（3）施工单位在承包合同规定的期限内向监理单位提交《工程延期申请表》。

（4）总监理工程师指定专业监理工程师初步审查《工程延期申请表》是否符合有关规定。

（5）总监理工程师应在施工合同规定的期限内签署工程延期的意见，或在施工合同规定期限内发出要求施工单位提交有关延期的进一步详细资料后，按上述程序进行。

（二）确认延期的基本条件

（1）工程变更指令导致的工程量增加。

（2）合同中涉及的任何可能造成工程延期的原因。

（3）异常恶劣的气候条件。

（4）由建设单位造成的任何延误、干扰或障碍等。

（5）施工单位自身外的其他原因。

（三）资料要求

（1）本表由施工单位填报，加盖公章，项目经理签字，经专业监理工程师初审符合要求后签字，由总监理工程师最终审核签字，加盖监理单位章。

（2）施工单位提请工程延期报审时，提供的附件包括工程延期的依据及工期计算、合同竣工日期、申请延长竣工日期的计算。证明材料应齐全真实，对任何不符合附件要求的资料，施工单位不得提请报审，监理单位不得签发报审表。

（四）填表说明

（1）“根据施工合同__条__款的约定”填写提出工期索赔所依据的施工合同条目。

（2）“由于_原因”填写导致工期拖延的事件。

（3）附件。

“工期延期的依据及工期计算”是指索赔所依据的施工合同条款、导致工程延期事件的事实、工程拖延的计算方式及过程。

（4）“合同竣工日期”是指建设单位与施工单位签订的施工合同中确定的竣工日期或已获最终批准的竣工日期。

（5）“申请延长竣工日期”是指“合同竣工日期”加上本次申请延长工期后的竣工日期。

（6）“证明材料”是指导致工程延期的原因、计算依据等有关证明文件。

表 7-18 所示为某教学楼工程的工程延期申请表。

工程延期申请表(表 C.3.5)　　表 7-18

<table>
<tr><td rowspan="2">工程名称</td><td rowspan="2">××市第一中学教学楼</td><td>编号</td><td>××××××</td></tr>
<tr><td>日期</td><td>2016 年 10 月 25 日</td></tr>
<tr><td colspan="4">致 ××市建设工程监理公司 (监理单位)

根据施工合同 × 条 ×× 款的约定,由于 设计变更 的原因,我方申请工程延期,请予以批准。

附件:
1. 工程延期的依据及工期计算:略。
合同竣工日期:2016 年 10 月 30 日
申请延长竣工日期:2016 年 11 月 10 日

2. 证明材料。

专业承包单位:________　　项目经理/负责人:________
施工总承包单位:××市第一建筑工程公司　　项目经理/负责人:×××</td></tr>
</table>

注:本表由施工单位填写,一式三份,建设单位、监理单位、施工单位各留存一份。

七 工程款支付申请表

工程款支付申请是施工单位根据施工合同中有关工程款支付约定的条款,向监理单位申请支付工程预付款、工程进度款的申请。

申请支付工程款金额应包括合同内工程款、工程变更增减费用、批准的索赔费用、扣除应扣预付款、保留金及施工合同中约定的其他费用。

(一)资料要求

(1)《工程款支付申请表》由施工单位填报。

(2)施工单位提请工程款支付申请时,提供的附件(工程量清单、计算方法)必须齐全、真实,对任何形式的不符合工程款支付申请的内容,施工单位不得提出申请。

(3)施工单位应认真填写表列子项,不得缺漏。《工程款支付申请表》必须有施工单位盖章,由项目经理签字。

(4)施工单位统计报送的工程量必须是经专业监理工程师质量验收合格的工程,才能按施工合同的约定填报工程量清单和工程款支付申请表。

(5)施工单位报送的工程量清单和工程款支付申请表,专业监理工程师必须按施工合同的约定进行现场计量复核,并报总监理工程师审定。

(6)总监理工程师指定专业监理工程师对工程款支付申请中包括合同内工作量、工程变更增减费用、经批准的费用索赔、应扣除的预付款、保留金及施工合同约定的其他支付费用等项逐项审核,并填写审查记录,提出审查意见报总监理工程师审核签认。

(二)填表说明

(1)"我方已完成了_工作"栏填写经专业监理工程师验收合格的工程(如定期支付进度款,填写本支付期内经专业监理工程师验收合格工程的工作量)。

(2)附件。

“工程量清单”是指本次付款申请中，经过专业监理工程师确认的、已完成的合格工程的工程量清单，及经专业监理工程师签认的工程计量报审表(包括监理单位确认的工程变更)。

“计算方法”是指本次付款申请中，经过专业监理工程师确认的、已完成的合格工程量按施工合同约定采用的有关定额的工程价款的计算方法。

表 7-19 所示为某教学楼工程的工程款支付申请表。

工程款支付申请表(表 C.3.6)　　表 7-19

<table>
<tr><td rowspan="2">工程名称</td><td rowspan="2">××市第一中学教学楼</td><td>编号</td><td>××××××</td></tr>
<tr><td>日期</td><td>2016 年 6 月 25 日</td></tr>
<tr><td colspan="4">致　××市建设工程监理公司　(监理单位)

我方已完成了　4 层框架结构模板、钢筋和混凝土工程　工作，按施工合同 × 条 × 款的规定，建设单位应于　2016 年 7 月 5 日前支付该项工程款共(大写)　叁佰柒拾伍万贰仟元整　(小写:3,752,000)，现报上　××市第一中学教学楼　工程付款申请表，请予以审查并开具工程款支付证书。

附件:
1. 工程量清单。
2. 计算方法。

施工总承包单位(章):××市第一建筑工程公司　　项目经理:×××</td></tr>
</table>

注:本表由施工单位填报，一式三份，建设单位、监理单位、施工单位各留存一份。

八 工程变更费用报审表

在工程施工过程中，有可能会发生工程变更的情况，因为工程变更而发生了费用的变化，施工单位应就所发生的费用变更填报《工程变更费用报审表》，上报监理单位，总监理工程师应组织专业监理工程师对本表费用的计算进行审查。

(一)处理工程变更费用的程序

(1)监理单位应了解工程变更的实际情况和收集有关的资料。

(2)总监理工程师应根据实际情况、设计变更文件和其他有关资料，按照施工合同的有关条款，在指定专业监理工程师完成下列工作后，对工程变更的费用做出评估。

①确定工程变更项目与原工程项目之间的类似程度和难易程度。

②确定工程变更项目的工程量。

③确定工程变更的单价和总价。

(3)总监理工程师应就工程变更费用的评估情况，与建设单位和施工单位进行协调。

(4)总监理工程师签发本表。

(二)填表说明

(1)“申报第_号工程变更单”填写工程变更单的编号。

(2)附件。

应包括工程变更的详细内容、变更的依据文件、工程变更对工程造价的影响程度、所涉及的费用是多少等。

(3)监理工程师审核意见

监理单位与有关方协商达成的一致意见,由专业监理工程师签字。

(4)总监理工程师审查意见

由监理单位的总监理工程师签署。

表7-20所示为某教学楼工程的工程变更费用报审表。

工程变更费用报审表(表C.3.7)　　　　表7-20

工程名称	××市第一中学教学楼	施工编号	××××××
		监理编号	××××××
		日　　期	2016年5月29日

致　××市建设工程监理公司　(监理单位)

兹申报第　××　号工程变更单,申请费用见附表,请予以审核。

附件:工程变更费用计算书

专业承包单位:　　　　　　项目经理/负责人:

施工总承包单位:××市第一建筑工程公司　　　　项目经理/负责人:×××

监理工程师审核意见:

同意。

监理工程师:×××

日　　期:2016年5月29日

总监理工程师审查意见:

同意。

监　理　单　位:××市建设工程监理公司

总监理工程师:×××

日　　期:2016年5月29日

注:本表由施工单位填写,一式三份,建设单位、监理单位、施工单位各留存一份。

九　费用索赔申请表

《费用索赔申请表》是施工单位向建设单位提出费用索赔的事项,报送监理单位审查、确认和批复的资料。

总监理工程师应在施工合同约定的期限内签发《费用索赔审批表》,或发出要求施工单位提交有关索赔的进一步详细资料的通知。

(一)提出索赔申请的程序

(1)施工单位在施工合同规定的期限内向监理单位提交《工程索赔意向通知书》。

(2)总监理工程师指定专业监理工程师收集与索赔有关的资料。

(3)施工单位在承包合同规定的期限内向监理单位提交《费用索赔申请表》。

(4)总监理工程师初步审查索赔申请,符合《建设工程监理规范》所规定的条件时予以受理。

(二)资料要求

(1)施工单位提请报审索赔提供的附件(索赔的详细理由及经过、索赔额的计算、证明材料)必须齐全真实,对任何形式的不符合索赔要求的内容,施工单位不得提出申请。

(2)监理单位必须认真审查施工单位报送的附件资料,填写复查意见。

(3)施工单位必须加盖公章,项目经理签字;监理单位必须加盖公章,总监理工程师、专业监理工程师分别签字。

(4)本表由施工单位填报,监理单位的总监理工程师签发。

(三)填表说明

(1)"根据施工合同__条__款的约定"填写提出索赔所依据的施工合同条目。

(2)"由于__的原因"填写导致索赔的事件。

(3)"索赔的详细理由及经过"指索赔事件造成施工单位直接损失、索赔事件是由于非施工单位的责任发生的详细理由及事件经过。

(4)"索赔金额的计算"指提出此项费用索赔的计算依据。

(5)"证明材料"指上述两项所需的各种凭证。

表7-21所示为某教学楼工程师的费用索赔申请表。

费用索赔申请表(表C.3.8)　　　　表7-21

<table>
<tr><td rowspan="2">工程名称</td><td rowspan="2">××市第一中学教学楼</td><td>编号</td><td>××××××</td></tr>
<tr><td>日期</td><td>2016年6月25日</td></tr>
<tr><td colspan="4">致 ××市建设工程监理公司 (监理单位)

根据施工合同 × 条 ×× 款的约定,由于 建设单位负责订货的制冷机组未按时到货 的原因,我方要求索赔金额(大写) 壹万贰仟 元,请予以批准。

附件:
1. 索赔的详细理由及经过。
2. 索赔金额的计算。
3. 证明材料。

专业承包单位:＿＿＿＿＿＿　　项目经理/负责人:＿＿＿＿
施工总承包单位:××市第一建筑工程公司　　项目经理/负责人: ×××</td></tr>
</table>

注:本表由施工单位填写,一式三份,建设单位、监理单位、施工单位各留存一份。

第四节　施工物资文件(C4)

一 出厂质量证明文件及检测报告

施工材料出厂质量证明文件指的是用于工程上的材料,在出厂时所具有的出厂合格证、检测报告等能证明其质量符合要求的文件,包括:法定检验机构的检验报告、企业承诺的产品质量合格证和说明书、产品的标识及合同等。对于进口材料,还需要报关单或商检证等。

需要出具出厂质量证明文件及检测报告的材料有:

砂、石、水泥、外加剂、轻集料、钢筋、砖、砌块、隔热保温材料、防水材料、防腐材料、防火材料、预应力锚具、预应力夹具、预应力连接器、钢结构材料、装饰装修材料等。

出厂质量证明文件及检测报告以原件的形式存档。

二 进场检验通用表格

施工所用材料、构配件、设备进场后需要做进场检验,并填写相应的进场检验表格,包括:《材料、构配件进场检验记录》(表 C.4.1)(表 7-22)、《设备开箱检验记录》(表 C.4.2)(表 7-23)、《设备及管道附件试验记录》(表 C.4.3)。

施工所用材料、构配件、设备的进场检验由施工单位负责,并上报监理单位或建设单位,经监理单位或建设单位验收合格后使用,检验表格存档。

材料、构配件进场检验记录(表 C.4.1)　　表 7-22

<table>
<tr><td colspan="2" rowspan="2">工程名称</td><td colspan="3" rowspan="2">××市第一中学教学楼</td><td>编　　号</td><td colspan="2">××××××</td></tr>
<tr><td>检验日期</td><td colspan="2">2016 年 3 月 5 日</td></tr>
<tr><td rowspan="2">序号</td><td rowspan="2">名称</td><td rowspan="2">规格型号</td><td rowspan="2">数量</td><td>生产厂家</td><td>外观检验项目</td><td>试件编号</td><td rowspan="2">备注</td></tr>
<tr><td>质量证明书编号</td><td>检验结果</td><td>复检结果</td></tr>
<tr><td rowspan="2">1</td><td rowspan="2">水泥</td><td rowspan="2">PS32.5</td><td rowspan="2">15t</td><td>×××××××</td><td>包　　装</td><td>××××</td><td rowspan="2"></td></tr>
<tr><td>×××××</td><td>满足要求</td><td>满足要求</td></tr>
<tr><td rowspan="2">2</td><td rowspan="2">钢筋</td><td rowspan="2">ϕ20</td><td rowspan="2">15t</td><td>×××××××</td><td>标　　牌</td><td>××××</td><td rowspan="2"></td></tr>
<tr><td>×××××</td><td>满足要求</td><td>满足要求</td></tr>
<tr><td rowspan="2">3</td><td rowspan="2">…</td><td rowspan="2">…</td><td rowspan="2">…</td><td>…</td><td>…</td><td>…</td><td rowspan="2"></td></tr>
<tr><td>…</td><td>…</td><td>…</td></tr>
<tr><td colspan="8">检查意见(施工单位):经检查满足要求。

附件:共 <u>12</u> 页</td></tr>
<tr><td colspan="8">验收意见(监理/建设单位)

□同意　□重新检验　□退场　　验收日期:<u>2016 年 3 月 5 日</u></td></tr>
<tr><td colspan="2" rowspan="3">签字栏</td><td rowspan="2">施工单位</td><td colspan="2" rowspan="2">××市第一建筑工程公司</td><td>专业质检员</td><td>专业工长</td><td>检验员</td></tr>
<tr><td>××</td><td>××</td><td>××</td></tr>
<tr><td>监理或建设单位</td><td colspan="3">××市建设工程监理公司</td><td>专业工程师</td><td>××</td></tr>
</table>

注:本表由施工单位填写,一式两份,监理单位、施工单位各留存一份。

设备开箱检验记录(表 C.4.2)　　表 7-23

<table>
<tr><td rowspan="2">工程名称</td><td rowspan="2" colspan="3">××市第一中学教学楼</td><td>编　号</td><td>×××××</td></tr>
<tr><td>检验日期</td><td>2016 年 5 月 5 日</td></tr>
<tr><td>设备名称</td><td colspan="3">排烟风机</td><td>规格型号</td><td>CYF-41</td></tr>
<tr><td>生产厂家</td><td colspan="3">×××××××××</td><td>产品合格证编号</td><td>×××××</td></tr>
<tr><td>总数量</td><td colspan="3">2 台</td><td>检验数量</td><td>2 台</td></tr>
<tr><td colspan="6">进场检验记录</td></tr>
<tr><td>包装情况</td><td colspan="5">包装完整良好,无损坏,标识明确</td></tr>
<tr><td>随机文件</td><td colspan="5">出厂合格证 2 份,说明书 2 份,生产厂家资质证明</td></tr>
<tr><td>备件与附件</td><td colspan="5">箱体连接用胶条、螺栓、螺母齐全</td></tr>
<tr><td>外观情况</td><td colspan="5">外观良好,无损坏锈蚀现象</td></tr>
<tr><td>测试情况</td><td colspan="5">状况良好</td></tr>
<tr><td colspan="6">缺、损附备件明细</td></tr>
<tr><td>序号</td><td>附备件名称</td><td>规格</td><td>单位</td><td>数量</td><td>备注</td></tr>
<tr><td></td><td></td><td></td><td></td><td></td><td></td></tr>
<tr><td></td><td></td><td></td><td></td><td></td><td></td></tr>
<tr><td colspan="6">检查意见(施工单位):经检查满足要求。

附件:共 12 页</td></tr>
<tr><td colspan="6">验收意见(监理/建设单位)

□同意　□重新检验　□退场　　验收日期:2016 年 5 月 5 日</td></tr>
<tr><td rowspan="3">签字栏</td><td>供应单位</td><td colspan="2">×××××××××</td><td>责任人</td><td>×××</td></tr>
<tr><td>施工单位</td><td colspan="2">××市第一建筑工程公司</td><td>专业工长</td><td>×××</td></tr>
<tr><td>监理或建设单位</td><td colspan="2">××市建设工程监理公司</td><td>专业工程师</td><td>×××</td></tr>
</table>

注:本表由施工单位填写,一式两份,监理单位、施工单位各留存一份。

三 进场复试报告

《进场复试报告》是为保证建筑工程质量,对用于工程的无特定表式的材料,进行有关指标测试,由具有资质的试验单位出具的质量证明文件。

对于用在工程上的材料,有的只需要有出厂质量证明文件,不需要做进场复试,有的既要有出厂质量证明文件,还应做进场材料复试。

材料的进场复试由施工单位负责,委托具有资质的试验检测单位进行。

进场材料经复试合格后,由试验检测单位出具《进场复试报告》,并上报监理单位,经监理单位审查合格后使用。

《进场复试报告》以原件的形式存档。

(一)《进场复试报告》的种类

钢材试验报告;水泥试验报告;砂试验报告;碎(卵)石试验报告;外加剂试验报告;防水涂

料试验报告;防水卷材试验报告;砖(砌块)试验报告;预应力筋复试报告;预应力锚具、夹具和连接器复试报告;装饰装修用门窗复试报告;装饰装修用人造木板复试报告;装饰装修用花岗石复试报告;装饰装修用安全玻璃复试报告;装饰装修用外墙面砖复试报告;钢结构用钢材复试报告;钢结构用防火涂料复试报告;钢结构用焊接材料复试报告;钢结构用高强度大六角头螺栓连接副复试报告;钢结构用扭剪型高强螺栓连接副复试报告;幕墙用铝塑板、石材、玻璃、结构胶复试报告等。

(二)《进场复试报告》的要求

(1)无特定表式的材料必须有出厂合格证和在施工现场取样的试验报告,试验子项目填写齐全,不得漏填或错填,复试单试验编号必须填写。

(2)试验结论要明确,责任人签字要齐全,不得漏签或代签。

(3)委托单上的工程名称、部位、品种、强度等级等与试验报告上应对应一致。

(4)必须填写报告日期,以检查是否为先试验后施工,"先用后试"为不符合要求。

(5)试验的代表批量和使用数量的代表批量应一致。

(6)必须实行见证取样时,试验室应在见证取样人名单上加盖公章和经手人签字。

(7)使用材料与规范及设计要求不符为不符合要求。

(8)试验结论与使用品种、强度等级不符为不符合要求。

第五节　施工记录文件(C5)

一　隐蔽工程验收记录

隐蔽工程是指在施工过程中,上一道工序完成后移交下一道工序进行施工,并即将被下一道工序所掩盖,掩盖后,很难检查其材料是否符合规定、施工是否规范、质量是否满足要求,只有经过破坏才能再次进行复查,这样的工程部位就是隐蔽工程。凡未经隐蔽工程验收或验收不合格的工程,不得进行下道工序的施工。

《隐蔽工程验收记录》是对隐蔽工程部位进行检查验收的记录。

《隐蔽工程验收记录》是通用表格,适用于各隐蔽工程项目,所有隐蔽工程项目,均应在隐蔽前进行检查验收并填写此表。

(一)隐蔽检查验收的要求

(1)隐蔽工程验收由施工单位项目部的技术负责人提出,由质检员提前向监理单位报请。验收时,由专业技术负责人组织专业工长、质检员共同参加。验收后,各参验人员在检查验收记录上签字盖章,并由监理单位专业监理工程师(或建设单位项目专业技术负责人)签署验收意见及验收结论。

(2)隐蔽工程检查验收需按相应专业规范、规定执行,隐蔽内容应符合设计图纸及规范要求。

(3)隐蔽工程验收时,施工单位必须附有关分项工程质量验收及测试资料,包括原材料试

(化)验单、质量验收记录、出厂合格证等,以备查验。

(4)隐蔽工程检查验收后,有需要进行处理的,处理后必须进行复查,并办理复查手续,填写复查日期,并做出复查结论。

(二)填表要求

(1)隐蔽工程验收记录应分专业、分楼层、分施工段、分部位按施工程序进行填写,宜按分项工程检验批填写。

(2)"隐检部位"填写隐蔽项目的检查部位或检验批所在部位。

(3)"隐检日期"填写验收日期。

(4)"主要材料名称及规格/型号"填写本隐蔽工程所需主要材料的情况。

(5)"隐检内容"应将隐检验收项目的具体内容描述清楚,内容不应遗漏,记录要齐全。包括位置、标高、材质、品种、规格、数量、焊接接头、防腐、管盒固定、管口处理等,必要时要附图说明。

(6)"检查结论"、"复查结论"由监理单位填写,验收意见要明确并下结论。针对第一次验收未通过的要注明质量问题,并提出复查要求。

(7)《隐蔽工程验收记录》上签字、盖章要齐全,参加验收人员要本人签字。

(三)主要隐检项目及内容

1. 回填土方

凡对有承重部位的柱基、基坑、基槽或其他沟、池土方回填以及地面土方回填均应做回填土方隐蔽记录。隐蔽的内容如下:

(1)回填土方的土质名称、鉴别方法、取土地址、填方的基底状态、基底处理情况和被埋置部位隐蔽验收情况。

(2)回填分层厚度与总厚度、夯压方法、取土样的方法、土样分布状态、数量、干土质量密度可在试验报告中得出,其结论应记入隐蔽工程验收记录中。

(3)土壤干土质量密度试验报告所需样品应及时送样,及时试验,代表性要完整,试验报告结果应附于隐蔽工程验收记录中。

2. 支护工程

对于采用锚杆支护、土钉支护的工程,隐蔽的内容应有:

(1)锚杆、土钉的品种、规格、数量、位置、插入长度。

(2)埋入锚杆、土钉时,其钻孔直径、深度和角度等。

3. 桩基工程

采用桩基础的工程,应检查钢筋笼规格、尺寸、沉渣厚度、清孔情况,填入隐蔽工程验收记录。

4. 地下防水工程

地下防水工程的隐蔽内容有:

(1)混凝土施工缝、后浇带、穿墙套管、埋设件等设置的形式和构造。

(2)人防出口止水做法。

(3)防水层基层、防水材料规格、厚度、铺设方式、阴阳角处理、搭接密封处理等。

5. 砌体中的配筋

按分项工程检验批进行编制(多层、高层建筑分层),隐蔽内容如下:

(1)写明施工图号、隐蔽部位、设计变更情况、设计抗震烈度。

(2)钢筋配置的部位、数量、规格、起止长度、弯钩情况及特殊部位(如十字墙、厚体墙、混凝土柱、防火墙、孔洞等处)的处理方法。

(3)加氯盐砌体处钢筋防腐处理、加工情况(如平直规整程度、有无焊接);个别部位稳固、搭接情况。

表 7-24 所示为某教学楼工程砖砌体中的拉结筋项目的隐蔽工程验收记录。

隐蔽工程验收记录(通用)(表 C.5.1)　　表 7-24

<table>
<tr><td colspan="2">工程名称</td><td>××市第一中学教学楼</td><td>编　号</td><td colspan="2">××××</td></tr>
<tr><td colspan="2">隐检项目</td><td>砖砌体中的拉结筋</td><td>隐检日期</td><td colspan="2">2016 年 5 月 13 日</td></tr>
<tr><td colspan="2">隐检部位</td><td colspan="4">一 层 A ~ B/① ~ ⑩ 轴线 +0.000 ~ +3.20m 标高</td></tr>
<tr><td colspan="6">隐检依据:施工图号结施 -03 ,设计变更/洽商/技术核定单(编号 /)及有关国家现行标准等。
主要材料名称及规格/型号:钢筋 φ6</td></tr>
<tr><td colspan="6">隐检内容:
1. 钢筋品种为 HPB235,规格为 φ6。
2. 钢筋设置在构造柱与墙体的连接处、转角处、纵横墙交接处、施工洞口处及接槎处。
3. 240mm 厚墙设置 2 根,370mm 厚墙设置 3 根。
4. 沿墙高每 500mm 设置一道。
5. 钢筋每边伸出墙外 1000mm。
6. 钢筋末端做 180°弯钩。</td></tr>
<tr><td colspan="6">检查结论:

□同意隐蔽　□不同意隐蔽,修改后复查</td></tr>
<tr><td colspan="6">复查结论:

复查人:________　复查日期:________</td></tr>
<tr><td rowspan="3">签字栏</td><td rowspan="2">施工单位</td><td rowspan="2">××市第一建筑工程公司</td><td>专业技术负责人</td><td>专业质检员</td><td>专业工长</td></tr>
<tr><td>×××</td><td>×××</td><td>×××</td></tr>
<tr><td>监理或建设单位</td><td colspan="2">××市建设工程监理公司</td><td>专业工程师</td><td>×××</td></tr>
</table>

注:本表由施工单位填写,一式四份,建设单位、监理单位、施工单位、城建档案馆各留存一份。

6. 沉降缝、伸缩缝、抗震缝

其隐蔽内容如下:

(1)设计图号(标准图写明图集号)、缝隙尺寸、室内外屋顶或地下构造的填塞缝隙材料及其处理情况,外表封闭方法及质量状态。

(2)缝隙留置和砌筑方法(夹板、抽芯),缝中残留杂物清理结果。

(3)电气配线管、给水、采暖、燃气、通风等各种管道通过各式变形缝时补偿处理情况。

7. 主体结构的钢筋工程

(1)钢筋工程的隐蔽,是对覆盖前的分项工程检验批部位的隐蔽检查验收。多个梁、板或整体梁板一次浇筑覆盖,在无大的设计变更时,可按分项工程检验批为单位做隐蔽记录。需做隐蔽记录的单一、成批的构件,如梁、板、柱、架、基墩等可编制单一的隐蔽记录。

(2)钢筋隐蔽的检查内容应包括:

①钢筋配置是否符合设计要求(品种、规格、数量、位置及预埋件)。

②设计变更、材料代用情况。

③施工质量如绑扎方法、焊接方法、除锈状态、搭接长度、垫块厚度、焊接或搭接位置与方式等。

④材质情况如焊件试验报告、钢筋出厂合格证件、进场试验报告等。

⑤对重要结构部位的钢筋隐蔽,必要时可拍照或录像作为隐蔽附件存档。

(3)对于小型钢筋混凝土构件(门窗过梁、室内地沟盖板、挑檐板、阳台栏板、梁垫、小型墩、池等),可不编写钢筋隐蔽工程验收记录。

表7-25所示为某教学楼工程框架柱中钢筋项目的隐蔽工程验收记录(通用)。

隐蔽工程验收记录(通用)(表C.5.1) 表7-25

工程名称	××市第一中学教学楼		编　　号	××××	
隐检项目	框架柱中的钢筋		隐检日期	2016年4月3日	
隐检部位	一　层　/　轴线　+3.60m　标高				
隐检依据:施工图号　结施-05　,设计变更/洽商/技术核定单(编号　/　)及有关国家现行标准等。 主要材料名称及规格/型号:ϕ12 钢筋 HRB335钢筋,直径30mm、25mm					
隐检内容: 1. 钢筋表面清洁无锈,无污染物。 2. 按图施工,钢筋品种、规格、型号满足设计要求。 3. 柱规格为:800mm×800mm,角筋为4根直径30mm的HRB335钢筋,其余主筋为16根直径25mm的HRB335钢筋,箍筋为ϕ12,六肢箍。箍筋弯钩135°,平直段长度为120mm。箍筋加密区长度为800mm,加密区箍筋间距为100mm,非加密区箍筋间距为150mm,角柱全程加密,梁、柱核心区内钢筋加密,间距为100mm。 4. 柱钢筋连接采用直螺纹接头,上下钢筋偏移不得超过0.1d,接头轴线不得倾斜4°以上,接头距地面高度不大于500mm。 5. 柱箍筋距结构面50mm高起步。 6. 柱保护层为30mm,使用塑料垫块,600mm×600mm梅花形布置。 7. 钢筋绑扎牢固,无脱螺纹及松动现象,柱顶设定位框。					
检查结论: □同意隐蔽　　□不同意隐蔽,修改后复查					
复查结论: 复查人:＿＿＿＿　　复查日期:＿＿＿＿					
签字栏	施工单位	××市第一建筑工程公司	专业技术负责人	专业质检员	专业工长
			×××	×××	×××
	监理或建设单位	××市建设工程监理公司		专业工程师	×××

注:本表由施工单位填写,一式四份,建设单位、监理单位、施工单位、城建档案馆各留存一份。

8. 钢结构工程

钢结构工程中箱式结构等要对其防腐或防火涂装工程作隐蔽检查验收,具体检查内容

包括:

(1)防火涂料或防腐涂料的品种、涂刷的遍数。

(2)连接螺栓的规格、位置、埋设方法、紧固等。

(3)所用材料的出厂合格证及进场复试报告。

9. 装饰装修工程

装饰装修工程中涉及隐蔽验收的,应按下列要求检查验收:

1)地面工程

隐蔽内容包括地面垫层、基层、找平层、隔离层、防水层、填充层、地龙骨等所用的材料品种、规格及施工方法;垫层及隔热材料、填充层的铺设厚度和密实度;地面铺设方式、坡度、标高、表面情况、密封处理、黏结情况等;防水层与墙体、地漏、管道根部等连接做法。

2)抹灰工程

抹灰总厚度大于或等于35mm时的加强措施(分层厚度);不同材料基体交接处的加强措施;当采用加强网时,加强网与基体的搭接宽度;加强构造的材料规格、铺设、固定、搭接等。

表7-26所示为某教学楼工程抹灰项目的隐蔽工程验收记录(通用)。

隐蔽工程验收记录(通用)(表C.5.1)　　表7-26

<table>
<tr><td>工程名称</td><td colspan="3">××市第一中学教学楼</td><td>编　号</td><td colspan="2">××××</td></tr>
<tr><td>隐检项目</td><td colspan="3">抹灰</td><td>隐检日期</td><td colspan="2">2016年6月23日</td></tr>
<tr><td>隐检部位</td><td colspan="6">六 层 外墙 轴线 +21.60m 标高</td></tr>
<tr><td colspan="7">隐检依据:施工图号结施-03,设计变更/洽商/技术核定单(编号 /)及有关国家现行标准等。
主要材料名称及规格/型号:水泥砂浆,M5
钢丝网片,网眼尺寸20mm</td></tr>
<tr><td colspan="7">隐检内容:
1. 外墙抹灰采用M5水泥砂浆,并加配钢丝网片,网眼尺寸为20mm。
2. 钢丝网片采用射钉与墙体连接牢固。
3. 墙体抹灰层厚度为50mm,施工时设标志块,能保证墙体垂直度满足要求。
4. 抹灰基层涂刷了界面剂,以防止抹灰层空鼓。</td></tr>
<tr><td colspan="7">检查结论:
□同意隐蔽　　□不同意隐蔽,修改后复查</td></tr>
<tr><td colspan="7">复查结论:
复查人:＿＿＿＿　　复查日期:＿＿＿＿</td></tr>
<tr><td rowspan="3">签字栏</td><td rowspan="2">施工单位</td><td rowspan="2">××市第一建筑工程公司</td><td>专业技术负责人</td><td>专业质检员</td><td colspan="2">专业工长</td></tr>
<tr><td>×××</td><td>××</td><td colspan="2">××</td></tr>
<tr><td>监理或建设单位</td><td colspan="2">××市建设工程监理公司</td><td>专业工程师</td><td colspan="2">×××</td></tr>
</table>

注:本表由施工单位填写,一式四份,建设单位、监理单位、施工单位、城建档案馆各留存一份。

3)门窗工程

门窗预埋件、锚固件、螺栓的规格、数量、位置、间距、埋设方式、与框的连接方式;门窗框与主体连接部位的防腐、嵌填处理;密封材料的黏结等;塑料门窗内衬增强型材的壁厚及设置是否符合国家现行产品标准的要求。

表 7-27 为某教学楼工程塑钢窗安装项目的隐蔽工程验收记录(通用)。

隐蔽工程验收记录(通用)(表 C.5.1) 表 7-27

工程名称	××市第一中学教学楼			编　　号	××××	
隐检项目	塑钢窗安装			隐检日期	2016 年 6 月 3 日	
隐检部位	二 层 ／ 轴线 +7.20m 标高					
隐检依据:施工图号建施－05,设计变更/洽商/技术核定单(编号 ／)及有关国家现行标准等。 主要材料名称及规格/型号:塑钢窗,1800mm×1500mm 膨胀螺栓,ϕ8						
隐检内容: 1. 窗为塑钢窗,尺寸为 1800mm×1500mm。 2. 窗已准确定位,已弹出窗口水平线及垂直线的控制线。 3. 窗框已使用膨胀螺栓与墙体固定,每边固定两处,每处 2 个 ϕ8 膨胀螺栓,膨胀螺栓已做防腐处理。						
检查结论: □同意隐蔽　□不同意隐蔽,修改后复查						
复查结论: 复查人:　　　　复查日期:						
签字栏	施工单位	××市第一建筑工程公司	专业技术负责人	专业质检员	专业工长	
			×××	××	××	
	监理或建设单位	××市建设工程监理公司		专业工程师	×××	

注:本表由施工单位填写,一式四份,建设单位、监理单位、施工单位、城建档案馆各留存一份。

4)吊顶工程

吊顶内的吊杆、龙骨、吊件的材质、规格、安装间距及连接方式、固定方法;金属吊杆、龙骨的表面防腐处理;木龙骨防火、防腐处理;填充材料和吸声材料的品种、规格、铺设的厚度、固定方法等;吊杆、龙骨的安装质量、牢固程度是否符合规范要求。

表 7-28 为某教学楼工程吊顶(会议室)项目的隐蔽工程验收记录(通用)。

隐蔽工程验收记录(通用)(表 C.5.1) 表 7-28

工程名称	××市第一中学教学楼	编　　号	××××
隐检项目	吊顶(会议室)	隐检日期	2016 年 10 月 3 日
隐检部位	二 层/ 轴线 +7.20m 标高		
隐检依据:施工图号 结施－09 ,设计变更/洽商/技术核定单(编号 ／)及有关国家现行标准等。 主要材料名称及规格/型号:ϕ8 钢筋 ϕ8 膨胀螺栓 T 形轻钢龙骨,TB24×28			
隐检内容: 1. 吊杆采用 ϕ8 钢筋,双向设置,间距 1000mm,上部与板底使用 ϕ8 膨胀螺栓固定,长度 800mm。 2. 龙骨采用 T 形轻钢龙骨,型号为 TB24×28,中距 600mm。 3. 吊顶内各种电线管已安装完毕,喷淋头、烟感器已安装完毕。 4. 吊顶内水暖管线已打压试水,未发生渗漏。			

续上表

检查结论: □同意隐蔽　　□不同意隐蔽,修改后复查					
复查结论: 复查人:__________　　复查日期:__________					
签字栏	施工单位	××市第一建筑工程公司	专业技术负责人	专业质检员	专业工长
			×××	××	××
	监理或建设单位	××市建设工程监理公司		专业工程师	×××

注:本表由施工单位填写,一式四份,建设单位、监理单位、施工单位、城建档案馆各留存一份。

5)轻质隔墙工程

轻质隔墙的骨架、预埋件、连接件、拉结筋的材质、规格、位置、安装间距、数量、连接方法是否符合要求;木龙骨及木面板的防火、防腐处理;填充材料的位置、材料是否干燥,填充是否密实、均匀,是否下坠;门窗洞口等部位加强龙骨的位置是否正确、牢固;边框龙骨与周边墙体及顶棚连接是否牢固,安装是否规范。

6)饰面板(砖)工程

饰面板(砖)安装的预埋件(或后置埋件)、连接件的数量、规格、位置、连接方法和防腐处理;后置埋件的现场抗拉拔强度是否符合设计要求;厨房、厕所、墙裙等部位的防水层处理情况;防水层、找平层的构造做法。

7)幕墙工程

幕墙工程的各种预埋件、连接件、紧固件的数量、规格、位置、连接方法和防腐处理;幕墙的构件之间以及构件与主体结构的连接节点的安装和防腐处理;其安装质量是否牢固,连接是否符合设计及规范的要求;当无预埋件而采用其他方式可靠连接时,是否通过试验确定其承载力,有无试验报告;幕墙的防火、保温、防潮材料的设置及质量;幕墙的防雷装置是否与主体结构防雷装置可靠连接;幕墙四周、幕墙与主体结构之间间隙节点的处理、封口的安装;幕墙伸缩缝、沉降缝、防震缝及墙面转角节点和安装;幕墙防雷接地节点的安装等。

8)细部工程

细部工程中橱柜、护栏和扶手等的预埋件(或后置埋件)和连接件的数量、规格、位置、连接方式、防腐处理以及护栏与埋件的连接节点是否符合设计要求。

10. 屋面工程

屋面工程的隐蔽内容包括:

(1)基层、找平层、保温层、防水层、隔离层的材料品种、规格、厚度、铺设方式、搭接宽度、接缝处理、黏结情况。

(2)附加层、天沟、檐沟、泛水和变形缝细部做法、隔离层设置、密封处理部位等。

11. 防水工程

(1)屋面、地下室、室内地面处的防水工程均应做防水工程隐蔽检查记录,隐蔽内容应包括:

①记明隐蔽部位各层间(包括保温层等)质量情况(坡度、厚度、渗漏、积水)。

②记载施工前(防水)测定的各层材料含水率数值。

③对重大部位或重要节点处设计变更情况应加以说明(文字难以说明的可用图示说明)。伸缩缝处理、穿越防水层埋件等节点处理状况、验收情况。

(2)对保温、隔热层与节点处的防火、防虫、防腐蚀措施,应作出质量认定。

表7-29为某教学楼工程防水层项目的隐蔽工程验收记录(通用)。

隐蔽工程验收记录(通用)(表C.5.1)　　表7-29

<table>
<tr><td colspan="2">工程名称</td><td>××市第一中学教学楼</td><td>编　号</td><td colspan="2">××××</td></tr>
<tr><td colspan="2">隐检项目</td><td>防水层</td><td>隐检日期</td><td colspan="2">2016年7月13日</td></tr>
<tr><td colspan="2">隐检部位</td><td colspan="4">屋面 层 ／ 轴线 +36.00m 标高</td></tr>
<tr><td colspan="6">隐检依据:施工图号建施-09,设计变更/洽商/技术核定单(编号 ／)及有关国家现行标准等。
主要材料名称及规格/型号:SBS改性沥青防水卷材</td></tr>
<tr><td colspan="6">隐检内容:
1.屋面防水层采用SBS改性沥青卷材,设置两道。
2.防水层在与女儿墙连接处、屋面转角处、伸出屋面管道处根部,先做附加层,附加层宽度为500mm,上翻高度为250mm。
3.屋面防水层顺长度方向铺贴,长边搭接宽度为100mm,短边搭接宽度为150mm。
4.卷材施工时采用热熔法铺贴,满粘施工。
5.卷材的接缝处采用密封膏密封。
6.防水卷材在立面处做收头处理:将卷材压入檐口槽内,压紧压实。</td></tr>
<tr><td colspan="6">检查结论:
☐同意隐蔽　☐不同意隐蔽,修改后复查</td></tr>
<tr><td colspan="6">复查结论:
复查人:　　　　复查日期:</td></tr>
<tr><td rowspan="3">签字栏</td><td rowspan="2">施工单位</td><td rowspan="2">××市第一建筑工程公司</td><td>专业技术负责人</td><td>专业质检员</td><td>专业工长</td></tr>
<tr><td>×××</td><td>××</td><td>××</td></tr>
<tr><td>监理或建设单位</td><td colspan="2">××市建设工程监理公司</td><td>专业工程师</td><td>×××</td></tr>
</table>

注:本表由施工单位填写,一式四份,建设单位、监理单位、施工单位、城建档案馆各留存一份。

12.外墙保温、防水工程

1)外墙保温

保温材料的品种、规格、重度、导热系数、厚度;构造节点的连接方法。

2)外墙防水

外墙面防水变形缝、施工缝的形式和构造;防水层的基层处理;防水材料规格、厚度、施工方法、细部构造处理;保护层的材料、构造等。

二 施工检查记录

施工单位应根据现行规范要求对重要工序进行施工自检,并填写《施工检查记录》。

(一)需要进行施工检查的重要工序

1. 支护与桩基工程

1)基坑开挖变形监测

在基坑开挖和支护结构使用期间,应以设计指标及要求依据进行过程监测,如设计无要求,应按规范规定对支护结构进行监测,并做变形监测记录。

2)桩基施工

桩基施工应按规定做施工记录,检查内容包括孔位、孔径、孔深、桩体垂直度、桩顶标高、桩位偏差、桩顶完整性和接桩质量等。

桩基施工记录应由具有相应资质的专业施工单位负责提供。

2. 钢结构工程

1)构件吊装

钢结构吊装应有《构件吊装记录》,吊装记录的内容应包括构件名称、安装位置、搁置与搭接长度、接头处理、固定方法、标高等。

2)烘焙

焊接材料在使用前,应按规定进行烘焙,并有烘焙记录。

3)钢结构安装施工

钢结构主要受力构件的安装应检查垂直度、侧向弯曲等安装偏差,并做施工记录。

钢结构的主体结构在形成空间刚单元并连接固定后,应检查整体垂直度和整体平面弯曲的安装偏差,并做施工记录。

钢网结构总拼完成后及屋面工程完成后,应检查挠度值和其他安装偏差,并做施工记录。

钢结构安装施工记录应由具有相应资质的专用施工单位提供。

3. 幕墙工程

1)幕墙注胶检查记录

幕墙注胶应做施工检查记录,检查内容包括宽度、厚度、连续性、均匀性、密实度和饱满度等。

2)幕墙淋水检查记录

幕墙工程施工结束后,应在易渗漏部位进行淋水检查,并做淋水检查记录,填写《防水工程试水检查记录》。

幕墙工程施工记录应由具有相应资质的专业施工单位提供。

(二)资料要求

按照规范要求,规定了表格样式的,按相应的表格样式填写,如果没有相应施工记录表格的,应填写《施工检查记录(通用)》。

表 7-30 为某教学楼工程的施工检查记录(通用)。

施工检查记录(通用)(表 C.5.2)　　表 7-30

<table>
<tr><td rowspan="2">工程名称</td><td rowspan="2" colspan="2">××市第一中学教学楼</td><td colspan="2">编　号</td><td>××××</td></tr>
<tr><td colspan="2">检查日期</td><td>2016 年 3 月 13 日</td></tr>
<tr><td>检查部位</td><td colspan="2">①~⑩轴</td><td colspan="2">检查项目</td><td>土方开挖</td></tr>
<tr><td colspan="6">检查依据:
设计图纸、施工验收规范、施工组织设计等。</td></tr>
<tr><td colspan="6">检查内容:
1. 开挖前检查定位放线、排水系统,合理安排土方运输车的行走路线及弃土场。
2. 施工过程中检查平面位置、水平标高、边坡坡度、压实度、排水、降低地下水位系统,并随时观察周围的环境变化。</td></tr>
<tr><td colspan="6">检查结论:
满足设计文件及施工质量验收规范的要求。</td></tr>
<tr><td colspan="6">复查结论:
复查人:__________　　复查日期:__________</td></tr>
<tr><td rowspan="2">签字栏</td><td rowspan="2">施工单位</td><td rowspan="2">××市第一建筑工程公司</td><td>专业技术负责人</td><td>专业质检员</td><td>专业工长</td></tr>
<tr><td>×××</td><td>××</td><td>××</td></tr>
</table>

注:本表由施工单位填写,一式一份,施工单位留存一份。

三 交接检查记录

不同施工单位之间的工序衔接,应进行交接检查。例如:定位放线结束,测量单位与桩基专业承包单位之间做交接检查;桩基施工结束,桩基专业承包单位与施工总承包单位之间做交接检查。又如:土建工程的基础做好之后要安装设备,管道安装完毕需要油漆保温等,也需要做工序的交接检查。

移交单位、接收单位和见证单位共同对移交工程进行交接检查验收,形成《交接检查记录》,由三方签字确认,并存档。

如果工序交接发生在总包单位与分包单位或各分包单位之间,可以由监理单位做见证单位。如果工序交接发生在外部单位与施工单位之间,则由监理单位或建设单位做见证单位。

见证单位应根据实际检查情况,并汇总移交和接收单位意见形成见证单位意见。

表 7-31 为某教学楼工程的交接检查记录(通用)。

交接检查记录(通用)(表 C.5.3)　　表 7-31

工程名称	××市第一中学教学楼	编　　号	××××
		检查日期	2016 年 7 月 13 日
移交单位	××防水公司	见证单位	××市建设工程监理公司
交接部位	1～6 层卫生间	接收单位	××市第一建筑工程公司
交接内容: 检查卫生间防水施工情况。			
检查结论: 满足设计文件及施工质量验收规范的要求。			
复查结论(由接收单位填写): 同意移交,可进行下一步施工。 复查人:＿＿＿＿　　复查日期:2016 年 7 月 13 日			
见证单位意见: 移交单位及接收单位检查结果情况属实,该项工程正常移交。			
签字栏	移交单位	接收单位	见证单位
	×××	×××	×××

注:本表由交接双方共同填写,一式三份,移交单位、接收单位、见证单位各留存一份。

四 工程定位测量记录

工程定位测量放线是指单位工程开工前,施工单位根据建设单位提供的测绘部门的放线成果、红线桩及场地控制网(或建筑物控制网)、设计总平面图及水准点,对工程进行的准确测量定位。

《工程定位测量记录》是指根据当地行政主管部门给定总图范围内的工程建筑物、构筑物的位置、标高进行测量,以确保建筑物的位置、标高的正确。

(一)工程定位测量的要求

(1)测绘部门根据建设工程规划许可证(附件)批准的建筑工程位置及标高依据,测定出建筑的红线桩。

(2)施工测量单位应依据测绘部门提供的放线成果、红线桩及场地控制网(或建筑物控制网),测定建筑物位置、主控轴线及尺寸、建筑物 ±0.000 绝对高程,并填写《工程定位测量记录》,报监理单位审核。

(3)工程定位测量完成后,应由建设单位报请具有相应资质的测绘部门验线。

(4)单位工程定位测量记录应在单位工程开工前完成,记录应依据本地区城市规划部门对工程定位的规定、批准手续及批准的总平面设计图进行。

(二)表格填写要求

1. 平面坐标依据

填写由设计给定的建筑物与周边相邻建(构)筑物的位置尺寸关系,或新旧建筑物的角点坐标数值。

2. 高程依据

填写由设计给定的高程控制水准点的标高。

3. 使用仪器

应填写测量时使用的仪器名称(水准仪、经纬仪)。

4. 仪器校验日期

应填写仪器的计量检测日期,确保仪器的试验在检测的有效日期内。

5. 定位抄测示意图

图的右上方标注出方向指示标志,一般情况下按“上北下南”标注。同时标注高程测量依据点 BM 点或某指定点距待测建筑物的纵、横向距离。如采用与相邻建筑物做工程定位时,应标注出待测建筑物与原有建筑物的纵、横向距离尺寸,一般均以边线—边线作为定位尺寸。待测建筑物轮廓线以粗实线表示,其他均以细实线表示。待测建筑物应标注两个方向的轴线及尺寸线。

6. 复测结果

应详细填写对定位测量的复测情况。

表 7-32 为某教学楼工程的工程定位测量记录。

工程定位测量记录(表 C.5.4)　　表 7-32

<table>
<tr><td rowspan="2">工程名称</td><td colspan="3" rowspan="2">× × 市第一中学教学楼</td><td>编　　号</td><td colspan="2">× × × × × ×</td></tr>
<tr><td>图纸编号</td><td colspan="2">建施-01、建施-02</td></tr>
<tr><td>委托单位</td><td colspan="3">/</td><td>施测日期</td><td colspan="2">2016 年 3 月 2 日</td></tr>
<tr><td>复测日期</td><td colspan="3">2016 年 3 月 4 日</td><td>平面坐标依据</td><td colspan="2">A 桩距原有车库 15m;B 桩距路 8m</td></tr>
<tr><td>高程依据</td><td colspan="3">设计指定水准点 BM 的绝对高程 29.84m</td><td>使用仪器</td><td colspan="2">水准仪:DS3;经纬仪:J2</td></tr>
<tr><td>允许误差</td><td colspan="3">±2mm</td><td>仪器校验日期</td><td colspan="2">2016 年 2 月 3 日</td></tr>
<tr><td colspan="7">定位抄测示意图:略。</td></tr>
<tr><td colspan="7">复测结果:
结构控制桩位置坐标与设计图一致,放样点平面坐标依据最大偏差 2mm,测量闭合差为 5″,测量结果符合设计要求,测量误差在允许误差之内。</td></tr>
<tr><td rowspan="3">签字栏</td><td>施工单位</td><td>× × 市第一建筑工程公司</td><td>测量人员岗位证书号</td><td>× × ×</td><td>专业技术负责人</td><td>× × ×</td></tr>
<tr><td>施工测量负责人</td><td>× × ×</td><td>复测人</td><td>× × ×</td><td>施测人</td><td>× × ×</td></tr>
<tr><td>监理或建设单位</td><td colspan="2">× × 市建设工程监理公司</td><td colspan="2">专业工程师</td><td>× × ×</td></tr>
</table>

注:本表由施工单位填写,一式四份,建设单位、监理单位、施工单位、城建档案馆各留存一份。

五 基槽验线记录

施工单位应根据工程技术人员的书面技术交底,由工程测量定位桩测放出基槽上口开挖线或护坡桩位置线。在开挖过程中,测量员必须对轴线、断面尺寸、高程、坡度、基槽下口线、人工清底厚度、槽底工作面宽度等进行实时监控。

基槽验线就是对基槽的尺寸进行复核,检验基坑尺寸是否符合图纸要求。

施工单位负责填写《基槽验线记录》,经相关人员签字后,报请监理验线。

基槽验线的主要内容有:

(1)基槽内建筑物定位桩与建筑物平面控制网的相对关系。

(2)基槽内建筑物定位桩的几何尺寸。

(3)工作面预留宽度尺寸。

(4)基槽边坡坡度或护坡桩垂直度。

(5)集水坑、电梯井坑等几何尺寸、相对位置。

(6)基槽内各部位平面高程。

表 7-33 为某教学楼工程的基槽验收记录。

基 槽 验 线 记 录 表 7-33

<table>
<tr><td rowspan="2">工程名称</td><td rowspan="2" colspan="2">××市第一中学教学楼</td><td>编号</td><td colspan="2">××××××</td></tr>
<tr><td>日期</td><td colspan="2">2016 年 3 月 20 日</td></tr>
<tr><td colspan="6">验线依据及内容:
1. 依据:定位控制桩;基础平面图;建筑工程施工测量规程;施工组织设计。
2. 内容:基底外轮廓线;外轮廓断面;垫层标高。</td></tr>
<tr><td colspan="6">基槽平面简图:略。</td></tr>
<tr><td colspan="6">检查意见:
查验结果:
1. 基础外轮廓线:误差均在 ±3mm 以内。
2. 垫层面标高:误差均在 ±5mm 以内。
经核对,尺寸无误,符合设计及施工验收规范的要求。</td></tr>
<tr><td rowspan="3">签字栏</td><td rowspan="2">施工单位</td><td rowspan="2">××市第一建筑工程公司</td><td>专业技术负责人</td><td>专业质检员</td><td>施测人</td></tr>
<tr><td>×××</td><td>×××</td><td>×××</td></tr>
<tr><td>监理或建设单位</td><td colspan="2">××市建设工程监理公司</td><td>专业工程师</td><td>×××</td></tr>
</table>

注:本表由施工单位填写,一式两份,监理单位、施工单位各留存一份。

六 楼层平面放线记录

楼层的平面放线是指依据施工图纸,把楼层的轴线、门窗洞口的位置线、框架柱或剪力墙的边线及控制线等测放在楼板上。

施工单位应将放线结果填入《楼层平面放线记录》,报监理单位验核,由专业监理工程师签字确认后,该记录存档。

表 7-34 为某教学楼工程的楼层平面放线记录。

楼层平面放线记录　　表 7-34

工程名称	××市第一中学教学楼		编号		××××××
放线部位	一层		日期		2016 年 4 月 16 日
放线依据及内容 1. 依据:一层平面布置图。 2. 内容:一层平面各部位尺寸。					
放线简图:略。					
检查意见: 查验结果: 1. 轴线:误差均在 ±10mm 以内。 2. 门窗位置线:误差均在 ±10mm 以内。 经核对,尺寸无误,符合设计及施工验收规范的要求。					
签字栏	施工单位	××市第一建筑工程公司	专业技术负责人	专业质检员	施测人
			×××	×××	×××
	监理或建设单位	××市建设工程监理公司		专业工程师	×××

注:本表由施工单位填写,一式两份,监理单位、施工单位各留存一份。

七 楼层标高抄测记录

楼层标高抄测是指依据基准点水准高程,定出楼层的相对 ±0.000m 线,然后加上对应的楼层高度,逐层上传,在每一楼层上测放出该楼层的 500mm 线或 1000mm 线,一般采用结构线。

楼层标高抄测内容包括 500mm 或 1000mm 水平控制线、楼地面、顶棚与门窗口标高等。

施工单位应将楼层标高的抄测结果形成《楼层标高抄测记录》,报监理单位审核,经签字认可后存档。

表 7-35 为某教学楼工程的楼层标高抄测记录。

楼层标高抄测记录　　表 7-35

工程名称	××市第一中学教学楼		编号		××××××
抄测部位	基槽		日期		2016 年 3 月 7 日
抄测依据及内容 1. 依据:结施-02、结施-03。 2. 内容:基槽底面标高抄测。					
放线简图:略。					
检查意见: 基槽底面标高所测值均在允许偏差 ±30mm 以内,符合设计及施工质量验收规范的要求。					
签字栏	施工单位	××市第一建筑工程公司	专业技术负责人	专业质检员	施测人
			×××	×××	×××
	监理或建设单位	××市建设工程监理公司		专业工程师	×××

注:本表由施工单位填写,一式两份,监理单位、施工单位各留存一份。

八 建筑物垂直度、标高观测记录

每层主体结构浇筑完成后,施工单位应对建筑物的垂直度、标高进行检测,根据测量数据限制每个自然层高的偏差,从而限制建筑物总高的偏差。

根据规范的要求,对建筑物垂直度、标高的偏差实行“双控”,既要有每层(即分段)的测量数据,还应有总高(即全程)的测量数据。

施工单位负责进行建筑物垂直度及标高的检测工作,形成《建筑物垂直度、标高观测记录》,经监理单位报验并存档。

表7-36为某教学楼工程的建筑物垂直度、标高观测记录。

建筑物垂直度、标高观测记录(表C.5.5) 表7-36

工程名称	××市第一中学教学楼		编　号	××××××	
施工阶段	三层主体		观测日期	2016年4月27日	
观测说明(附观测示意图): 用500g吊线锤进行垂直度检测,用50m钢尺进行标高测量。 图略。					
垂直度测量(全高)			标高测量(全高)		
观测部位	实测偏差(mm)		观测部位	实测偏差(mm)	
1/A	偏南3		1/A	+25	
1/E	偏北5		1/E	+21	
…	…		…	…	
结论: 垂直度最大偏差5mm,标高最大偏差8mm,测量结果均在允许偏差范围内,符合设计及施工验收规范要求。					
签字栏	施工单位	××市第一建筑工程公司	专业技术负责人	专业质检员	施测人
			×××	×××	×××
	监理或建设单位	××市建设工程监理公司		专业工程师	×××

注:本表由施工单位填写,一式两份,监理单位、施工单位各留存一份。

九 沉降观测记录

沉降观测是为防止地基不均匀沉降引起结构破坏,保证建筑物质量满足建筑使用年限的要求,使施工过程中及竣工后的建筑物沉降值得到有效控制,而对建筑物进行的观测。

对于设计和规范要求应进行沉降观测的工程项目,必须按设计和规范要求设置沉降观测点,并做沉降观测记录。沉降点的设置及观测方法应符合《工程测量规范》(GB 50026—2007)

及有关设计的要求。

凡需进行沉降观测的工程，应由建设单位委托有资质的测量单位进行施工过程中及竣工后的沉降观测工作。

测量单位应按设计要求和规范规定，或监理单位批准的观测方案，设置沉降观测点，绘制沉降观测点布置图，定期进行沉降观测记录，并应附沉降观测点的沉降量与时间、荷载关系曲线图和沉降观测技术报告。

本记录可同时作为建筑物地基基础工程质量检查的依据之一，以考核地基变形特征，保证建筑物沉降量、沉降差、倾斜、局部倾斜值在允许范围之内。

(一)应做沉降观测的工程

属于下列情况之一的工程应进行沉降观测：

(1)重要的工业与民用建筑。

(2)高层建筑物和高耸构筑物。

(3)湿陷性黄土地基上建筑物及构筑物。

(4)对地基变形有特殊要求的建筑物。

(5)地下水位较高处的建筑物、构筑物。

(6)不允许沉降的特殊设备基础。

(7)三类土地基上的较重要的建筑物及构筑物。

(8)因地基变形或局部失稳使结构产生裂缝或损坏而需要研究处理的建筑物。

(9)因施工、使用或科研要求进行沉降观测的建筑物。

(10)其他需要做沉降观测的建筑物。

(二)沉降观测点的设置

进行沉降观测时，观测点的布置、测量精度要求及观测方法应依据《工程测量规范》(GB 50026—2007)有关规定执行，主要由设计单位确定，施工单位埋设。

在设置沉降观测点前，应在一个观测区内，先设置 2 ~ 3 个水准基点，其位置靠近观测对象，但要设在变形影响范围以外；水准基点距离建筑物、构筑物一般不宜小于 25m 和大于 100m；水准基点要结实牢固、便于观测。

沉降观测点的设置应能全面反映建筑物地基变形特征，并结合岩土情况及建筑结构特点，布置在变形明显又有代表性的部位，可布置在下列部位：

(1)建筑物的四角、大转角处及沿外墙每 10 ~ 15m 或每隔 2 ~ 3 根柱基上。

(2)高低层建筑、新旧建筑物、纵横墙等交接处的两侧。

(3)建筑物裂缝和沉降缝两侧；基础埋深相差悬殊处；人工地基与天然地基接壤处；不同结构的分界处及填挖方分界处。

(4)宽度大于等于 15m 或小于 15m 而地质复杂的建筑物，在承重柱或内墙上设观测点。

(5)邻近堆置重物处、受振动有显著影响的部位。

(6)框架结构建筑物的每个或部分柱基上或沿纵横轴线设点。

(7)筏片基础、箱形基础底板或邻近基础的结构部分之四周处及其中部位置。

(8)重型设备基础和动力设备基础的四角、基础形式或埋深改变处以及地质条件变化处两侧。

(9)高耸建筑物沿周边在与基础轴线相交的对称位置上布点,点数不少于四个。

(三)沉降观测方法

观测方法应依据《工程测量规范》(GB 50026—2007)有关规定执行,宜采用闭合法,即根据水准点测量得出的每个观测点的高程,计算其逐次沉降量。

(四)观测时间及次数

应符合设计要求,当设计无明确规定时,一般建筑物可在基础完成后开始观测;大型、高层建筑,可在基础垫层或基础底部完成后开始观测。具体次数及时间如下:

(1)施工期间,民用建筑每增加1~2层观测一次;电视塔、烟囱等构筑物每增加10~15m应观测一次;工业建筑应在不同施工阶段(如回填基坑、安装构件、砌筑墙体、设备安装等)分别进行观测;整个施工期间的观测不应少于5次。

(2)在施工期间内,雨季和冬期过去后,应补充观测;如暂时停工,在停工及复工时各应加测一次;停工期间,可每隔2~3个月观测一次。

(3)基础混凝土浇筑、回填土及结构安装等增加较大荷载前后应进行观测。

(4)基础周围大量积水、挖方、降水及暴雨后应观测。

(5)地基出现不均匀沉降时,根据情况应增加观测次数。

(6)如果建筑物开始均匀沉降且连续三个月内平均沉降量不超过1mm时,每三个月观测一次。

(7)连续两次每三个月平均沉降量不超过2mm时,每六个月观测一次。

(8)交工前观测一次。

(9)交工后,建设单位应每六个月观测一次,第一年4次,第二年2次,第三年以后每年1次,直至基本稳定(1mm/100d)为止。

(10)对于砂土地基,观测期限至少2年;黏性土地基5年;软土地基10年。

(五)填表要求

(1)填写时,应注明观测日期,绘制出观测点布置图。

(2)“每次观测工程进度状态”栏,应填写观测期间的工程形象进度和天气状态。

(3)进行建筑物沉降观测,除填写观测记录外,还应绘制出各观测点的观测时间—沉降量曲线表,计算出被测建筑物平均沉降量。

(4)当观测点数较多时,本表可向下接和换页使用;当观测次数较多时,本表可向右接长(即换页使用)。

表 7-37 为某教学楼工程的沉降观测记录。

沉降观测记录

表 7-37

工程名称		××市第一中学教学楼				编号	××××××	
观测点平面布置图： 略								
观测点号	测量值 \ 次数	一	二	三	四	五	六	七
	时间	2016 年 4 月 5 日	2016 年 4 月 10 日	2016 年 4 月 15 日	2016 年 4 月 20 日	2016 年 4 月 25 日	2016 年 4 月 30 日	…
1	实测标高(m)	2.134	2.13	2.127	2.125	2.124	2.123	…
	本次沉降(mm)	0	4	3	2	1	1	…
	累计沉降(mm)	0	4	7	9	10	11	…
2	实测标高(m)	2.136	2.132	2.13	2.128	2.127	2.126	…
	本次沉降(mm)	0	4	2	2	1	1	…
	累计沉降(mm)	0	4	6	8	9	10	…
3	实测标高(m)	2.137	2.133	2.130	2.127	2.126	2.125	…
	本次沉降(mm)	0	4	3	3	1	1	…
	累计沉降(mm)	0	4	7	10	11	12	…
4	实测标高(m)	2.118	2.115	2.113	2.111	2.109	2.108	…
	本次沉降(mm)	0	3	2	2	2	1	…
	累计沉降(mm)	0	3	5	7	9	10	…
5	实测标高(m)	…	…	…	…	…	…	…
	本次沉降(mm)	…	…	…	…	…	…	…
	累计沉降(mm)	…	…	…	…	…	…	…
每次观测工程进度状态		一层	二层	三层	四层	五层	六层	…
签字栏	测量单位	×××××××××			测量技术负责人		测量人	计算人
					×××		×××	×××
	监理或建设单位	××市建设工程监理公司			专业工程师		×××	

注：本表由测量单位提供，施工单位整理，一式三份，建设单位、监理单位、施工单位各留存一份。

十 基坑支护水平位移监测记录

在基坑开挖和支护结构使用期间，施工单位应按设计或规范规定对支护结构进行变形监测，并形成监测记录。

施工单位应在基坑开挖之前做出系统的监测方案，包括监测方法、精度要求、监测点布置、观测周期、工序管理、记录制度、信息反馈等。

在基坑开挖过程中特别注意监测支护体系变形情况、基坑外地面沉降或隆起变形、临近建筑物动态，并定时测量及记录基坑支护的水平位移情况，填写《基坑支护水平位移监测记录》。

《基坑支护水平位移监测记录》可以参照《沉降观测记录》的表格样式，把表格里的“本次沉降”、“累计沉降”换成“本次位移”、“累计位移”。

《基坑支护水平位移监测记录》由施工单位负责测量、填写，报监理单位审查验收，经监理单位签字确认后存档。

十一 桩基、支护测量放线记录

施工单位应对桩基、基坑支护的测量放线结果形成文件，填写《桩基、支护测放线记录》，报监理单位审核，经专业监理工程师签字确认后存档。

建筑工程桩基础施工测量的主要任务有：一是把设计总图上的建筑物基础桩位，按设计和施工的要求，准确地测设到拟建区地面上，为桩基础工程施工提供标志，作为按图施工、指导施工的依据；二是进行桩基础施工监测；三是在桩基础施工完成后，为检验施工质量和为地面建筑工程施工提供桩基础资料，需要进行桩基础竣工测量。

基坑支护测量主要任务是保证支护结构位置的正确，并在施工过程中监测支护结构的变形。

表7-38为某教学楼工程的桩基、支护测量放线记录。

桩基、支护测量放线记录 表7-38

<table>
<tr><td colspan="2">工程名称</td><td colspan="2">××市第一中学教学楼</td><td>编号</td><td colspan="2">××××××</td></tr>
<tr><td colspan="2">放线部位</td><td colspan="2">桩基</td><td>日期</td><td colspan="2">2016年3月16日</td></tr>
<tr><td colspan="7">放线依据及内容
1. 依据：桩位布置图。
2. 内容：轴线、桩基定位线。</td></tr>
<tr><td colspan="7">放线简图：略。</td></tr>
<tr><td colspan="7">检查意见
查验结果：
1. 轴线：误差均在±10mm以内。
2. 桩位线：误差均在±20mm以内。
经核对，尺寸无误，符合设计及施工验收规范的要求。</td></tr>
<tr><td rowspan="3">签字栏</td><td rowspan="2">施工单位</td><td colspan="2" rowspan="2">××市第一建筑工程公司</td><td>专业技术负责人</td><td>专业质检员</td><td>施测人</td></tr>
<tr><td>×××</td><td>×××</td><td>×××</td></tr>
<tr><td>监理或建设单位</td><td colspan="3">××市建设工程监理公司</td><td>专业工程师</td><td>×××</td></tr>
</table>

注：本表由施工单位填写，一式两份，监理单位、施工单位各留存一份。

十二 地基验槽记录

地基土是建筑物的基石，认真细致地进行地基验槽，及时发现并慎重处理好地基施工中出现的有关问题，是保证地基土符合设计要求的一项重要措施，同时也可以丰富和提高工程地质勘察报告的准确程度。

(一)地基验槽的要求

(1)《地基验槽记录》的填写内容要齐全，签字盖章要齐全。

(2)地基需处理时，须有设计部门的处理方案；处理后应经过复验并注明复验意见。

(3)地基验槽除设计有规定外,均应提供地基钎探记录资料。

(4)地基验收必须在当地质量监督部门监督的情况下进行地基验槽,由建设、勘察、设计、施工、监理各方签证。

(5)基底持力层、地基允许承载力不满足设计要求的,为地基验槽不合格。

(二)地基验槽的范围

所有建筑物及构筑物均应进行地基验槽,遇到下列情况之一时,应进行专门的施工勘察:

(1)工程地质条件复杂,详勘阶段难以查清时。

(2)开挖基槽发现土质结构与地质勘察报告不符合时。

(3)施工中边坡失稳,需查明原因,进行观察处理时。

(4)施工中地基土受扰动,需查明其性状及工程性质时。

(5)为地基处理需进一步提供勘察资料时。

(6)建筑物有特殊要求,或在施工时出现新的岩土工程地质问题时。

(三)验槽内容

(1)观察土质情况、槽壁的走向、分布、基土的特征;地基土的颜色是否均匀一致,是否为老土;表层土的坚硬程度。

(2)地基土质是否与地质勘察报告记载相符、是否已挖到原土层、有否扰动。

(3)有否局部土质坚硬或松软及含水量异常现象,是否需下挖或处理。

(4)基槽实际开挖尺寸、标高、排水、护壁、不良基土(流砂、橡皮土)处理情况。

(5)遇有坟、井、坑、塘、树根、旧有电缆、管道、房屋基础等地下障碍物的数量、位置及其处理情况。

(6)当必须进行基槽土质处理时,应将处理结果认证后如实填写在记录中。

表7-39为某教学楼工程的地基验槽记录。

地基验槽记录(表C.5.6) 表7-39

工程名称	××市第一中学教学楼		编 号	×××××××	
验槽部位	①~⑩轴		验槽日期	2016年3月13日	
依据:施工图号 结施-03 设计变更/洽商/技术核定编号 ××× 及有关规范、规程。					
验槽内容: 1.基槽开挖至勘探报告第 4 层,持力层为 4 层。 2.土质情况: 三类土,原状土,符合地质勘察报告的要求。 3.基坑位置、平面尺寸:满足设计文件及施工质量验收规范要求。 4.基底绝对高程和相对标高:绝对高程为+39.25m,相对标高为-1.650m。					
检查结论: □无异常,可进行下道工序 □需要地基处理					
签字公章栏	施工单位	勘察单位	设计单位	结论单位	建设单位

注:本表由施工单位填写,一式六份,建设单位、监理单位、勘察单位、设计单位、施工单位、城建档案馆各留存一份。

十三 地基钎探记录

基坑挖到基底设计标高后,应进行地基钎探,并形成《地基钎探记录》,上报监理单位审核,经专业监理工程师签字认可后存档。

地基钎探是指将标志刻度的标准直径钢钎,采用机械或人工的方式,使用标定重量的击锤,垂直击打进入地基土层,根据钢钎进入待探测地基土层所需的击锤数,探测土层内隐蔽构造情况或粗略估算土层的容许承载力。

(一)钎探要求

(1)基土已挖至设计基坑底标高,表面应平整,轴线及坑宽符合设计图纸要求。

(2)根据设计图纸绘制钎探孔位平面布置图。

(3)要求钎探前,将所有轴线及基础的定位尺寸线放出,放出后再进行钎孔布置放线。

(4)对于筏板基础要全部钎探,其他无基础部位无须钎探。

(5)钎探必须在基土干燥的情况下进行,受雨后不得钎探。

(二)资料要求

(1)按钎探孔的顺序编号,将锤击数填入《地基钎探记录》内。

(2)如打钎进行不下去时,应请示有关负责人,适当移位打钎,不得不打钎而任意填写锤击数。

(3)记录和平面布置图的整理:在记录表上用有色铅笔或符号将不同的锤击数孔位分别开来。

(4)在钎孔平面布置图上,应注明过硬或过软孔号的位置,以便设计勘查人员进行分析处理。

表7-40为某教学楼工程的地基钎探记录。

地基钎探记录 表7-40

<table>
<tr><td rowspan="2">工程名称</td><td colspan="3" rowspan="2">××市第一中学教学楼</td><td colspan="2">编号</td><td colspan="3">××××××</td></tr>
<tr><td colspan="2">钎探日期</td><td colspan="3">2016年3月13日</td></tr>
<tr><td>自由落距</td><td colspan="2">500mm</td><td colspan="2">钎径</td><td>25mm</td><td>锤重</td><td colspan="2">10kg</td></tr>
<tr><td rowspan="2">锤击数
探点编号</td><td colspan="8">钎探深度(m)</td></tr>
<tr><td>0~0.3</td><td>0.3~0.6</td><td>0.6~0.9</td><td>0.9~1.2</td><td>1.2~1.5</td><td>1.5~1.8</td><td>1.8~2.1</td><td>备注</td></tr>
<tr><td>1</td><td>××</td><td>××</td><td>××</td><td>××</td><td>××</td><td>××</td><td>××</td><td></td></tr>
<tr><td>2</td><td>××</td><td>××</td><td>××</td><td>××</td><td>××</td><td>××</td><td>××</td><td></td></tr>
<tr><td>3</td><td>××</td><td>××</td><td>××</td><td>××</td><td>××</td><td>××</td><td>××</td><td></td></tr>
<tr><td>…</td><td>…</td><td>…</td><td>…</td><td>…</td><td>…</td><td>…</td><td>…</td><td></td></tr>
<tr><td colspan="6">钎探点布置图(也可另附图):
略。</td><td colspan="3">结论:
符合设计文件及施工质量验收规范的规定。</td></tr>
<tr><td rowspan="3">签字栏</td><td rowspan="2">施工单位</td><td colspan="3" rowspan="2">××市第一建筑工程公司</td><td>专业技术负责人</td><td>专业质检员</td><td colspan="2">钎探人</td></tr>
<tr><td>×××</td><td>×××</td><td colspan="2">×××</td></tr>
<tr><td>监理或建设单位</td><td colspan="4">××市建设工程监理公司</td><td>专业工程师</td><td colspan="2">×××</td></tr>
</table>

注:本表由施工单位填写,一式四份,建设单位、监理单位、施工单位、城建档案馆各留存一份。

十四 混凝土浇灌申请书

正式浇灌混凝土前，施工单位应检查以下各项准备工作，当准备工作全部完成后，向监理单位申请浇灌混凝土，填写《混凝土浇灌申请书》，经监理单位审批签字后，方可进行混凝土的浇灌。混凝土浇灌条件如下：

(1)钢筋是否已做隐检。

(2)模板是否已验收。

(3)水电预埋是否已做隐检。

(4)劳动力是否已安排好。

(5)施工设备、施工机具是否已准备好。

(6)其他需要准备的工作是否已完成。

表7-41为某教学楼工程的混凝土浇灌申请书。

混凝土浇灌申请书 表7-41

工程名称	××市第一中学教学楼	编号	××××××
		申请浇灌日期	2016年3月26日16时
申请浇灌部位	基础圈梁	申请方量(d)	$30m^3$
技术要求	/	强度等级	C25
搅拌方式（搅拌站名称）	商品混凝土	申请人	×××
依据：施工图号 结施005 设计变更/洽商/技术核定编号 ××× 及有关规范、规程。			
施工准备检查		专业工长	备注
1.隐蔽检查情况： □已检 □未完成		×××	
2.预检情况： □已检 □未完成		×××	
3.水电预埋情况： □已检 □未完成		×××	
4.施工组织情况： □已检 □未完成		×××	
5.机械设备组织情况： □已检 □未完成		×××	
6.保温及有关准备： □已检 □未完成		×××	
检查意见： 经检查施工准备情况，满足施工要求。 施工单位：××市第一建筑工程公司 项目技术负责人：××× 日期：2016年3月26日			
审批意见： 经检查施工准备情况，满足施工要求。 □同意浇筑 □整改后自行浇筑 □不同意，整改后重新申请 监理单位：××市建设工程监理公司 专业监理工程师：××× 日期：2016年3月26日			

注：本表由施工单位填写，一式两份，监理单位、施工单位各留存一份。

十五 预拌混凝土运输单

预拌混凝土供应单位应随车向施工单位提供《预拌混凝土运输单》,包括:工程名称、使用部位、供应方量、配合比、坍落度、出站时间、到场时间和施工单位测定的现场实测坍落度等。

表 7-42、表 7-43 为某教学楼工程的预拌混凝土运输单(正本)、(副本)。

预拌混凝土运输单(正本)　　表 7-42

工程名称	××市第一中学教学楼		编　号	××××××	
合同编号	×××		任务单号	×××	
供应单位	×××商品混凝土供应站		生产日期	2016 年 4 月 5 日	
委托单位	××市第一建筑工程公司		施工部位	一层楼板	
混凝土输送方式	混凝土运输车	混凝土强度等级	C25	抗渗等级	/
其他技术要求	/	本车供应方量(m^3)	×	累计方量(m^3)	××
要求坍落度(mm)	80	实测坍落度(mm)	85	配合比编号	×××××
运距(km)	3	车号	××××	车次	2
出站时间	10 时 20 分	到场时间	10 时 35 分	司机	×××
签字栏	现场验收人		混凝土供应单位质量员		混凝土供应单位签发人
	×××		×××		×××

注:本表正本由供应单位留存。

预拌混凝土运输单(副本)　　表 7-43

工程名称	××市第一中学教学楼		编　号	××××××	
合同编号	×××		任务单号	×××	
供应单位	×××商品混凝土供应站		生产日期	2016 年 4 月 5 日	
委托单位	××市第一建筑工程公司		施工部位	一层楼板	
混凝土输送方式	混凝土运输车	混凝土强度等级	C25	抗渗等级	/
其他技术要求	/	本车供应方量(m^3)	×	累计方量(m^3)	××
要求坍落度(mm)	80	实测坍落度(mm)	85	配合比编号	×××××
运距(km)	3	车号	××××	车次	2
出站时间	10 时 20 分	到场时间	10 时 35 分	司机	×××
签字栏	现场验收人		混凝土供应单位质量员		混凝土供应单位签发人
	×××		×××		×××

注:本表副本由施工单位留存。

十六 混凝土开盘鉴定

首次使用的自拌混凝土,在使用前应对混凝土的配合比进行开盘鉴定,以检验其工作性能是否能满足设计配合比的需要。自拌混凝土每次开盘浇筑前都应进行开盘鉴定。

对于预拌混凝土,首次使用的混凝土配合比由混凝土供应单位进行开盘鉴定。

混凝土开盘鉴定是根据混凝土的强度等级、配合比、混凝土一次浇筑量以及浇筑部位确定的。开盘鉴定的内容包括:前期配合比的确定,输入,含水率的调整,计量误差的调整,根据实际要求对基准配合比进行的微调,出机混凝土的坍落度检测,目测和易性等。

施工单位负责现场自拌混凝土的开盘鉴定工作,并形成《混凝土开盘鉴定》记录,报监理单位审核,由专业监理工程师签字后存档。

表 7-44 为某教学楼工程的混凝土开盘鉴定。

混凝土开盘鉴定 表 7-44

工程名称	××市第一中学教学楼			编　号	××××××		
				日　期	2016 年 3 月 26 日		
试配单位	××试验室			配合比编号	××××××		
部　位	基础梁			搅拌设备	JZC350		
强度等级	C25	抗渗等级	/	砂率	0.33%	水灰比	0.54
材料名称	水泥	砂	石	水	外加剂	掺和料	其他
每 m^3 用量(kg)	335	636	1299	180	/	/	/
调整后每盘用料(kg)	砂含水率:3%　石含水率:2%						
	50	97.85	197.88	20.27	/	/	/
鉴定结果 鉴定项目	混凝土拌和物坍落度	混凝土试块抗压强度	混凝土试块抗渗强度	原材料与配合比报告是否相符			
鉴定结果 实测	70mm	23.7MPa	/	相符			
鉴定结果 鉴定意见	满足要求	满足要求	/	相符			
备注:							
参与鉴定人员签名	监理单位	×××　×××					
	施工单位	×××　×××	搅拌机组负责人	×××			

注:本表由施工单位填写,一式两份,监理单位、施工单位各留存一份。

十七 混凝土拆模申请单

施工单位在拆除现浇混凝土结构板、梁、悬臂构件的底模或柱、墙的侧模前,应填写《混凝土拆模申请单》,报监理单位审批,通过后方可拆模。

拆模应依据留置的混凝土试块抗压强度报告或回弹报告中的实测混凝土强度,来确定拆模时达到的强度。

底模及其支架拆除时,混凝土强度应符合设计要求,设计无要求时应按施工质量验收规范的规定进行;侧模拆除时的混凝土强度应保证其表面及棱角不受损伤。

对后张法预应力混凝土构件,侧模宜在预应力张拉前拆除,底模支架的拆除应按施工方案执行,当无具体要求时,不应在结构构件建立预应力前拆除。

后浇带模板的拆除应按施工方案执行。

表 7-45 为某教学楼工程的混凝土拆模申请单。

混凝土拆模申请单 表 7-45

工程名称	××市第一中学教学楼		编号	××××××
			日期	2016 年 4 月 20 日
拆模部位	设计混凝土强度等级	试压混凝土强度等级	浇筑混凝土日期	混凝土试块抗压强度报告编号
4 层柱	C30	C30	2012 年 6 月 10 日	××××××
致 ××市建设工程监理公司 (监理单位) 我方申请 1 层框架柱 的模板拆除,请予以审查。 附件: 1. 混凝土试块抗压强度报告。 2. 拆模施工方案。 施工总承包单位(章):××市第一建筑工程公司　　项目经理:×××				
专业监理工程师审查意见: 同意拆模。 专业监理工程师:×× 日　　期:2016年6月20日				

注:本表由施工单位填报,一式两份,监理单位、施工单位各留存一份。

十八 混凝土预拌测温记录、混凝土养护测温记录

当室外平均气温连续 5 日稳定低于 +5℃或当日最低气温低于 0℃时,混凝土工程应按冬期施工措施进行施工。混凝土冬期施工时,应进行混凝土预拌测温和养护测温,并形成相应的测温记录。

《混凝土预拌测温记录》是对混凝土搅拌、浇筑期间的测温记录,应包括大气温度、搅拌机棚内温度、原材料温度、混凝土出罐温度、混凝土入模温度等。

《混凝土养护测温记录》是对混凝土养护期间的测温记录,应包括大气温度、各测温孔的实测温度、同一时间测得的各测温孔的平均温度和间隔时间等,并应绘制测温孔布置图,包括测温点的部位、深度等。

《混凝土预拌测温记录》及《混凝土养护测温记录》由施工单位负责填写,各相关人员签字后存档。

(一)混凝土拌制期间测温的要求

(1)混凝土拌制期间,应控制混凝土的出罐温度不低于+10℃,入模温度不低于+5℃。

(2)混凝土出罐温度、入模温度每间隔1h测量1次,且每一工作台班不应少于4次。

(3)混凝土出罐温度应在混凝土出料口处测定,如果是泵送混凝土,应在混凝土输送泵入口处测定;入模温度应在将混凝土倒入模板内时测定,如果是泵送混凝土,应在混凝土输送泵出口处测定。

(4)室外环境温度(即大气温度)每昼夜测量4次,测温时间分别为2:00、8:00、14:00、20:00。

(二)混凝土养护期间测温的要求

(1)混凝土入模后1h第一次测温,在强度未达到混凝土受冻临界强度(4.0MPa)以前,每隔2h测量1次,达到混凝土受冻临界强度后,每6h测温1次,应连续测温48h,或混凝土温度降至0℃。

(2)混凝土的测温孔应预先留设并编号,其位置应在平面图中标出,记录表中的编号要与平面图编号对应。测温孔可采用预埋内径12mm金属套管制作,留孔时要有专人看管,以防施工踩(压)实测温孔。

(3)测温孔的位置应选择在温度变化大、容易散失热量及易于遭受冻结的部位,西北部或前阴的地方应多设置。

(4)测温孔的口不宜迎风设置且临时封闭。

(三)混凝土养护期间测温方法

混凝土养护测温应按测温孔编号顺序进行,测温时,温度计插入测温孔后,堵塞住孔口,留置在孔内3~5min,然后迅速从孔中取出,使温度计与视线成水平,仔细读数,并记入测温记录表,同时将测温孔用保温材料按原样覆盖好。

(四)填表要求

(1)《混凝土预拌测温记录》中"备注"栏应填写"现场搅拌"或"预拌混凝土"。

(2)《混凝土养护测温记录》中"成熟度"应根据《建筑工程冬期施工规程》的规定来填写,采用公式进行计算。

(3)表格中各温度值需标注正负号。

表7-46、表7-47分别为某教学楼工程的混凝土预拌测温记录和混凝土养护测量记录。

混凝土预拌测温记录

表 7-46

工程名称	××市第一中学教学楼					编　号	××××××
						测温日期	2016 年×月×日
浇筑部位	一层楼板		搅拌机编号		×××	测温方式	温度计
测温项目	各测点温度(℃)				平均温度(℃)	间隔时间(h)	备注
	1	2	3	4			
1 室外环境	×	×	×	×	×	×	现场搅拌
2 搅拌机棚	×	×	×	×	×	×	现场搅拌
3 水	×	×	×	×	×	×	现场搅拌
4 水泥	×	×	×	×	×	×	现场搅拌
5 砂	×	×	×	×	×	×	现场搅拌
6 石	×	×	×	×	×	×	现场搅拌
7 外加剂溶液	×	×	×	×	×	×	现场搅拌
8 混凝土出罐	×	×	×	×	×	×	现场搅拌
9 混凝土入模	×	×	×	×	×	×	现场搅拌
签字栏	专业技术负责人			专业质检员		测温人	
	×××			×××		×××	

注:本表由施工单位填写,一式一份,施工单位自行存档。

混凝土养护测温记录

表 7-47

工程名称	××市第一中学教学楼										编　号		××××××	
											测温日期		2016 年×月×日	
测温部位	顶层楼板			养护方法			同条件养护				测温方式		温度计	
测温时间	大气温度	浇筑温度	各测孔内部温度(℃)/混凝土表面温度(℃)								平均温度(℃)	间隔时间(h)	成熟度(m)	
			测孔编号										本次	累计
			1	2	3	4	5	6	7	8				
8 时	×	×	×	×	×	×	/	/	/	/	×	×	×	×
9 时	×	×	×	×	×	×	/	/	/	/	×	×	×	×
11 时	×	×	×	×	×	×	/	/	/	/	×	×	×	×
…	…	…	…	…	…	…	…	…	…	…	…	…	…	…
测温孔布置简图			略。											
签字栏	专业技术负责人					专业工长					测温员			
	×××					×××					×××			

注:本表由施工单位填写,一式一份,施工单位自行存档。

十九 大体积混凝土养护测温记录

当混凝土一次浇筑量大于1000m³ 或混凝土结构实体最小尺寸等于或大于2m，且混凝土浇筑需研究温度控制措施，此时混凝土的浇筑和养护应按大体积混凝土进行施工。

施工单位应编制《大体积混凝土施工方案》。

大体积混凝土在养护期间应进行连续测温，并填写《大体积混凝土养护测温记录》。

《大体积混凝土养护测温记录》的内容应包括混凝土入模时的大气温度、各测温孔温度、内外温差和裂缝情况，并附测温点布置图，包括测温点的位置、深度等。

（一）温度控制指标

内外温差应小于25℃；降温速度小于1～2.0℃/d；揭开保温层时的温差应小于15℃。

（二）监测周期与频率

混凝土浇筑初凝前：每0.5h测一次。混凝土浇筑结束后12h：每2h测一次。混凝土浇筑结束后24h：每4h测一次。混凝土浇筑结束后72h：每8h测一次。混凝土浇筑结束后15d：每24h测一次。当内外温差小于15℃时，停止测温。

表7-48为某教学楼工程的大体积混凝土养护测温记录。

大体积混凝土养护测温记录 表7-48

工程名称		××市第一中学教学楼					编　号	××××××	
测温部位		大气温度			养护方法		测温日期	2016年3月15日	
基础底板		25℃			蓄热养护		测温方式	温度计	
孔号	上	中	下	最高温差	孔号	上	中	下	最高温差
1	×	×	×	×	2	×	×	×	×
3	×	×	×	×	4	×	×	×	×
…	…	…	…	…	…	…	…	…	…
测温孔布置简图		略。							
签字栏		专业技术负责人			专业工长			测温员	
		×××			×××			×××	

注：本表由施工单位填写，一式一份，施工单位自行存档。

二十 大型构件吊装记录

大型构件吊装是指应用起重机械、吊具（吊钩、吊索、吊环、横吊架等）或人力将构件直接安装在图纸规定的位置。

大型构件的吊装，均应按楼层、施工段等划分的检验批。

施工单位应填写《大型构件吊装记录》，报监理单位审核，经专业监理工程师签字认可后存档。

(一)资料要求

(1)工程所用的吊装构件,必须有吊装施工记录。

(2)《大型构件吊装记录》应分层填报,数量及子项填报要清楚、齐全、准确、真实,签字要齐全。

(二)填写内容

(1)构件的规格、型号、数量是否与施工图相符,有无设计变更或构件代换,注明构件出厂合格证件编号或钢结构探伤记录编号、照片等。

(2)构件的附件(连接件)、预埋件、垫块、预留抗震拉结筋、预留孔洞是否符合设计要求,钢、木结构的防腐、防火处理是否完备。

(3)构件安装状态如构件位置、坐标、标高、支座搭入长度、连接构造等是否符合设计要求和施工规范的规定,对较大或繁杂的设计变更应以图示说明,也可拍照或录像存档。

(4)构件安装后的状态,如轴线偏移、标高差异、垂直或平整度等;空心板、大板等拔缝、座浆、灌浆、堵板孔等情况状态,以及质量问题的处理情况。

表7-49为某教学楼工程的大型构件吊装记录。

大型构件吊装记录 表7-49

工程名称		××市第一中学教学楼		编号	××××××	
				日期	2012年8月8日	
吊装部位		顶层①～⑩轴				
序号	构件名称	编号	节点处理	固定方式	标高偏差	搭接长度
1	钢屋架	GWJ-001	符合要求	焊接	+3mm	500mm
需要说明的事项(包括简图): 钢屋架的安装符合设计文件及施工质量验收规范的要求。						
签字栏	施工单位	××市第一建筑工程公司		专业技术负责人	专业质检员	专业工长
				×××	×××	×××
	监理或建设单位	××市建设工程监理公司			专业工程师	×××

注:本表由施工单位填写,一式四份,建设单位、监理单位、施工单位、城建档案馆各留存一份。

二十一 焊接材料烘焙记录

按照《钢结构焊接规范》(GB 50661—2011)中的规定,焊接材料(焊条、焊剂等)应储存在干燥、通风良好的地方,由专人保管、烘干、发放和回收,并应有详细记录。

对于低氢型焊条,使用前在300～430℃温度下烘干1～2h,或按厂家提供的焊条使用说明书进行烘干;焊条放入时烘箱的温度不应超过最终烘干温度的一半,烘干时间以烘箱到达最终烘干温度后开始计算;烘干后的焊条应缓冷放置于温度不低于120℃的保温箱中存放、待用,使用时应放置于保温筒中,随用随取。烘干后的低氢型焊条在大气中放置时间不应超过4h,超过后应重新烘干,重新烘干次数不应超过2次。

焊剂在使用前应按制造厂家推荐的温度进行烘焙,已潮湿或结块的焊剂严禁使用;焊剂烘焙后在大气中放置时间不应超过4h。

对于酸性焊条,在焊接规程中没有明确规定。一般对于未受潮的酸性焊条可以不烘焙,但现场施工条件有限,焊条存放容易受潮,受潮的酸性焊条应进行烘干,烘干温度150℃左右,烘干时间1.5~2h。

含有纤维素型焊条(如J425)的烘干温度应控制在100~120℃。

施工单位负责填写《焊接材料烘焙记录》,经相关人员签字后存档。

表7-50为某教学楼工程的焊接材料烘焙记录。

焊接材料烘焙记录 表7-50

<table>
<tr><td colspan="2" rowspan="2">工程名称</td><td colspan="4" rowspan="2">××市第一中学教学楼</td><td>编 号</td><td colspan="2">××××××</td></tr>
<tr><td>烘焙日期</td><td colspan="2">2016年4月13日</td></tr>
<tr><td colspan="2">焊材牌号及规格</td><td colspan="2">HJ431</td><td colspan="2">生产厂家</td><td colspan="3">××××××××</td></tr>
<tr><td colspan="2">钢材牌号</td><td colspan="2">QZ45</td><td colspan="2">烘焙方法</td><td colspan="3">烘干箱</td></tr>
<tr><td rowspan="3">序号</td><td rowspan="3">施焊部位</td><td rowspan="3">烘焙数量(kg)</td><td colspan="4">烘焙要求</td><td rowspan="3">降至恒温(℃)</td><td rowspan="3">保温时间(h)</td></tr>
<tr><td rowspan="2">烘干温度(℃)</td><td rowspan="2">烘干时间(h)</td><td colspan="2">实际烘焙</td></tr>
<tr><td>开始时间</td><td>结束时间</td></tr>
<tr><td>1</td><td>钢柱</td><td>100</td><td>260</td><td>3</td><td>6:00</td><td>9:00</td><td>110</td><td>1</td></tr>
<tr><td></td><td></td><td></td><td></td><td></td><td></td><td></td><td></td><td></td></tr>
<tr><td></td><td></td><td></td><td></td><td></td><td></td><td></td><td></td><td></td></tr>
<tr><td colspan="2" rowspan="2">签字栏</td><td colspan="3">专业技术负责人</td><td colspan="2">专业工长</td><td colspan="2">烘焙人</td></tr>
<tr><td colspan="3">×××</td><td colspan="2">×××</td><td colspan="2">×××</td></tr>
</table>

注:本表由施工单位填写,一式一份,施工单位自行存档。

二十二 地下工程防水效果检查记录

地下防水工程应按设计规定的防水等级,制订防水施工技术方案,进行防水施工及质量控制。防水施工完成后,应进行防水效果检查,以确保防水工程的安全及使用功能。

地下防水工程验收时应检查裂缝、渗漏部位及大小、渗漏情况、处理意见等,并应制作《背水内表面结构工程展开图》。

施工单位应填写《地下工程防水效果检查记录》,报监理单位审核,经专业监理工程师签字认可后,与《背水内表面结构工程展开图》一并存档。

(一)渗漏水的调查点

(1)房屋建筑地下室只调查围护结构内墙及底板。

(2)全埋设于地下的结构(地下商场、地铁车站、军事地下库等),除调查围护结构内墙和底板外,背水的顶板(拱顶)系重点调查目标。

(二)施工单位必须在《背水内表面结构工程展开图》上详细标示的内容

(1)在工程自检时发现的裂缝,并标明位置、宽度、长度和渗漏水现象。

(2)经修补、堵漏的渗漏水部位。

(3)防水等级标准允许的渗漏水现象的位置。

表7-51为某教学楼工程的地下工程防水效果检查记录。

地下工程防水效果检查记录(表C.5.7)　　表7-51

工程名称	××市第一中学教学楼			编　号	××××××
检查部位	地下室外墙			检查日期	2016年3月25日
检查方法及内容: 依据《地下防水工程质量验收规范》(GB 50208—2011)及施工方案、渗漏水水量调查与量测方法执行规范,内容包括裂缝、渗漏部位、大小、渗漏情况、处理意见等。 方法:用手触摸混凝土墙面;用吸墨纸(报纸)贴附背水墙面。					
检查结论: 经检查,地下室外墙不存在渗漏水现象,施工工艺及观感质量合格,符合设计文件及施工质量验收规范的要求。					
复查结论: 复查人:　　复查日期:					
签字栏	施工单位	××市第一建筑工程公司	专业技术负责人	专业质检员	专业工长
			×××	×××	×××
	监理或建设单位	××市建设工程监理公司		专业工程师	×××

注:本表由施工单位填写,一式三份,建设单位、监理单位、施工单位各留存一份。

二十三　防水工程试水检查记录

屋面工程完工后,应对细部构造(屋面天沟、檐沟、泛水、水落口、变形缝、伸出屋面管道等)、接缝处和保护层进行雨期观察或淋水、蓄水检查。

凡有防水要求的房间应有防水层及装修后的蓄水检查记录。检查内容包括蓄水方式、蓄水时间、蓄水深度、水落口及边缘的封堵情况和有无渗漏现象。

施工单位负责填写《防水工程试水检查记录》,报送监理单位审核,经专业监理工程师签字认可后存档。

(一)检验方法

对楼面、地面可进行蓄水检验,蓄水时间为24h,蓄水深度为20~30mm;对屋面可进行淋水检验或蓄水检验,淋水检验有两种方法,一是人工淋水,持续2h;二是自然淋水,连续降雨3h以上;对屋面也可进行蓄水检验,蓄水时间为24h,蓄水深度为20~30mm。

(二)检验结果

(1)卷材防水层屋面、涂膜防水层屋面、细石混凝土防水层屋面不得有渗漏或积水现象。

(2)瓦屋面、油毡瓦屋面泛水做法应符合设计要求,屋面要顺直整齐、结合严密、无渗漏。

(3)金属板材屋面板材的连接和密封处理必须符合设计要求,不得有渗漏现象。

(4)蓄水屋面、种植屋面防水层施工必须符合设计要求,不得有渗漏现象。

(5)楼面、地面工程的立管、套管、地漏处严禁渗漏，坡向应正确，无积水。

(6)防水隔离层严禁渗漏，坡向应正确、排水通畅。

表7-52为某教学楼工程的防水工程试水检查记录。

防水工程试水检查记录(表C.5.8)　　表7-52

<table>
<tr><td>工程名称</td><td colspan="2">××市第一中学教学楼</td><td>编　号</td><td>××××××</td></tr>
<tr><td>检查部位</td><td colspan="2">屋面</td><td>检查日期</td><td>2016年7月19日</td></tr>
<tr><td rowspan="2">检查方式</td><td>□第一次蓄水</td><td>□第二次蓄水</td><td>蓄水时间</td><td>从 2016 年 7 月 18 日 8 时
至 2016 年 7 月 19 日 8 时</td></tr>
<tr><td>□淋水</td><td colspan="3">□雨期观察</td></tr>
<tr><td colspan="5">检查方法及内容：
检查方法：采用蓄水检验，蓄水时间24h，蓄水深度30mm。
检查内容：落水管处、泛水处有无渗漏。</td></tr>
<tr><td colspan="5">检查结论：
无渗漏点，满足施工质量验收规范要求。</td></tr>
<tr><td colspan="5">复查结论：
复查人：　　　　复查日期：</td></tr>
</table>

<table>
<tr><td rowspan="3">签字栏</td><td rowspan="2">施工单位</td><td rowspan="2">××市第一建筑工程公司</td><td>专业技术负责人</td><td>专业质检员</td><td>专业工长</td></tr>
<tr><td>×××</td><td>×××</td><td>×××</td></tr>
<tr><td>监理或建设单位</td><td colspan="2">××市建设工程监理公司</td><td>专业工程师</td><td>×××</td></tr>
</table>

注：本表由施工单位填写，一式三份，建设单位、监理单位、施工单位各留存一份。

二十四 通风(烟)道、垃圾道检查记录

因涉及使用功能及安全，应对建筑物中所有通风(烟)道进行安装、通(抽)风、漏风、串风试验，对垃圾道进行畅通情况检查，要求全数检验。

施工单位负责对通风(烟)道、垃圾道的检查，并填写《通风(烟)道、垃圾道检查记录》，报监理单位审核，经专业监理工程师签字认可后存档。

表7-53为某教学楼工程的通风(烟)道、垃圾道检查记录。

通风(烟)道、垃圾道检查记录(表C.5.9)　　表7-53

<table>
<tr><td rowspan="2">工程名称</td><td colspan="4" rowspan="2">××市第一中学教学楼</td><td>编　号</td><td colspan="2">××××××</td></tr>
<tr><td>检查日期</td><td colspan="2">2016年7月23日</td></tr>
<tr><td colspan="6">检查部位和检查结果</td><td rowspan="3">检查人</td><td rowspan="3">核查人</td></tr>
<tr><td rowspan="2">检查部位</td><td colspan="2">主烟(风)道</td><td colspan="2">副烟(风)道</td><td rowspan="2">垃圾道</td></tr>
<tr><td>烟道</td><td>风道</td><td>烟道</td><td>风道</td></tr>
<tr><td>一层</td><td>合格</td><td>合格</td><td>合格</td><td>合格</td><td>合格</td><td>×××</td><td>×××</td></tr>
<tr><td>…</td><td>…</td><td>…</td><td>…</td><td>…</td><td>…</td><td>…</td><td>…</td></tr>
<tr><td></td><td></td><td></td><td></td><td></td><td></td><td></td><td></td></tr>
<tr><td rowspan="3">签字栏</td><td colspan="2">施工单位</td><td colspan="5">××市第一建筑工程公司</td></tr>
<tr><td colspan="2">专业技术负责人</td><td colspan="3">专业质检员</td><td colspan="2">专业工长</td></tr>
<tr><td colspan="2">×××</td><td colspan="3">×××</td><td colspan="2">×××</td></tr>
</table>

注：本表由施工单位填写，一式三份，建设单位、监理单位、施工单位各留存一份。

二十五 预应力筋张拉记录

对后张法施工的预应力混凝土工程,施工单位应编制预应力混凝土施工方案,在混凝土构件强度达到设计要求后,向监理工程师书面申请进行张拉。

后张法预应力张拉施工实行见证管理,应填写《预应力筋张拉记录》。《预应力筋张拉记录》的内容包括:施工部位、预应力筋规格、平面示意图、张拉程序、应力记录、伸长量等。

对预应力筋施加预应力之前,应对构件进行检验,外观和尺寸应符合质量标准要求。张拉时,构件的混凝土强度应符合设计要求,设计未规定时,不应低于设计强度等级值的 75%。

应对所有的预应力筋的张拉实测值进行记录,得出预应力筋的实际张拉伸长值,与理论伸长值进行校核,允许误差为 ±6%,即为合格。

表 7-54、表 7-55 为某教学楼工程的预应力筋张拉记录。

预应力筋张拉记录(一) 表 7-54

工程名称	××市第一中学教学楼	编　　号	××××××
施工部位	屋架	张拉日期	2016 年 6 月 3 日
预应力筋规格	ϕ25	抗拉强度	1570kN/m^3

预应力张拉程序及平面示意图:

采用一次张拉。

图略。

□有　　□无附页

张拉端锚具类型	JM 锚具	固定端锚具类型	JM 锚具
设计控制应力	305kN	实际张拉力	308kN
		压力表读数	20.1;20.3
千斤顶编号	1 号	压力表编号	498
	2 号		457
混凝土设计强度	C50	张拉时混凝土实际强度	75MPa

预应力筋计算伸长值:

$$\Delta L=\frac{F_{\mathrm{p}}L}{A_{\mathrm{p}}E_{\mathrm{s}}}=\frac{308\times 27400}{15\times 19.63\times 200}=143\mathrm{mm}$$

预应力筋伸长值范围:

136 ~ 157mm。

签字栏	施工单位	××市第一建筑工程公司	
	项目专业技术负责人	专业质检员	记录人
	×××	×××	×××

注:本表由施工单位填写,一式四份,建设单位、监理单位、施工单位、城建档案馆各留存一份。

预应力筋张拉记录(二) 表 7-55

工程名称		××市第一中学教学楼					编号	××××××	
							张拉日期	2016 年 6 月 3 日	
张拉顺序编号	计算值(mm)	预应力筋张拉伸长实测值(mm)							备注
		一端张拉			另一端张拉			总伸长值(mm)	
		原长值 L_1	实长值 L_2	伸长值 ΔL	原长值 L_1	实长值 L_2	伸长值 ΔL		
1	143	××	××	××	××	××	××	140	
2	…	…	…	…	…	…	…	…	
□有□无见证		见证单位		××市建设工程监理公司			见证人		×××
签字栏	施工单位			××市第一建筑工程公司					
	项目专业技术负责人			专业质检员			记录人		
	×××			×××			×××		

注:本表由施工单位填写,一式四份,建设单位、监理单位、施工单位、城建档案馆各留存一份。

二十六 有黏结预应力结构灌浆记录

后张法有黏结预应力筋张拉后应立即灌浆,并做《有黏结预应力结构灌浆记录》。

《有黏结预应力结构灌浆记录》内容应包括:灌浆孔状况、水泥浆配比状况、灌浆压力、灌浆量,并有灌浆点简图和编号等。

施工单位负责填写《有黏结预应力结构灌浆记录》,报监理单位审核,经监理单位认可后存档。

表 7-56 为某教学楼工程的有黏结预应力结构灌浆记录。

有黏结预应力结构灌浆记录 表 7-56

工程名称	××市第一中学教学楼			编号	××××××
施工部位	预应力梁			日期	2016 年 7 月 3 日
灌浆配合比	水泥:水:外加剂 = 1:0.38:0.02			灌浆要求压力值	0.50 ~ 0.60
水泥品种	P. O 42.5	进场日期	2016 年 5 月 25 日	复试单编号	××××××
灌浆点简图与编号: 略。					
灌浆点编号	灌浆压力值(MPa)	灌浆量(L)	灌浆点编号	灌浆压力值(MPa)	灌浆量(L)
YKL1-1	0.56	254.0	YKL1-2	0.55	220.0
…	…	…	…	…	…
水泥浆抗压强度(MPa)		详见水泥浆试块强度报告单			
备注					
签字栏	施工单位		××市第一建筑工程公司		
	项目专业技术负责人		专业质检员		记录人
	×××		×××		×××

注:本表由施工单位填写,一式四份,建设单位、监理单位、施工单位、城建档案馆各留存一份。

二十七 钢结构施工记录

钢结构专业承包单位应针对钢结构的施工内容,填写相应的施工记录,上报施工总承包单位,并由监理单位审核,经各相关人员签字认可后,钢结构施工记录存档备查。

钢结构施工记录包括:《大型构件吊装记录》《焊接材料烘焙记录》及《钢结构安装施工记录》等。

《钢结构安装施工记录》的内容应包括:

(1)主要受力构件安装应检查垂直度、测向弯曲等安装偏差。

(2)主体结构在形成空间刚度单元并连接固定后,应检查整体垂直度和整体平面弯曲度的安装偏差。

(3)钢网架结构总拼及屋面工程完成后,检查挠度值和其他安装偏差。

表 7-57 为某教学楼工程的钢结构施工记录。

钢结构施工记录 表 7-57

工程名称	××市第一中学教学楼		编号	××××××
施工部位	钢屋架		日期	2016 年 7 月 23 日
构件现场检查情况: 经检查满足施工需求。				
施工方案交底: 满足施工需求。				
基础标高及地脚螺栓情况: 经检查符合设计文件及施工质量验收规范的要求。				
拼装及安装偏差值: 经检查符合设计文件及施工质量验收规范的要求。				
签字栏	专业承包单位	×××钢结构安装公司	施工员	×××
	施工总承包单位	××市第一建筑工程公司	技术负责人	××
	监理单位	××市建设工程监理公司	专业监理工程师	×××

注:本表由施工单位填写,一式三份,建设单位、监理单位、施工单位各留存一份。

二十八 网架(索膜)施工记录

施工网架或(索膜)的专业承包单位应填写《网架(索膜)施工记录》,上报施工总承包单位,并由监理单位审核,经各相关人员签字认可后,《网架(索膜)施工记录》存档备查。

表 7-58 为某教学楼工程的网架(索膜)施工记录。

网架(索膜)施工记录 表7-58

<table>
<tr><td>工程名称</td><td colspan="3">××市第一中学教学楼</td><td>编号</td><td colspan="2">××××××</td></tr>
<tr><td>施工部位</td><td colspan="3">顶层</td><td>日期</td><td colspan="2">2016年7月13日</td></tr>
<tr><td colspan="7">施工内容：
网架的安装。</td></tr>
<tr><td colspan="7">施工依据：
设计文件、图纸会审记录、设计变更、洽商记录等。</td></tr>
<tr><td colspan="7">质量问题：
无。</td></tr>
<tr><td colspan="7">施工总承包单位检查结论：
经检查符合设计文件及施工质量验收规范的要求。</td></tr>
<tr><td rowspan="3">签字栏</td><td>专业承包单位</td><td>×××钢结构安装公司</td><td>技术负责人</td><td>×××</td><td>施工员</td><td>×××</td></tr>
<tr><td>施工总承包单位</td><td>××市第一建筑工程公司</td><td>技术负责人</td><td>×××</td><td>质检员</td><td>×××</td></tr>
<tr><td>监理单位</td><td>××市建设工程监理公司</td><td colspan="2">专业监理工程师</td><td colspan="2">×××</td></tr>
</table>

注：本表由施工单位填写，一式四份，建设单位、监理单位、施工单位、城建档案馆各留存一份。

二十九 木结构施工记录

木结构的专业承包单位应填写《木结构施工记录》，上报施工总承包单位，并由监理单位审核，经各相关人员签字认可后，《木结构施工记录》存档备查。

《木结构施工记录》报告样式可参考《网架(索膜)施工记录》。

三十 幕墙注胶检查记录

幕墙专业承包单位应填写《幕墙注胶检查记录》，上报施工总承包单位，并由监理单位审核，经各相关人员签字认可后存档。

《幕墙注胶检查记录》的检查内容包括：打胶养护温度及湿度、胶宽度及厚度、打胶环境等。

表7-59为某教学楼工程的幕墙注胶检查记录。

幕墙注胶检查记录 表7-59

<table>
<tr><td>工程名称</td><td colspan="4">××市第一中学教学楼</td><td>编号</td><td colspan="3">××××××</td></tr>
<tr><td>施工部位</td><td colspan="4">1~5层/③~⑤</td><td>日期</td><td colspan="3">2016年8月13日</td></tr>
<tr><td>幕墙类别</td><td>玻璃幕墙</td><td>密封胶名称</td><td colspan="2">硅酮耐候胶</td><td>型号及组分</td><td colspan="3">单组分耐候胶</td></tr>
<tr><td>打胶日期</td><td>打胶部位</td><td>打胶养护温度(℃)</td><td>打胶养护湿度(%)</td><td>打胶环境</td><td>胶宽度(mm)</td><td>胶厚度(mm)</td><td>检查结果</td><td>备注</td></tr>
<tr><td>2016年7月1日</td><td>一层</td><td>28</td><td>90</td><td>良好</td><td>8.5</td><td>5.5</td><td>合格</td><td></td></tr>
<tr><td>…</td><td>…</td><td>…</td><td>…</td><td>…</td><td>…</td><td>…</td><td>…</td><td></td></tr>
<tr><td></td><td></td><td></td><td></td><td></td><td></td><td></td><td></td><td></td></tr>
<tr><td colspan="9">结论：
经检查符合设计文件及施工质量验收规范的要求，检查合格。</td></tr>
<tr><td rowspan="3">签字栏</td><td>专业承包单位</td><td colspan="2">×××钢结构安装公司</td><td>技术负责人</td><td>×××</td><td>施工员</td><td colspan="2">×××</td></tr>
<tr><td>施工总承包单位</td><td colspan="2">××市第一建筑工程公司</td><td>技术负责人</td><td>×××</td><td>质检员</td><td colspan="2">×××</td></tr>
<tr><td>监理单位</td><td colspan="2">××市建设工程监理公司</td><td colspan="2">专业监理工程师</td><td colspan="3">×××</td></tr>
</table>

注：本表由施工单位填写，一式三份，建设单位、监理单位、施工单位各留存一份。

第六节　施工试验记录及检测文件(C6)

在施工过程中,对于某些施工部位或工序,施工单位应委托具有资质的试验检测单位对这些工序进行检验,由试验检测单位出具试验或检测报告。施工单位应将这些试验记录或检测报告整理归档。

施工试验记录及检测报告包括以下种类:

锚杆试验报告;地基承载力检验报告;桩基检测报告;土工击实试验报告;回填土试验报告(应附图);钢筋机械连接试验报告;钢筋焊接连接试验报告;砂浆配合比申请单、通知单;砂浆抗压强度试验报告;砌筑砂浆试块强度统计、评定记录;混凝土配合比申请单、通知单;混凝土抗压强度试验报告;混凝土试块强度统计、评定记录;混凝土抗渗试验报告;砂、石、水泥放射性指标报告;混凝土碱总量计算书;外墙饰面砖样板黏结强度试验报告;后置埋件抗拔试验报告;超声波探伤报告、探伤记录;钢构件射线探伤报告;磁粉探伤报告;高强度螺栓抗滑移系数检测报告;钢结构焊接工艺评定;网架节点承载力试验报告;钢结构防腐、防火涂料厚度检测报告;木结构胶缝试验报告;木结构构件力学性能试验报告;木结构防护剂试验报告;幕墙双组分硅酮结构密封胶混匀性及拉断试验报告;幕墙的抗风压性能、空气渗透性能、雨水渗透性能及平面内变形性能检测报告;外门窗的抗风压性能、空气渗透性能和雨水渗透性能检测报告;墙体节能工程保温板材与基层黏结强度现场拉拔试验;外墙保温浆料同条件养护试件试验报告;结构实体混凝土强度检验记录;结构实体钢筋保护层厚度检验记录;围护结构现场实体检验;室内环境检测报告;节能性能检测报告等。

一　砂浆配合比申请单、通知单

在砌体结构施工前,施工单位应根据设计要求的砂浆强度等级,填写《砂浆配合比申请单》,提请具有资质的试验单位进行砂浆试配。试验单位根据试配结果出具《砂浆配合比通知单》。

砂浆试配的要求如下:

(1)不论砂浆工程量大小、强度等级高低,均应进行试配,并按配合比通知单拌制砂浆,严禁使用经验配合比。

(2)申请试配应提供砂浆的技术要求、原材料的有关性能、砂浆的搅拌、施工方法及养护方法。设计有特殊要求的砂浆,还应特别予以详细说明。

(3)进行砂浆配合比设计时,砂浆稠度、分层度、强度为必检项目,试验室在进行砂浆试配中应进行此三项试验。

(4)砂浆配合比通知单中试验、审核、批准签字应齐全,并加盖试验单位公章。

表7-60、表7-61为某教学楼工程的砂浆配合比申请单和通知单。

砂浆配合比申请单 表 7-60

工程名称	××市第一中学教学楼				编　　号	×××××
委托单位	××市第一建筑工程公司		委托人	××	委托编号	××××
砂浆种类	混合砂浆	强度等级	M5		水泥品种	P. O 32.5
水泥进场日期	2016 年 5 月 11 日	生产厂家	××××××		试验编号	×××××
砂产地	××××	粗细级别	中		试验编号	×××××
掺和料种类	石灰膏		外加剂种类		/	
申请日期	2016 年 5 月 14 日		要求使用日期		2016 年 5 月 25 日	

注:本表由施工单位填写,一式一份,施工单位自行存档。

砂浆配合比通知单 表 7-61

工程名称	××市第一中学教学楼				编　　号	×××××
委托单位	××市第一建筑工程公司		委托人	××	委托编号	××××
砂浆种类	混合砂浆	强度等级	M5		水泥品种	P. O 32.5
配合比编号	×××××	试配编号	××××		试验日期	2016 年 5 月 15 日

配　合　比						
材料名称	水泥	砂	水	石灰膏	掺和料	外加剂
每立方米用量(kg)	×	×	×	×	/	/
比例	1	×	×	×	/	/
注:砂浆稠度为 70 ~ 100mm,石灰膏稠度为 120mm ± 5mm。						

批准	×××	审核	×××	试验	×××
试验单位	×××试验检测中心			报告日期	2016 年 5 月 23 日

注:本表由试验单位出具,一式二份,试验单位、施工单位各留存一份。

二 砌筑砂浆试块强度统计、评定记录

《砌筑砂浆试块强度统计、评定记录》是对单位工程砌筑砂浆强度进行综合核查的评定用表,它既是砌筑砂浆抗压强度试验报告的汇总表,也是单位工程评定砌筑砂浆强度是否符合设计要求的核查记录。

砌筑砂浆抗压强度评定以 28d 标准养护的试件的抗压强度为依据。

(一)汇总及评定要求

(1)砌筑砂浆抗压强度试验报告要全部汇总,不得遗漏。

(2)汇总时,应按工程进度(即时间顺序)进行统计汇总。

(3)不同设计强度等级、不同部位(如地基基础、主体工程等)、不同种类砂浆(如水泥砂浆、混合砂浆等)应分别汇总、评定。

(4)砌筑砂浆立方体试件以3个为一组进行评定。

(二)评定方法

1. 计算每组试件的强度代表值f

(1)计算3个试件实测强度的平均值:$f_{平均值}=(f_1+f_2+f_3)/3$。

(2)找出3个试件实测强度中的最大值f_{max}及最小值f_{min}。

(3)每组试件的强度代表值f的确定:

①如果最大值或最小值中有一个值与中间值的差值超过中间值的15%时,则把最大值和最小值一并舍除,取中间值作为该组试件的强度代表值。

即:若$(f_{max}-f_{中间值})/f_{中间值}>15\%$或$(f_{中间值}-f_{min})/f_{中间值}>15\%$,则取$f_{中间值}$作为该组试件的强度代表值。

②如果两个值与中间值的差值均超过中间值的15%时,则该组试件的试验结果无效。

③若没有上述情况,则取$f_{平均值}$的1.3倍作为该组试件的强度代表值。

2. 单位工程验收判断计算

(1)如果只有1组或2组试件时,则只需满足式(7-1)的条件即为合格,否则此单位工程砌筑砂浆的强度不合格。

$$f \geqslant 1.1f_{m,k} \tag{7-1}$$

式中:f——砌筑砂浆每组试件的强度代表值。

(2)如果有3组及3组以上试件时,要同时满足式(7-2)和式(7-3)的条件才能合格,否则此单位工程砌筑砂浆的强度不合格。

所有组试件的强度代表值的平均值

$$f_{平} \geqslant 1.1f_{m,k} \tag{7-2}$$

任意一组试件的强度值

$$f_{任} \geqslant 0.85f_{m,k} \tag{7-3}$$

式中:$f_{m,k}$——砂浆抗压强度设计标准值。

(三)填表要求

(1)养护方法:标准养护。

(2)结构部位:按实际应用的部位填写。

(3)统计期:按实际统计、汇总、评定的日期填写。

(4)结论:要写明判断后的结论(评定合格或不合格)。

表7-62为某教学楼工程的砌筑砂浆试块强度统计、评定记录。

砌筑砂浆试块强度统计、评定记录(表 C.6.5)　　　　表 7-62

<table>
<tr><td rowspan="2">工程名称</td><td colspan="4" rowspan="2">××市第一中学教学楼</td><td colspan="2">编　　号</td><td colspan="2">××××××</td></tr>
<tr><td colspan="2">强度等级</td><td colspan="2">M7.5</td></tr>
<tr><td>施工单位</td><td colspan="4">××市第一建筑工程公司</td><td colspan="2">养护方法</td><td colspan="2">标准养护</td></tr>
<tr><td>统计期</td><td colspan="4">2016 年 5 月 25 日至 2016 年 8 月 5 日</td><td colspan="2">结构部位</td><td colspan="2">主体砌筑</td></tr>
<tr><td>试块组数 n</td><td colspan="2">强度标准值 f_2(MPa)</td><td colspan="2">平均值 $f_{2,m}$(MPa)</td><td colspan="2">最小值 $f_{2,min}$(MPa)</td><td colspan="2">$0.85f_2$</td></tr>
<tr><td>5</td><td colspan="2">7.5</td><td colspan="2">10.4</td><td colspan="2">10.3</td><td colspan="2">6.4</td></tr>
<tr><td rowspan="3">每组强度值
(MPa)</td><td>10.3</td><td>10.5</td><td>10.3</td><td>10.3</td><td>10.5</td><td></td><td></td><td></td></tr>
<tr><td></td><td></td><td></td><td></td><td></td><td></td><td></td><td></td></tr>
<tr><td></td><td></td><td></td><td></td><td></td><td></td><td></td><td></td></tr>
<tr><td>判定式</td><td colspan="4">$f_{2,m} \geqslant 1.1f_2$</td><td colspan="4">$f_{2,min} \geqslant 0.85f_2$</td></tr>
<tr><td>结果</td><td colspan="4">10.4 > 1.1 × 7.5 = 8.25
满足要求</td><td colspan="4">10.3 > 6.4
满足要求</td></tr>
<tr><td colspan="9">结论:
评定为合格。</td></tr>
<tr><td rowspan="3">签字栏</td><td colspan="2">批准</td><td colspan="3">审核</td><td colspan="3">统计</td></tr>
<tr><td colspan="2">×××</td><td colspan="3">×××</td><td colspan="3">×××</td></tr>
<tr><td colspan="2">报告日期</td><td colspan="6">2012 年 8 月 5 日</td></tr>
</table>

注:本表由施工单位填写,一式三份,建设单位、施工单位、城建档案馆各留存一份。

三 混凝土配合比申请单、通知单

在混凝土工程施工前,施工单位应根据设计要求的混凝土强度等级,填写《混凝土配合比申请单》,提请具有资质的试验单位进行混凝土试配,试验单位根据试配结果出具《混凝土配合比通知单》。

混凝土试配的要求如下:

(1)不论混凝土工程量大小、强度等级高低,均应进行试配,并按配合比通知单拌制混凝土,严禁使用经验配合比。

(2)申请试配应提供混凝土的技术要求、原材料的有关性能、混凝土的搅拌、施工方法及养护方法。设计有特殊要求的混凝土,还应特别予以详细说明。

(3)凡现浇框架结构、剪力墙结构、现场预制大型构件、重要混凝土基础以及构筑物、大体积混凝土及其他不同品种、不同强度等级、不同级配的混凝土均应事先送样申请试配,由试验室根据试配结果签发《混凝土配合比通知单》。

(4)施工中如材料与送样有变化时,应另行送样,申请修改配合比。

(5)混凝土配合比通知单中试验、审核、技术负责人签字应齐全,并加盖试验单位公章。

表 7-63、表 7-64 分别为某教学楼工程的混凝土配合比申请单和通知单。

混凝土配合比申请单 表 7-63

工程名称	××市第一中学教学楼			编　　号	×××××
委托单位	××市第一建筑工程公司	委托人	××	委托编号	××××
设计强度等级	C25	要求坍落度	100mm	其他技术要求	/
搅拌方法	机械搅拌	振捣方法	机械振捣	养护方法	自然养护
水泥品种	P. O 32.5	生产厂家	××××××	试验编号	×××××
砂产地	××××	粗细级别	中	试验编号	×××××
石子产地	××××	最大粒径	30mm	试验编号	×××××
掺合料种类	石灰膏		外加剂种类	/	
申请日期	2016 年 3 月 14 日		要求使用日期	2016 年 3 月 25 日	

注:本表由施工单位填写,一式一份,施工单位自行存档。

混凝土配合比通知单 表 7-64

工程名称	××市第一中学教学楼				编　　号	×××××	
委托单位	××市第一建筑工程公司		委托人	××	委托编号	××××	
混凝土强度等级	C25	水胶比	×	水灰比	×	砂率	×
配合比编号	×××××		试配编号	××××	试验日期	2016 年 3 月 15 日	
配合比							
材料名称	水泥	砂	石子	水	掺和料	外加剂	其他
每立方米用量(kg)	×	×	×	×	/	/	
比例	1	×	×	×	/	/	/
每立方米混凝土碱含量(kg)	××						
	××						
说明:							
批准	×××	审核	×××	试验	×××		
试验单位	×××试验检测中心			报告日期	2016 年 3 月 23 日		

注:本表由试验单位出具,一式二份,试验单位、施工单位各留存一份。

四 混凝土试块强度统计、评定记录

《混凝土试块强度统计、评定记录》是对单位工程混凝土强度进行综合核查的评定用表,它既是混凝土抗压强度试验报告的汇总表,也是单位工程评定混凝土强度是否符合设计要求的核查记录。

混凝土抗压强度评定采用 28d 标准养护试件和同条件养护试件的抗压强度共同评定,以标准养护的为准,同条件养护的为辅。

(一)汇总及评定要求

(1)混凝土抗压强度试验报告要全部汇总,不得遗漏。

(2)汇总时,应按工程进度(即时间顺序)进行统计汇总。

(3)不同设计强度等级(如 C20、C30 等)、不同部位(如地基基础、主体工程等)、不同种类混凝土(如普通混凝土、抗渗混凝土等)应分别汇总、评定。

(4)评定时以标准养护的试件抗压强度为准,对掺矿物掺和料的混凝土进行强度评定时,可根据设计规定,可采用大于 28d 龄期的混凝土强度。

(5)评定时,按混凝土试件组数的多少,选择不同的方法进行评定。

(6)混凝土立方体试件以 3 个为一组进行评定。

(7)当采用非标准尺寸试件时,应将其抗压强度乘以尺寸折算系数,折算成边长为 100mm 的标准尺寸试件抗压强度。尺寸折算系数按下列规定采用:

①当混凝土强度等级低于 C60 时,对边长为 100mm 的立方体试件取 0.95,对边长为 200mm 的立方体试件取 1.05。

②当混凝土强度等级不低于 C60 时,宜采用标准尺寸试件;使用非标准尺寸试件时,尺寸折算系数应由试验确定,其试件数量不应少于 30 组。

(二)评定方法

1. 计算每组试件强度代表值 f

(1)计算 3 个试件实测强度的平均值:$f_{平均值} = (f_1 + f_2 + f_3)/3$。

(2)找出 3 个试件实测强度值中的最大值 f_{max} 及最小值 f_{min}。

(3)每组试件的强度代表值 f 的确定:

①如果最大值或最小值中有一个值与中间值的差值超过中间值的 15% 时,则把最大值和最小值一并舍除,取中间值作为该组试件的强度代表值。

即若 $(f_{max} - f_{中间值})/f_{中间值} > 15\%$ 或 $(f_{中间值} - f_{min})/f_{中间值} > 15\%$,则取 $f_{中间值}$ 作为该组试件的强度代表值。

②如果两个值与中间值的差值均超过中间值的 15% 时,则该组试件的试验结果无效。

③如果没有上述情况,则取 $f_{平均值}$ 作为该组试件的强度代表值。

2. 单位工程验收判断计算

单位工程验收判断的方法有三个,根据同一验收批的混凝土试件的组数多少进行选择。

1)标准差已知的统计方法

连续生产的混凝土,生产条件在较长时间内保持一致,且同一品种、同一强度等级混凝土的强度变异性保持稳定时,混凝土强度的评定应符合以下要求。

(1)一个检验批的样本容量应为连续的 3 组试件,其强度应同时符合式(7-4)和式(7-5)的规定:

$$m_{f_{cu}} \geqslant f_{cu,k} + 0.7\sigma_0 \tag{7-4}$$

$$f_{cu,min} \geqslant f_{cu,k} - 0.7\sigma_0 \tag{7-5}$$

(2)当混凝土强度等级不高于 C20 时,其强度的最小值尚应满足式(7-6)的要求:

$$f_{cu,min} \geqslant 0.85 f_{cu,k} \tag{7-6}$$

(3)当混凝土强度等级高于 C20 时,其强度的最小值尚应满足式(7-7)要求:

$$f_{cu,min} \geqslant 0.9 f_{cu,k} \tag{7-7}$$

式中:$m_{f_{cu}}$——同一检验批混凝土强度代表值的平均值(MPa),精确到 0.1MPa;

$f_{cu,k}$——混凝土的设计强度标准值(MPa),精确到0.1MPa;

σ_0——检验批混凝土强度的标准差(MPa),精确到0.1MPa;

$f_{cu,min}$——同一检验批混凝土强度的最小值(MPa),精确到0.1MPa。

(4)同一检验批混凝土强度的标准差应按式(7-8)计算:

$$\sigma_0 = \sqrt{\frac{\sum_{i=1}^{n} f_{cu,i}^2 - nm^2 f_{cu}}{n-1}} \tag{7-8}$$

当σ_0计算值小于2.5MPa时,应取$\sigma_0 = 2.5$MPa。

式中:$f_{cu,i}$——前一个检验期内同一品种、同一强度等级的第i组混凝土试件的立方体抗压强度代表值(MPa),精确到0.1MPa;该检验期不应少于60d,也不得大于90d;

n——前一检验期内的样本容量,在该期间内样本容量不应少于45组。

2)标准差未知的统计方法

当混凝土的生产条件不能满足"在较长时间内保持一致,且同一品种混凝土的强度变异性保持稳定"的规定,或在前一检验期内同一品种混凝土没有足够的强度数据用以确定验收批混凝土强度标准时,混凝土强度的评定应符合以下要求。

(1)当样本容量不少于10组时,其强度应同时满足式(7-9)和式(7-10)的要求:

$$m_{fcu} \geqslant f_{cu,k} + \lambda_1 \cdot S_{fcu} \tag{7-9}$$

$$f_{cu,min} \geqslant \lambda_2 \cdot f_{cu,k} \tag{7-10}$$

式中:m_{fcu}——同一检验批混凝土强度代表值的平均值(MPa),精确到0.1MPa;

$f_{cu,k}$——混凝土的设计强度标准值(MPa),精确到0.1MPa;

$f_{cu,min}$——同一检验批混凝土强度的最小值(MPa),精确到0.1MPa;

S_{fcu}——同一检验批混凝土强度的标准差(MPa),精确到0.1MPa;

λ_1、λ_2——合格判定系数,按表7-65取用。

(2)同一检验批混凝土立方体抗压强度的标准差应按式(7-11)计算:

$$S_{f_{cu}} = \sqrt{\frac{\sum_{i=1}^{n} f_{cu,i}^2 - n \cdot m^2 f_{cu}}{n-1}} \tag{7-11}$$

当S_{fcu}计算值小于2.5MPa时,应取S_{fcu}=2.5MPa。

式中:$f_{cu,i}$——同一检验批任意一组混凝土试件的强度代表值(MPa),精确到0.1MPa;

n——本检验期内的样本容量。

(3)混凝土强度的合格判定系数见表7-65。

合格判定系数 表7-65

组　数	10~14	15~19	≥20
λ_1	1.15	1.05	0.95
λ_2	0.9	0.85	

3)非统计方法评定

当用于评定的样本容量小于10组时,应采用非统计方法评定混凝土强度,其强度应同时符合式(7-12)和式(7-13)的规定:

$$m_{fcu} \geqslant \lambda_3 \cdot f_{cu,k} \quad (7\text{-}12)$$

$$f_{cu,min} \geqslant \lambda_4 \cdot f_{cu,k} \quad (7\text{-}13)$$

式中：m_{fcu}——同一检验批混凝土强度代表值的平均值(MPa)，精确到0.1MPa；

$f_{cu,k}$——混凝土的设计强度标准值(MPa)，精确到0.1MPa；

$f_{cu,min}$——同一检验批混凝土强度的最小值(MPa)，精确到0.1MPa；

λ_3、λ_4——合格评定系数，应按表7-66取用。

混凝土强度的非统计法合格评定系数 表7-66

混凝土强度等级	< C60	≥C60
λ_3	1.15	1.10
λ_4	0.95	

(三)填表要求

(1)养护方法：标准养护。

(2)结构部位：按实际应用的部位填写。

(3)统计期：按实际统计、汇总、评定的日期填写。

(4)结论：要写明判断后的结论(评定合格或不合格)。

表7-67为某教学楼工程的混凝土试块强度统计、评定记录。

混凝土试块强度统计、评定记录(表C.6.6) 表7-67

工程名称	××市第一中学教学楼						编号		××××××			
							强度等级		C25			
施工单位	××市第一建筑工程公司						养护方法		标准养护			
统计期	2016年3月25日至2016年6月5日						结构部位		框架梁、板			
试块组数 n	强度标准值 $f_{cu,k}$ (MPa)		平均值 m_{fcu} (MPa)		最小值 $f_{2,min}$ (MPa)		标准差 S_{fcu} (MPa)		合格判定系数			
									λ_1	λ_2	λ_3	λ_4
6	25		29.0		28.4		/		/	/	1.15	0.95
每组强度值(MPa)	28.5	29.2	28.8	28.4	29.5	29.5						
评定界限	□统计方法(二)						□非统计方法					
	$f_{cu,k}+\lambda_1 \cdot S_{fcu}$			$\lambda_2 f_{cu,k}$			$\lambda_3 f_{cu,k}$			$\lambda_4 f_{cu,k}$		
							28.8			23.8		
判定式	$m_{fcu} \geqslant f_{cu,k}+\lambda_1 \cdot S_{fcu}$			$f_{cu,min} \geqslant \lambda_2 \cdot f_{cu,k}$			$m_{fcu} \geqslant \lambda_3 \cdot f_{cu,k}$			$f_{cu,min} \geqslant \lambda_4 \cdot f_{cu,k}$		
结果							29.0 > 28.8；28.4 > 23.8，满足要求					
结论： 评定为合格。												

签字栏	批准	审核	统计
	×××	×××	×××
	报告日期	2016年8月5日	

注：本表由施工单位填写，一式三份，建设单位、施工单位、城建档案馆各留存一份。

五 砂、石、水泥放射性指标报告

施工中所用砂、石、水泥等材料,在使用前,应由施工单位委托具有相应资质等级的试验检测单位进行放射性指标检验,由试验检测单位出具放射性指标报告。

施工单位应将《砂、石、水泥放射性指标报告》上报监理单位审核,经监理单位认可后存档。

六 混凝土碱总量计算书

混凝土中碱含量是指来自水泥、化学外加剂和矿粉掺和料中游离钾离子、钠离子量之和。

施工单位应委托具有相应资质等级的试验检测单位对混凝土中的碱含量进行检验,由检测单位出具检验报告。施工单位负责按检验报告的数据,对混凝土中的碱含量的总量进行计算,形成《混凝土碱含量计算书》,上报监理单位审核,经专业监理工程师签字认可后存档。

表 7-68 为某教学楼工程的混凝土碱总量计算书。

混凝土碱总量计算书 表 7-68

<table>
<tr><td>工程名称</td><td colspan="3">××市第一中学教学楼</td><td>编号</td><td>××××××</td></tr>
<tr><td>设计强度等级</td><td>C40</td><td>试验编号</td><td>×××××</td><td>配合比编号</td><td>×××××</td></tr>
<tr><td>试验配合比</td><td colspan="3">1:1.82:2.23:0.38:0.0023:0.01</td><td>水胶比</td><td>0.38</td></tr>
<tr><td>使用材料名称</td><td>报告编号</td><td>材料中碱含量</td><td colspan="2">每方混凝土中各材料用量(kg)</td><td>每方混凝土中各材料碱含量(kg)</td></tr>
<tr><td>水泥</td><td>××××</td><td>××</td><td colspan="2">××</td><td>××</td></tr>
<tr><td>粗集料</td><td>××××</td><td>/</td><td colspan="2">××</td><td>/</td></tr>
<tr><td>细集料</td><td>××××</td><td>/</td><td colspan="2">××</td><td>/</td></tr>
<tr><td>纤维</td><td>××××</td><td>/</td><td colspan="2">××</td><td>/</td></tr>
<tr><td>水</td><td>××××</td><td>××</td><td colspan="2">××</td><td>××</td></tr>
<tr><td>外加剂</td><td>××××</td><td>××</td><td colspan="2">××</td><td>××</td></tr>
<tr><td>合计</td><td colspan="4"></td><td>×××</td></tr>
<tr><td>项目</td><td colspan="4">规定值</td><td>计算值</td></tr>
<tr><td>碱总含量</td><td colspan="4">×××</td><td>×××</td></tr>
<tr><td colspan="6">结论:
该批混凝土配合比每 m^3 混凝土中碱总含量符合施工质量验收规范的要求。</td></tr>
<tr><td rowspan="3">签字栏</td><td rowspan="2">施工单位</td><td rowspan="2">××市第一建筑工程公司</td><td>计算</td><td>复核</td><td>技术负责人</td></tr>
<tr><td>××</td><td>×××</td><td>×××</td></tr>
<tr><td>监理或建设单位</td><td colspan="2">××市建设工程监理公司</td><td>专业工程师</td><td>×××</td></tr>
</table>

注:本表由施工单位填写,一式四份,建设单位、监理单位、施工单位、城建档案馆各留存一份。

七 结构实体混凝土强度检验记录

《混凝土结构工程施工质量验收规范》(GB 50204—2015)中规定:对涉及混凝土结构安全的重要部位应进行结构实体检验,检验内容包括:混凝土强度、钢筋保护层、合同约定的其他项目,必要时可检验其他项目。这些项目应该在混凝土结构子分部工程验收之前完成检验工作。

混凝土强度检验应采用同条件养护试块或钻取混凝土芯样的方法。

采用同条件养护试块方法,试块应在混凝土浇筑地点制备,其强度检验时的等效龄期不宜超过 30d。如果同条件养护试件强度被判为不合格,应委托具有相应资质等级的检测机构按国家有关标准进行检测。

采用钻芯取样法,取样构件应按不同强度等级、不同类型进行检验,构件应随即抽取,并应均匀分布。

检验完成后应填写《结构实体混凝土强度检验记录》并存档。

(一)同条件养护试件的要求

同条件养护试件的取样部位应由监理单位(或建设单位)与施工单位共同选定,即实行见证取样和送检,并应有相应的文字记录。如果采用温度—时间累计(600℃ · d)确定同条件养护试件等效养护龄期的,应有相应的温度测量记录。

同条件养护试件应有相应的混凝土抗压强度报告。

(二)填表要求

表中某一强度等级对应的“试件强度代表值”:上一行填写按《混凝土强度检验评定标准》(GB/T 50107—2010)确定的同条件养护试件的强度,下一行填写乘以折算系数后的强度。折算系数宜取 1.10,也可根据当地的试验统计结果做适当调整。

表 7-69 为某教学楼工程的结构实体混凝土强度检验记录。

结构实体混凝土强度检验记录(表 C.6.7)　　表 7-69

工程名称	××市第一中学教学楼										编　号	××××××
											结构类型	框架
施工单位	××市第一建筑工程公司										验收日期	2016 年 6 月 4 日
强度等级	试件强度代表值(MPa)										强度评定结果	监理/建设单位验收结果
C25	×	×	×	×	×	×					合格	符合设计及施工质量验收规范的要求
	×	×	×	×	×	×						
结论: 评定为合格。												
签字栏	项目专业技术负责人						专业监理工程师或建设单位项目专业技术负责人					
	×××						×××					

注:本表由施工单位填写,一式四份,建设单位、监理单位、施工单位、城建档案馆各留存一份。

八 结构实体钢筋保护层厚度检验记录

施工单位应在混凝土结构施工以前根据设计图纸的结构情况,制定《结构实体钢筋保护层厚度检验方案》。

结构实体钢筋保护层厚度的检验,可采用非破损或局部破损的方法,也可采用非破损方法并用局部破损方法进行修正。非破损检验方法,一般适用于大量结构构件及大面积检测的工程(如应用于悬挑构件上)。

施工单位不具备非破损检测条件的,可以委托具有相应资质等级的检测单位进行检测,并应签定委托检测合同,检测单位检测应按《结构实体钢筋保护层厚度检验方案》进行。

钢筋保护层厚度检验的结构部位,应由监理(建设)、施工等各方根据结构构件的重要性共同选定,即结构实体钢筋保护层厚度的检验必须实行见证取样检测。

被委托的检测单位必须出具《钢筋保护层厚度检测报告》,并对检测数据负责;施工单位根据《钢筋保护层厚度检测报告》填写《结构实体钢筋保护层厚度检验记录》并存档。

(一)取样要求

(1)对梁类、板类构件,应各抽取构件数量的2%且不少于5个构件进行检验;当有悬挑构件时,抽取的构件中悬挑梁类、板类构件所占比例均不宜小于50%。

(2)对选定的梁类构件,应对全部纵向受力钢筋的保护层厚度进行检验;对选定的板类构件,应抽取不少于6根纵向受力钢筋的保护层厚度进行检验。对每根钢筋,应在有代表性的部位测量3点取平均值。

(二)验收要求

(1)当采用非破损方法检验时,所使用的检测仪器应经过计量检验,检测操作应符合相应规程的规定,检测误差不应大于1mm。

(2)钢筋保护层厚度检验时,纵向受力钢筋保护层厚度的允许偏差,对梁类构件为+10mm,-7mm;对板类构件为+8mm,-5mm。

(3)对梁类、板类构件纵向受力钢筋的保护层厚度应分别进行验收。

(三)验收合格的判定

(1)当全部钢筋保护层厚度检验的合格点率为90%及以上时,钢筋保护层厚度的检验结果应评定为合格。

(2)当全部钢筋保护层厚度检验的合格点率小于90%,但不小于80%时,可再抽取相同数量的构件进行检验;当按两次抽样总和计算的合格点率为90%及以上时,钢筋保护层厚度的检验结果仍应评定为合格。

(3)每次抽样检验结果中不合格点的最大偏差均不应大于允许偏差的1.5倍。

表7-70为某教学楼工程的结构实体钢筋保护层厚度检验记录。

结构实体钢筋保护层厚度检验记录(表 C.6.8)　　表 7-70

<table>
<tr><td colspan="2">工程名称</td><td colspan="6">××市第一中学教学楼</td><td>编　　号</td><td>××××××</td></tr>
<tr><td colspan="2"></td><td colspan="6"></td><td>结构类型</td><td>框架</td></tr>
<tr><td colspan="2">施工单位</td><td colspan="6">××市第一建筑工程公司</td><td>验收日期</td><td>2016 年 6 月 4 日</td></tr>
<tr><td rowspan="2">构件类别</td><td rowspan="2">序号</td><td colspan="6">钢筋保护层厚度(mm)</td><td rowspan="2">合格点率</td><td rowspan="2">强度评定结果</td><td rowspan="2">监理/建设单位验收结果</td></tr>
<tr><td>设计值</td><td colspan="5">实测值</td></tr>
<tr><td rowspan="4">梁</td><td>1</td><td>30</td><td>29</td><td>31</td><td>30</td><td>32</td><td>31</td><td rowspan="4">90%</td><td rowspan="4">合格</td><td rowspan="4">符合设计及施工质量验收规范的要求</td></tr>
<tr><td>2</td><td>…</td><td>…</td><td>…</td><td>…</td><td>…</td><td>…</td></tr>
<tr><td></td><td></td><td></td><td></td><td></td><td></td><td></td></tr>
<tr><td></td><td></td><td></td><td></td><td></td><td></td><td></td></tr>
<tr><td rowspan="4">板</td><td>1</td><td>15</td><td>14</td><td>16</td><td>15</td><td>16</td><td>17</td><td rowspan="4">90%</td><td rowspan="4">合格</td><td rowspan="4">符合设计及施工质量验收规范的要求</td></tr>
<tr><td>2</td><td>…</td><td>…</td><td>…</td><td>…</td><td>…</td><td>…</td></tr>
<tr><td></td><td></td><td></td><td></td><td></td><td></td><td></td></tr>
<tr><td></td><td></td><td></td><td></td><td></td><td></td><td></td></tr>
<tr><td colspan="11">结论：
评定为合格。</td></tr>
<tr><td colspan="2" rowspan="2">签字栏</td><td colspan="6">项目专业技术负责人</td><td colspan="3">专业监理工程师或建设单位项目专业技术负责人</td></tr>
<tr><td colspan="6">×××</td><td colspan="3">×××</td></tr>
</table>

注:本表由施工单位填写,一式四份,建设单位、监理单位、施工单位、城建档案馆各留存一份。

第七节　施工质量验收文件(C7)

一　检验批质量验收记录

检验批是工程验收的最小单位,是分项工程乃至整个建筑工程质量验收的基础。

检验批是施工过程中条件相同并有一定数量的材料、构配件或安装项目。由于其质量基本均匀一致,因此可以作为检验的基础单位,并按批验收。

(一)主控项目和一般项目

主控项目包括重要原材料、成品、半成品、设备及附件的材质证明或检(试)验报告;结构强度、刚度等检验数据、工程质量性能检测;一些重要的允许偏差项目,必须控制在允许偏差限值之内。

一般项目是指允许有一定的偏差或缺陷,以及一些无法定量的项目(如油漆的光亮、光滑项目等),但又不能超过一定数量的项目。

(二)验收要求

(1)主控项目和一般项目的质量经抽样检验合格。

(2)具有完整的施工操作依据、质量检查记录等。

(三)填写要求

1.表头部分

(1)"工程名称"按合同文件上的单位工程名称填写,子单位工程应标出该部分的位置。

(2)"验收部位"指一个分项工程中同验收的那个检验批的抽样范围,要标注清楚,如二层①~⑩轴砖砌体。

(3)"施工执行标准名称及编号"填写施工中质量验收时执行的地方标准或企业标准的名称及编号。

2."质量验收规范的规定"栏

在制表时应填写好验收规范中主控项目、一般项目的全部内容。如果表格的地方小,不能将多数指标全部内容填写上,可将质量指标归纳、简化描述或题目及条文号填写上,作为检查内容提示,以便查对验收规范的原文。

对计数检验的项目,将数据直接印出来。

3."施工单位检查评定记录"栏

(1)对定量项目直接填写检查的数据。

(2)对定性项目,当符合规范规定时,采用打"√"的方法标注;当不符合规范规定时,采用打"×"的方法标注。

(3)有混凝土、砂浆强度等级的检验批,按规定制作试件后,可填写试件编号;试件试验报告出来后,对检验批进行判定,并在分项工程验收时进行强度评定及验收。

(4)对既有定性又定量的项目,各个子项目质量均符合规范规定时,采用打"√"的方法标注;否则采用打"×"的方法标注。无此项内容的打"/"来标注。

(5)对一般项目合格点有要求的项目,应是其中带有数据的定量项目,定性项目必须基本达到。定量项目中每个项目都必须有80%以上(混凝土保护层有90%)检测点的实测值达到规范规定。其余20%按各专业施工质量验收规范规定,不能大于150%。钢结构为120%。

在填写此栏时,有数据的项目,将实际测量的数值填入格内,超过验收标准的数字用"△"圈住。

4."监理/建设单位验收记录"栏

通常监理人员采用平行、旁站或巡回的方法进行监理,在施工过程中,对施工质量进行观看和测量,并参加施工单位的重要项目的检测。除对新开工程进行全面检查外,在施工过程中,随时可以测量。

在检验批验收时,对于主控项目、一般项目应逐项进行验收。对符合验收规范规定的项目,填写"合格"或"符合要求";对不符合验收规范规定的项目,暂不填写,待处理后再验收,但应做标记。

5."施工单位检查评定结果"栏

施工单位自行检查评定合格后,应注明"主控项目全部合格,一般项目满足规范规定要求"。

专业工长和施工班组长栏目由本人签字;专业质量检查员代表企业检查评定,合格后写明结果并签字，交监理工程师或建设单位项目专业技术负责人验收。

6.“监理或建设单位验收结论”栏

主控项目、一般项目验收合格后，注明“同意验收”，由专业监理工程师或建设单位的专业技术负责人签字。

表7-71为某教学楼工程的卷材防水层检验批质量验收记录。

卷材防水层检验批质量验收记录(表C.7.1)　　表7-71

<table>
<tr><td>工程名称</td><td colspan="5">××市第一中学教学楼</td></tr>
<tr><td>分项工程名称</td><td colspan="2">卷材防水层</td><td>验收部位</td><td colspan="2">基础①~⑩</td></tr>
<tr><td>施工总承包单位</td><td>××市第一建筑工程公司</td><td>项目经理</td><td>×××</td><td>专业工长</td><td>×××</td></tr>
<tr><td>专业承包单位</td><td>××防水公司</td><td>项目经理</td><td>×××</td><td>施工班组长</td><td>×××</td></tr>
<tr><td>施工执行标准名称及编号</td><td colspan="5">《地下防水工程质量验收规范》(GB 50208—2011)</td></tr>
</table>

<table>
<tr><td colspan="4">质量验收规范的规定</td><td colspan="10">施工单位检查评定记录</td><td>监理/建设单位验收记录</td></tr>
<tr><td rowspan="2">主控项目</td><td>1</td><td colspan="2">卷材及主要配套材料质量</td><td colspan="10">符合要求</td><td rowspan="2">符合要求</td></tr>
<tr><td>2</td><td colspan="2">防水层及其细部做法</td><td colspan="10">符合要求</td></tr>
<tr><td rowspan="6">一般项目</td><td>1</td><td colspan="2">基层质量</td><td>√</td><td>√</td><td>√</td><td>√</td><td>√</td><td>√</td><td>√</td><td>√</td><td>√</td><td>√</td><td rowspan="6">符合要求</td></tr>
<tr><td>2</td><td colspan="2">卷材的搭接质量</td><td>√</td><td>√</td><td>√</td><td>√</td><td>√</td><td>√</td><td>√</td><td>√</td><td>√</td><td>√</td></tr>
<tr><td>3</td><td colspan="2">侧墙保护层的质量</td><td>√</td><td>√</td><td>√</td><td>√</td><td>√</td><td>√</td><td>√</td><td>√</td><td>√</td><td>√</td></tr>
<tr><td rowspan="2"></td><td rowspan="2">项目</td><td rowspan="2">允许偏差(mm)</td><td colspan="10">实测偏差(mm)</td></tr>
<tr><td>1</td><td>2</td><td>3</td><td>4</td><td>5</td><td>6</td><td>7</td><td>8</td><td>9</td><td>10</td></tr>
<tr><td>4</td><td>卷材搭接宽度</td><td>-10</td><td>×</td><td>×</td><td>×</td><td>×</td><td>×</td><td>×</td><td>×</td><td>×</td><td>×</td><td>×</td></tr>
<tr><td colspan="15">施工单位检查评定结果：
主控项目全部合格，一般项目满足规范规定要求。
质量检查员：×××　　2016年3月23日</td></tr>
<tr><td colspan="15">监理或建设单位验收结论：
符合施工质量验收规范要求，同意验收。
监理工程师或建设单位项目专业技术负责人：×××　　2016年3月23日</td></tr>
</table>

注：本表由施工单位填写，一式三份，建设单位、监理单位、施工单位各留存一份。

二 分项工程质量验收记录

(一)验收人及内容

分项工程验收由监理工程师组织项目专业技术负责人等进行。

分项工程验收是在检验批验收合格的基础上进行，通常起一个归纳整理的作用，是一个统计表，没有实质性验收内容。主要注意三点就可以了：一是检查验收批是否将整个工程覆盖了,有没有漏掉的部位;二是检查有混凝土、砂浆强度要求的检验批,到龄期后能否达到规范规定;三是将检验批的资料统一,依次进行登记整理,方便管理。

(二)填写要求

表头及检验批部位、区段、施工单位检查评定结果,由施工单位项目专业质量检查员填写,由施工单位项目技术负责人检查后给出评价并签字,交监理单位或建设单位验收。

(三)审查

监理单位的专业监理工程师(或建设单位项目专业技术负责人)应逐项审查,同意项填写"合格或符合要求",不同意项暂不填写,待处理后再验收,但应做标记。注明验收和不验收的意见,如同意验收则签字确认,若不同意验收,应指出存在问题,明确处理意见和完成时间。

表 7-72 为某教学楼工程的模板分项工程质量验收记录。

<u>模板</u>分项工程质量验收记录(表 C.7.2)　　表 7-72

<table>
<tr><td colspan="2">工程名称</td><td>××市第一中学教学楼</td><td>结构类型</td><td>框架</td><td>检验批数</td><td>12</td></tr>
<tr><td colspan="2">施工总承包单位</td><td>××市第一建筑工程公司</td><td>姓名经理</td><td>×××</td><td>项目技术负责人</td><td>×××</td></tr>
<tr><td colspan="2">专业承包单位</td><td>/</td><td>单位负责人</td><td>/</td><td>项目经理</td><td>/</td></tr>
<tr><td>序号</td><td colspan="2">检验批名称及部位、区段</td><td colspan="2">施工单位检查评定记录</td><td colspan="2">监理或建设单位验收意见</td></tr>
<tr><td>1</td><td colspan="2">一层框架柱模板安装</td><td colspan="2">符合要求</td><td colspan="2">符合质量验收规范要求</td></tr>
<tr><td>2</td><td colspan="2">二层框架柱模板安装</td><td colspan="2">符合要求</td><td colspan="2">符合质量验收规范要求</td></tr>
<tr><td>3</td><td colspan="2">三层框架柱模板安装</td><td colspan="2">符合要求</td><td colspan="2">符合质量验收规范要求</td></tr>
<tr><td>4</td><td colspan="2">一层框架柱模板拆除</td><td colspan="2">符合要求</td><td colspan="2">符合质量验收规范要求</td></tr>
<tr><td>5</td><td colspan="2">二层框架柱模板拆除</td><td colspan="2">符合要求</td><td colspan="2">符合质量验收规范要求</td></tr>
<tr><td>6</td><td colspan="2">三层框架柱模板拆除</td><td colspan="2">符合要求</td><td colspan="2">符合质量验收规范要求</td></tr>
<tr><td>7</td><td colspan="2">一层框架梁、板模板安装</td><td colspan="2">符合要求</td><td colspan="2">符合质量验收规范要求</td></tr>
<tr><td>8</td><td colspan="2">二层框架梁、板模板安装</td><td colspan="2">符合要求</td><td colspan="2">符合质量验收规范要求</td></tr>
<tr><td>9</td><td colspan="2">三层框架梁、板模板安装</td><td colspan="2">符合要求</td><td colspan="2">符合质量验收规范要求</td></tr>
<tr><td>10</td><td colspan="2">一层框架梁、板模板拆除</td><td colspan="2">符合要求</td><td colspan="2">符合质量验收规范要求</td></tr>
<tr><td>11</td><td colspan="2">二层框架梁、板模板拆除</td><td colspan="2">符合要求</td><td colspan="2">符合质量验收规范要求</td></tr>
<tr><td>12</td><td colspan="2">三层框架梁、板模板拆除</td><td colspan="2">符合要求</td><td colspan="2">符合质量验收规范要求</td></tr>
<tr><td></td><td colspan="2"></td><td colspan="2"></td><td colspan="2"></td></tr>
<tr><td colspan="7">说明:</td></tr>
<tr><td>检查结论</td><td colspan="2">模板安装及拆除工程施工质量符合《混凝土结构工程施工质量验收规范》(GB 50204—2015)的要求,模板分项工程合格。
项目专业技术负责人:<u>×××</u>
2016 年 6 月 3 日</td><td>验收结论</td><td colspan="3">同意施工单位检查结论,验收合格。
监理工程师或建设单位项目专业技术负责人:<u>×××</u>
2016 年 6 月 3 日</td></tr>
</table>

注:本表由施工单位填写,一式三份,建设单位、监理单位、施工单位各留存一份。

三 分部(子分部)工程质量验收记录

分部(子分部)工程质量验收是在分项工程的质量进行检查验收后,对有关工程质量控制资料、安全及功能检验和抽样检测的结果的资料核查,以及对观感质量进行评价。

分部(子分部)工程质量验收包括四个方面内容:分项工程验收;质量控制资料的核查;安全和功能检验(检测)报告的核查;观感质量验收。

(一)填写要求

(1)分部(子分部)工程的名称填写要具体,写在分部(子分部)工程的前边,并分别划掉分部或子分部。

(2)"结构类型"填写设计文件提供的结构类型。

(3)"层数"应分别注明地下和地上的层数。

(4)"技术部门负责人""质量部门负责人"一般情况下填写项目的技术和质量负责人,只有地基与基础分部、主体结构分部验收时填写施工单位的技术部门及质量部门负责人。

(二)验收内容

1. 分项工程

按分项工程第一个检验批施工的先后顺序,将分项工程名称填写上;在第二格内分别填写各分项工程实际的检验批数,即分项工程验收表上的检验批数,并将各分项工程评定表按顺序附在表后。

"施工单位检查评定"栏,填写施工单位自行检查评定的结果。核查一下分项工程是否都通过验收,有关有龄期试件的合格评定是否都达到要求。核查后,自检符合要求的,可打"√"标注,否则打"×"标注。有"×"的项目不能交给监理单位或建设单位验收,应进行返修达到合格后再提交验收。

监理单位或建设单位由总监理工程师或建设单位项目专业技术负责人组织审查,符合要求后,在"验收意见"栏内签注"同意验收"意见。

2. 质量控制资料

应按《建筑工程施工质量验收统一标准》(GB 50300—2013)中《单位(子单位)工程质量控制资料核查记录》中的相关内容来确定所验收的分部(子分部)工程的质量控制资料项目,并按资料核查的要求,逐项进行检查。能基本反映工程质量情况,达到保证结构安全和使用功能要求的,即可通过验收。

全部项目都通过,即可在"施工单位检查评定"栏内打"√"标注"检查合格",并送监理单位或建设单位验收。

监理单位或建设单位由总监理工程师或建设单位项目专业技术负责人组织审查,符合要求后,在"验收意见"栏内签注"同意验收"意见。

有些工程可按子分部工程进行验收,有些工程可按分部工程进行验收,由于工程不同,不能强求统一。

3. 安全和功能检验(检测)报告

这个项目是指竣工抽样检测的项目,能在分部(子分部)工程中检测的,尽量放在分部(子分部)工程中检测。

检测内容按《建筑工程施工质量验收统一标准》(GB 50300—2013)中《单位(子单位)工程安全和功能检验资料核查及主要功能抽查记录》中相关内容确定核查和抽查项目。在核查时要注意,在开工之前确定的项目是否都进行了检测。逐一检查每个检测报告时,核查每个检测项目的检测方法、程序是否符合有关标准规定;检测结果是否达到规范的要求;检测报告的审批程序、签字是否完整。

每个检测项目都通过审查后,即可在“施工单位检查评定”栏内打“√”标注“检查合格”,并送监理单位或建设单位验收。

监理单位或建设单位由总监理工程师或建设单位项目专业技术负责人组织审查,符合要求后,在“验收意见”栏内签注“同意验收”意见。

4. 观感质量验收

需要做观感质量检查的,由施工单位项目经理组织进行现场检查,以监理单位的总监理工程师或建设单位的项目专业技术负责人为主导共同确定质量评价(好、一般、差)。如观感质量评价为差,能修理的,尽量修理;若修理确实很难时,只要不影响结构安全和使用功能,可采用协商解决的方法进行验收,并在验收表上注明,然后将验收评价结论填写在“观感质量验收”栏内。

(三)验收单位签字

参与验收的工程建设责任单位的有关人员均应亲自签字确认,并加盖单位公章。

勘察单位可只签认地基基础分部(子分部)工程,由项目负责人签字;设计单位可只签认地基基础分部、主体结构及重要安装分部(子分部)工程,由项目负责人签字;有分包单位的,分包单位可只签认其分包的分部(子分部)工程,由分包项目经理签字。

表7-73为某教学楼工程的混凝土结构(子分部)工程质量验收记录。

混凝土结构(子分部)**工程质量验收记录**(表C.7.3)　　表7-73

工程名称	××市第一中学教学楼	结构类型	框架	层数	地上6层/地下1层
施工总承包单位	××市第一建筑工程公司	技术部门负责人	×××	质量部门负责人	×××
专业承包单位	/	专业承包单位负责人	/	专业承包单位技术负责人	/
序号	分项工程名称	检验批数	施工单位检查评定		验收意见
1	模板	14	符合要求		各分项检验批验收合格,符合质量验收规范要求
2	钢筋	14	符合要求		
3	混凝土	14	符合要求		
4	现浇结构	14	符合要求		
质量控制资料		资料齐全、符合要求			同意验收
安全和功能检验(检测)报告		结构实体检验报告符合要求			同意验收
观感质量验收		混凝土结构尺寸符合设计要求;表面无缺陷;观感质量良好			同意验收

续上表

验收单位	专业承包单位	项目经理： 年 月 日
	施工总承包单位	项目经理：× × × 2016年7月4日
	勘察单位	项目负责人：× × × 年 月 日
	设计单位	项目负责人：× × × 2016年7月4日
	监理单位或建设单位	总监理工程师或建设单位项目专业负责人：× × × 2016年7月4日

注：本表由施工单位填写，一式四份，建设单位、监理单位、施工单位、城建档案馆各留存一份。

四 建筑节能分部工程质量验收记录

建筑节能分部工程质量验收应在各检验批、各分项工程全部验收合格的基础上，有关质量责任主体确认建筑节能工程质量达到验收条件后方可进行。

建筑节能分部工程质量验收前，相关技术资料应齐全，设计文件和合同约定的节能工程全部施工完毕。

建筑节能分部质量验收合格后，其相关技术资料应及时归档。

（一）质量控制资料核查

(1)设计文件、图纸会审记录、设计变更和洽商。

(2)主要材料、设备和构件的质量证明文件、进场检查验收记录、进场复验报告、见证试验报告等。

(3)隐蔽工程验收记录和相关图像资料。

(4)分部分项工程质量验收记录、检验批验收记录。

(5)建筑围护结构节能构造现场实体检测记录。

(6)建筑外窗气密性检测报告。

(7)保温隔热材料的导热系数、密度、吸水率复检报告或质量证明文件。

(8)通风与空调节能工程的风机盘管机组的供冷量、供热量、风量、出口静压、噪声及功能复检报告。

(9)通风与空调节能工程绝缘材料的导热系数、密度、吸水率复检报告。

(10)空调与采暖系统冷、热源及管网节能工程绝缘材料的导热系数、密度、吸水率复检报告或质量证明文件；系统联合试运转或调试报告。

(11)配电与照明节能工程的电缆、电线截面和每芯导体电阻值复检报告、照明通电试运行记录。

(12)采暖、通风与空调、配电与照明工程系统节能性能检测报告。

(13)建筑节能工程能效检测报告。

(14)建筑节能工程质量问题的整改和质量事故的处理结论。

(15)其他对建筑节能工程质量有影响的重要技术资料等。

(二)建筑节能分部工程验收应重点检查内容

(1)验收范围、施工完成工作量与施工图设计文件和合同约定是否相符。
(2)实体质量、观感质量与施工图设计文件和施工验收规范是否相符。
(3)住宅工程的节能指标与公示内容是否相符。

(三)建筑节能分部工程验收监督,应重点监督验收组织、验收程序和验收执行标准是否符合要求,并应记录有关质量主体对下列内容的评价

(1)施工完成工作量与施工图设计文件和合同约定是否相符。
(2)节能工程技术资料的完整性、及时性和真实性。
(3)节能工程的实体质量是否符合施工图设计文件和施工规范要求。

表7-74为某教学楼工程的建筑节能分部工程质量验收记录。

建筑节能分部工程质量验收记录(表C.7.4)　　表7-74

<table>
<tr><td colspan="2">工程名称</td><td colspan="3">××市第一中学教学楼</td><td colspan="3">结构类型及层数</td><td colspan="3">框架结构、6层</td></tr>
<tr><td colspan="2">施工总承包单位</td><td colspan="2">××市第一建筑工程公司</td><td colspan="2">技术部门负责人</td><td colspan="2">×××</td><td colspan="2">质量部门负责人</td><td>×××</td></tr>
<tr><td colspan="2">专业承包单位</td><td colspan="2">×××××××××</td><td colspan="2">专业承包单位负责人</td><td colspan="2">×××</td><td colspan="2">专业承包单位技术负责人</td><td>×××</td></tr>
<tr><td>序号</td><td colspan="4">分项工程名称</td><td colspan="2">验收结论</td><td colspan="2">监理工程师签字</td><td colspan="2">备注</td></tr>
<tr><td>1</td><td colspan="4">墙体节能工程</td><td colspan="2">同意验收</td><td colspan="2">×××</td><td colspan="2"></td></tr>
<tr><td>2</td><td colspan="4">幕墙节能工程</td><td colspan="2">同意验收</td><td colspan="2">×××</td><td colspan="2"></td></tr>
<tr><td>3</td><td colspan="4">门窗节能工程</td><td colspan="2">同意验收</td><td colspan="2">×××</td><td colspan="2"></td></tr>
<tr><td>4</td><td colspan="4">屋面节能工程</td><td colspan="2">同意验收</td><td colspan="2">×××</td><td colspan="2"></td></tr>
<tr><td>5</td><td colspan="4">地面节能工程</td><td colspan="2">同意验收</td><td colspan="2">×××</td><td colspan="2"></td></tr>
<tr><td>6</td><td colspan="4">采暖节能工程</td><td colspan="2">同意验收</td><td colspan="2">×××</td><td colspan="2"></td></tr>
<tr><td>7</td><td colspan="4">通风与空调调节节能工程</td><td colspan="2">同意验收</td><td colspan="2">×××</td><td colspan="2"></td></tr>
<tr><td>8</td><td colspan="4">空调与采暖系统的冷热源及管网节能工程</td><td colspan="2">同意验收</td><td colspan="2">×××</td><td colspan="2"></td></tr>
<tr><td>9</td><td colspan="4">配电与照明节能工程</td><td colspan="2">同意验收</td><td colspan="2">×××</td><td colspan="2"></td></tr>
<tr><td>10</td><td colspan="4">监测与控制节能工程</td><td colspan="2">同意验收</td><td colspan="2">×××</td><td colspan="2"></td></tr>
<tr><td colspan="3">质量控制资料</td><td colspan="6">满足施工质量验收规范要求</td><td colspan="2"></td></tr>
<tr><td colspan="3">外墙节能构造现场实体检验</td><td colspan="6">满足施工质量验收规范要求</td><td colspan="2"></td></tr>
<tr><td colspan="3">外窗气密性现场实体检验</td><td colspan="6">满足施工质量验收规范要求</td><td colspan="2"></td></tr>
<tr><td colspan="3">系统节能性能检测</td><td colspan="6">满足施工质量验收规范要求</td><td colspan="2"></td></tr>
<tr><td colspan="11">验收结论:通过验收</td></tr>
<tr><td colspan="11">其他参加验收人员:×××　×××　×××　×××</td></tr>
<tr><td rowspan="2">验收单位</td><td colspan="2">专业承包单位</td><td colspan="2">施工总承包单位</td><td colspan="3">设计单位</td><td colspan="3">监理或建设单位</td></tr>
<tr><td colspan="2">项目经理:×××
2016年9月20日</td><td colspan="2">项目经理:×××
2016年9月20日</td><td colspan="3">项目负责人:×××
2016年9月20日</td><td colspan="3">总监理工程师或
建设单位项目负责人:×××
2016年9月20日</td></tr>
</table>

注:本表由施工单位填写,一式五份,建设单位、监理单位、设计单位、施工单位、城建档案馆各留存一份。

第八节　施工验收文件(C8)

一 单位(子单位)工程竣工预验收报验表

工程完工后,施工单位应向监理单位提出对该工程项目进行验收申请,并提交《单位(子单位)工程竣工预验收报验表》,总监理工程师组织专业监理工程师对施工单位申报的竣工验收资料进行审核后,并组织项目监理人员根据有关规定与施工单位共同对工程进行检查验收,合格后,总监理工程师签署《单位(子单位)工程竣工预验收报验表》,并及时报告建设单位和编写《工程质量评估报告》。

(一)工程竣工验收程序

(1)当单位工程达到竣工验收条件后,施工单位应在自审、自查、自评工作完成后,填写《单位(子单位)工程竣工预验收报验表》,由施工单位的法定代表人和技术负责人签章,并将全部竣工资料报送监理单位,申请竣工预验收。

(2)总监理工程师应组织各专业监理工程师对竣工资料及各专业工程的质量情况进行全面检查,对检查出的问题,签发《监理工程师通知》,要求施工单位整改和完善。

(3)经监理单位对竣工资料及实物全面检查、验收合格后,由总监理工程师签署《单位(子单位)工程竣工预验收报验表》,并向建设单位提出《工程质量评估报告》,请建设单位组织工程竣工验收。

(二)工程竣工验收资料的审查内容

监理工程师在同意竣工验收前,应对施工单位提交的全套竣工验收资料进行审核。施工单位提交的竣工验收资料主要有:

(1)工程项目开工报告。

(2)工程项目竣工报告。

(3)图纸会审和设计交底记录。

(4)设计变更通知单。

(5)技术变更洽商单。

(6)施工组织设计。

(7)工程质量事故发生后调查和处理资料。

(8)水准点位置、定位测量记录、沉降及位移观测记录。

(9)材料、设备、构件的质量合格证明资料。

(10)检验、试验报告。

(11)隐蔽验收记录及施工日志。

(12)打桩记录、试桩报告。

(13)材料代用表。

(14)竣工图。

(15)质量评定资料。

(16)工程竣工验收及资料。

(三)审查竣工验收资料的重点

1. 材料、设备、构配件的质量合格证明材料

这些材料应真实可靠,不得擅自修改、伪造和事后补做。

2. 检验、试验资料

各种材料检验、试验资料,必须根据规范要求制作试件或取样,进行规定数量的试验。试验、检验的结论只有符合设计要求后才能用于工程施工。

3. 核查隐蔽工程记录及施工记录

4. 竣工图的审查

建设项目竣工图是真实记录各种地下、地上建筑物的详细技术文件,是进行工程交工验收、使用维护、改建扩建的依据,也是使用单位长期保存的技术资料。对竣工图审查的主要内容有:

(1)竣工图是否符合《编制基本建设工程竣工图的几项暂行规定》。

(2)竣工图是否与竣工工程的实际情况相符。

(3)竣工图是否保证绘制质量,做到规格统一、字迹清晰,符合技术档案的各种要求。

(4)竣工图是否已经过施工单位主要技术负责人审核、签认。

(四)资料要求

(1)本表由施工单位填报,监理单位的总监理工程师审查并签发。

(2)施工单位提交的工程竣工报验的附件内容,必须齐全、真实。

(3)检验批、分项、分部工程质量已经由企业技术负责人组织有关人员进行了验收,并达到合格以上标准。

(4)报验表上施工单位应加盖公章,项目经理必须签字。

(五)填表说明

1. 附件

用于证明工程按合同约定完成并符合竣工验收要求的竣工资料,包括以下内容:

(1)《单位(子单位)工程质量竣工验收记录》(表 C. 8. 2-1)。

(2)《单位(子单位)工程质量控制资料核查记录》(表 C. 8. 2-2)。

(3)《单位(子单位)工程安全和功能检验资料核查及主要功能抽查记录》(表 C. 8. 2-3)。

(4)《单位(子单位)工程观感质量抽查记录》(表 C. 8. 2-4)。

2. 审查意见

由总监理工程师组织专业监理工程师按现行的单位(子单位)工程竣工验收的有关规定逐项进行核查,并对工程质量进行验收,根据核查和验收结果,全部符合要求的,给出“全部”“完整”“符合”的结论;否则给出“未全部”“不完整”“不符合”的结论,并向施工单位列出符合、不符合项目的理由和要求。

表 7-75 为某教学楼工程的单位(子单位)工程竣工预验收报验表。

单位(子单位)工程竣工预验收报验表(表 C.8.1)　　表 7-75

工程名称	××市第一中学教学楼	编号	××××××
致 ××市建设工程监理公司 (监理单位) 我方已按合同要求完成了 ××市第一中学教学楼 工程,经自检合格,请予以检查和验收。 附件:竣工验收有关资料 1. 单位(子单位)工程质量竣工验收记录。 2. 单位(子单位)工程质量控制资料核查记录。 3. 单位(子单位)工程安全和功能检验资料核查及主要功能抽查记录。 4. 单位(子单位)工程观感质量检查记录。 施工总承包单位(章):××市第一建筑工程公司 项 目 经 理:××× 日 期:2016 年 10 月 10 日			
审查意见: 经预验收,该工程: 1. 符合/不符合我国现行法律、法规要求。 2. 符合/不符合我国现行工程建设标准。 3. 符合/不符合设计文件要求。 4. 符合/不符合施工合同要求。 综上所述,该工程预验收合格/不合格,可以/不可以组织正式验收。 监 理 单 位:××市建设工程监理公司 总监理工程师:××× 日 期:2016 年 10 月 10 日			

注:本表由施工单位填报,一式四份,建设单位、监理单位、施工单位、城建档案馆各留存一份。

二 单位(子单位)工程质量竣工验收记录、单位(子单位)工程质量控制资料核查记录、单位(子单位)工程安全和功能检验资料核查及主要功能抽查记录、单位(子单位)工程观感质量检查记录

进行单位(子单位)工程竣工预验收时,施工单位应同时填报《单位(子单位)工程质量竣工验收记录》(表 C.8.2-1)(表 7-76)、《单位(子单位)工程质量控制资料核查记录》(表 C.8.2-2)(表 7-77)、《单位(子单位)工程安全和功能检验资料核查及主要功能抽查记录》(表 C.8.2-3)(表 7-78)、《单位(子单位)工程观感质量检查记录》(表 C.8.2-4)(表 7-79),作为《单位(子单位)工程竣工预验收报验表》的附表。

单位(子单位)工程质量竣工验收记录(表C.8.2-1)　　表7-76

工程名称	××市第一中学教学楼		结构类型	框架	层数/建筑面积	$6/6545.6m^2$
施工单位	××市第一建筑工程公司		技术负责人	××	开工日期	2016年3月1日
项目经理	×××	项目技术负责人		×××	竣工日期	2016年10月30日
序　号	项　目		验收记录		验收结论	
1	分部工程		共9分部,经查9分部 符合标准及设计要求9分部		同意验收	
2	质量控制资料核查		共125项,经审查符合要求125项, 经核定符合规范要求125项		同意验收	
3	安全和主要使用功能核查及抽查结果		共核查8项,符合要求8项, 共抽查6项,符合要求6项, 经返工处理符合要求0项		同意验收	
4	观感质量验收		共抽查25项,符合要求25项, 不符合要求0项		同意验收	
5	综合验收结论		通过验收			
参加验收单位	建设单位	监理单位		施工单位	设计单位	
	(公章) 单位(项目)负责人:××× 2016年10月18日	(公章) 总监理工程师:××× 2016年10月18日		(公章) 单位技术负责人:××× 2016年10月18日	(公章) 单位(项目)负责人:××× 2016年10月18日	

注:本表由施工单位填报,一式五份,建设单位、监理单位、施工单位、设计单位、城建档案馆各留存一份。

(一)验收内容

1.验收内容之一是“分部工程”,对所含分部工程逐项检查

这项内容有专门的验收表格(表C.8.2-1)。首先由施工单位的项目经理组织有关人员对分部(子分部)逐个进行检查评定。所含分部(子分部)工程检查合格后,由项目经理提交验收。经验收组成员验收后,由施工单位填写“验收记录”栏。

单位(子单位)工程质量控制资料核查记录(表C.8.2-2)　　表7-77

工程名称		××市第一中学教学楼	施工单位	××市第一建筑工程公司	
序号	项目	资料名称	份数	核查意见	核查人
1	建筑与结构	图纸会审、设计变更通知单、工程洽商记录	12	满足要求	××
2		工程定位测量、放线记录	5	满足要求	××
3		原材料出厂合格证书及进场检(试)验报告	78	满足要求	××
4		施工试验报告及见证检测报告	…	…	…
5		隐蔽工程验收记录			
6		施工记录			
7		预制构件、预拌混凝土合格证			
8		地基、基础、主体结构检验及抽样检测资料			
9		分项、分部工程质量验收记录			
10		工程质量事故及事故调查处理资料			
11		新材料、新工艺施工记录			

续上表

工程名称		××市第一中学教学楼	施工单位	××市第一建筑工程公司		
序号	项目	资 料 名 称		份数	核查意见	核查人
1	给排水与采暖	图纸会审、设计变更通知单、工程洽商记录				
2		材料、配件、设备出厂合格证及进场检(试)验报告				
3		管道、设备强度试验和严密性试验记录				
4		隐蔽工程验收记录				
5		系统清洗、灌水、通水、通球试验记录				
6		施工记录				
7		分项、分部工程质量验收记录				
1	建筑电气	图纸会审、设计变更通知单、工程洽商记录				
2		材料、配件、设备出厂合格证及进场检(试)验报告				
3		设备调试记录				
4		接地、绝缘电阻测试记录				
5		隐蔽工程验收记录				
6		施工记录				
7		分项、分部工程质量验收记录				
1	通风与空调	图纸会审、设计变更、洽商记录				
2		材料、配件、设备出厂合格证及进场检(试)验报告				
3		制冷、空调、水管道强度试验及严密性试验记录				
4		隐蔽工程验收记录				
5		制冷设备运行调试记录				
6		通风、空调系统调试记录				
7		施工记录				
8		分项、分部工程质量验收记录				
1	电梯	图纸会审、设计变更通知单、工程洽商记录				
2		设备出厂合格证书及开箱检验记录				
3		隐蔽工程验收记录				
4		施工记录				
5		接地、绝缘电阻测试记录				
6		负荷试验、安全装置检查记录				
7		分项、分部工程质量验收记录				
1	智能建筑	图纸会审、设计变更、工程洽商记录、竣工图及设计说明				
2		材料、设备出厂合格证、技术文件及进场检(试)验报告				
3		隐蔽工程验收记录				
4		系统功能测定及设备调试记录				
5		系统技术、操作和维护手册				
6		系统管理、操作人员培训记录				
7		系统检测报告				
8		分项、分部工程质量验收记录				

结论：

符合施工质量验收规范的规定，同意验收。

施工总承包单位项目经理：×× 总监理工程师或建设单位项目负责人：×××

2016年10月18日 2016年10月18日

注：本表由施工单位填报，一式四份，建设单位、监理单位、施工单位、城建档案馆各留存一份。

单位(子单位)工程安全和功能检验资料核查及主要功能抽查记录(表 C. 8. 2-3)　表 7-78

工程名称		××市第一中学教学楼	施工单位	××市第一建筑工程公司		
序号	项目	安全和功能检查项目	份数	核查意见	抽查结果	核查(抽查)人
1	建筑与结构	屋面淋水试验记录	1	满足要求	满足要求	×××
2		地下室防水效果检查记录	30	满足要求	满足要求	
3		有防水要求的地面蓄水试验记录	30	满足要求	满足要求	
4		建筑物垂直度、标高、全高测量记录	…	…	…	
5		抽气(风)道检查记录				
6		幕墙及外窗气密性、水密性、耐风压检测报告				
7		建筑物沉降观测测量记录				
8		节能、保温测试记录				
9		室内环境检测报告				
1	给排水与采暖	给水管道通水试验记录				
2		暖气管道、散热器压力试验记录				
3		卫生器具满水试验记录				
4		消防管道压力试验记录				
5		排水干管通球试验记录				
1	电气	照明全负荷试验记录				
2		大型灯具牢固性试验记录				
3		避雷接地电阻测试记录				
4		线路、插座、开关接地检验记录				
1	通风与空调	通风、空调系统试运行记录				
2		风量、温度测试记录				
3		洁净室洁净度测试记录				
4		制冷机组试运行调试记录				
1	电梯	电梯运行记录				
2		电梯安全装置检测报告				
1	智能建筑	系统试运行记录				
2		系统电源及接地检测报告				

结论：

符合施工质量验收规范的规定，同意验收。

施工总承包单位项目经理：××　　总监理工程师或建设单位项目负责人：×××

2016 年 10 月 18 日　　2016 年 10 月 18 日

注：本表由施工单位填报，一式四份，建设单位、监理单位、施工单位、城建档案馆各留存一份。

单位(子单位)工程观感质量检查记录(表 C.8.2-4) 表 7-79

工程名称	××市第一中学教学楼	施工单位	××市第一建筑工程公司

序号	项目		抽查质量状况										质量评价		
													好	一般	差
1	建筑与结构	室外墙面	√	√	√	√	×	√	√	√	√	√	√		
2		变形缝													
3		水落管、屋面	√	√	×	×	√	√	√	√	√	√		√	
4		室内墙面	…	…	…	…	…	…	…	…	…	…	…	…	…
5		室内顶棚													
6		室内地面													
7		楼梯、踏步、护栏													
8		门窗													
1	给排水、采暖与燃气	管道接口、坡度、支架													
2		卫生器具、支架、阀门													
3		检查口、扫除口、地漏													
4		散热器、支架													
5		管道穿墙、板套管													
1	电气	配电箱、盘、板、接线盒													
2		设备器具、开关、插座													
3		防雷、接地													
1	通风与空调	风管、支架													
2		风口、风阀													
3		风机、空调设备													
4		阀门、支架													
5		水泵、冷却塔													
6		绝热													
1	电梯	运行、平层、开关门													
2		层门、信号系统													
3		机房													
1	智能建筑	机房设备安装及布局													
2		现场设备安装													
观感质量综合评价			满足施工质量验收规范要求												
检查结论	符合施工质量验收规范的规定,同意验收。 施工总承包单位项目经理:×× 2016 年 10 月 18 日 总监理工程师或建设单位项目负责人:××× 2016 年 10 月 18 日														

注:本表由施工单位填报,一式四份,建设单位、监理单位、施工单位、城建档案馆各留存一份。

注明共验收几个分部,经验收符合标准及设计要求的几个分部。审查验收的分部工程全部符合要求,由监理单位在“验收结论”栏内写上“同意验收”的结论。

2. 验收内容之二是“质量控制资料核查”

这项内容有专门的验收表格(表C.8.2-2)。也是先由施工单位检查合格,再提交监理单位验收。其全部内容在分部(子分部)工程中已经审查。通常单位(子单位)工程质量控制资料核查,也是按分部(子分部)工程逐项检查和审查。如果一个分部工程只有一个子分部工程时,子分部工程就是分部工程;如果有多个子分部工程时,可一个子分部一个子分部地检查和审查,并将所含子分部工程的名称依次填写在下边就行了。

然后将各子分部工程审查的资料逐项进行统计,填入“份数”栏。通常有多少项资料,经审查都应符合要求,如果出现有核定的项目时,应查明情况,通常严禁验收的事件,不会留在单位工程来处理。

这项也是先由施工单位自行检查评定合格后,提交验收,由总监理工程师或建设单位项目负责人组织审查,符合要求后,在“核查意见”栏内写上“满足要求”的意见。

3. 验收内容之三是“安全和主要使用功能核查及抽查结果”

这项内容有专门的验收表格(表C.8.2-3)。这个项目包括两个方面的内容,一是在分部(子分部)进行了安全和功能检测的项目,要核查其检测报告结论是否符合设计要求;二是在单位工程进行的安全和功能抽测项目,要核查其项目是否与设计内容一致,抽测的程序、方法是否符合有关规定,抽测报告的结论是否达到设计要求及规范规定。

这个项目也是由施工单位检查评定合格,再提交验收,由总监理工程师或建设单位项目负责人组织审查,程序内容基本是一致的。按项目逐个进行核查验收,然后统计核查的项数和抽查的项数,填入“份数”栏,并分别统计符合要求的项数,填入验收记录栏相应的空档内。通常两个项数是一致的,如果个别项目的抽测结果达不到设计要求,则可以进行返工处理,直至达到符合要求。如果返工处理后仍达不到设计要求,就要按不合格处理程序进行处理。然后,由总监理工程师或建设单位项目负责人在“核查意见”和“抽查结果”栏内填写“满足要求”的结论。

4. 验收内容之四是“观感质量验收”

这项内容有专门的验收表格(表C.8.2-4)。观感质量检查的方法同分部(子分部)工程相似,不同的是项目比较多,是一个综合性验收。实际是复查一下各分部(子分部)工程验收后,到单位工程竣工的质量变化、成品保护以及分部(子分部)工程验收时,还没有形成部分的观感质量等。

这个项目也是先由施工单位检查评定合格,提交验收。由总监理工程师或建设单位项目负责人在“检查结论”栏内填写“同意验收”的结论。如果有不符合要求的项目,就要按不合格处理程序进行处理。

5. 验收内容之五是“综合验收结论”

综合验收是指在前四项内容均验收符合要求后进行的验收。验收时,在建设单位组织下,由建设单位相关专业人员、监理单位专业监理工程师、设计单位、施工单位相关人员分别核查验收有关项目,并由总监理工程师组织进行现场观感质量检查。

以上各项目经审查符合要求后,由监理单位或建设单位在“验收结论”栏内填写“同意验收”的意见。各栏均同意验收且经各参加检验方共同同意商定后,由建设单位填写“综合验收结论”,可填写为“通过验收”。

(二)参加验收单位签名

勘察单位、设计单位、施工单位、监理单位、建设单位都同意验收时,各单位的项目负责人要亲自签字,以示对工程质量负责,并加盖单位公章,注明签字验收的年、月、日。

三 施工资料移交书

工程完工后,施工总承包单位应将整理好的施工资料向建设单位移交,并按要求填写《施工资料移交书》,双方签字盖章。

施工资料的移交应符合下列条件:

(1)工程完工,并具备竣工验收条件。

(2)移交资料内容完整、真实,整理规范,符合相关要求。

表 7-80 为某教学楼工程的施工资料移交书。

施工资料移交书 表 7-80

工程名称	××市第一中学教学楼	编号	××××××
致 ××市第一中学 (建设单位) 我方现将 ××市第一中学教学楼 工程的施工资料移交给贵方,请予以审查、接收。 附件: 1. 工程施工资料清单。 2. 工程施工资料整理归档文件。 施工总承包单位:××市第一建筑工程公司 技 术 负 责 人:××× 日 期:2016 年 10 月 30 日			
建设单位审查、接收意见: 同意接收。 建设单位:××市第一中学 接 收 人:××× 日 期:2016 年 10 月 30 日			

注:本表由施工单位填报,一式两份,建设单位、施工单位各留存一份。

本章小结

建筑工程施工技术资料是城建档案的重要组成部分,是建筑工程进行竣工验收和竣工核定的必要条件,也是对工程进行检查、维修、管理、使用、改建的重要依据。建筑工程施工技术资料全面反映了建筑工程的质量状况,是建设工程施工质量的重要组成部分。本章主要包括施工管理文件、施工技术文件、进度造价文件、施工物资文件、施工记录文件、施工试验记录及检测文件、施工质量验收文件、施工验收文件等。

【相关链接】

如何做好建筑工程的施工资料管理

建筑工程施工资料是单位工程施工全过程的原始资料,是反映工程隐蔽后内在的质量凭证。一旦发生某些工程事故,它不仅能为事故调查和正确处理提供有力的依据,也是工程使用过程中维修、扩建、改建等的重要参考资料。做好工程施工资料管理工作,对保证工程结构安全和使用功能、提高工程质量有着十分重要的意义。

(一)必须及时做好资料记录和收集工作

施工资料是对建筑实物质量情况的真实反映,因此要求各种资料必须按照建筑物施工的进度及时收集、整理。建筑工程所用钢材、水泥、砖、防水材料等一些重要原材料和构配件的质量一般是从检查出厂合格证以及材料取样试验情况加以认可,但由于当前市场机制不完善,许多材料需要经过好几手转售,使得合格证和试验报告不能与原材料同步到位,由于施工人员没有及时收集资料,待工程竣工时,才发现缺少某种材料合格证或试验报告。因此,在承建工程开工之时,就应该指定专人负责管理工程资料,负责对质保资料逐项跟踪收集,并及时做好分项分部质量评定等各种原始记录,使资料的整理与工程形象进度同步,做到内容连贯、交圈对口。

(二)确保各种资料的真实性

真实性是做好工程施工资料的灵魂,不真实的资料会把我们引入误区。必须坚决杜绝对原始记录采用“后补”造假的做法,尤其混凝土、砂浆强度是以随机抽样方法进行抽取试块检验评定的,取样的科学性和真实性非常重要,绝对不允许对制作试块的样料“专门加工”,否则,一旦工程出了质量问题,不仅不能作为资料使用,反而造成工程资料混乱,以致误判。同时也不能为了取得较高的工程质量等级而歪曲事实,资料的整理必须实事求是、客观准确。

(三)资料必须完整

不完整的施工资料将会导致片面性,不能系统地、全面地了解单位工程的质量状况。施工资料中容易忽略的有:刚性防水屋面细石混凝土强度试块、楼地面基层混凝土强度试块、抗渗用混凝土试块、楼地面面层水泥砂浆试块。如果缺少这部分混凝土、砂浆试块强度,不但使工程资料不完整,而且给准确核定工程质量等级增加了难度。

第八章

竣工图及工程竣工文件(D、E类)

【职业能力目标】

对归档范围内的D类、E类文件进行汇总,并能够按照要求完成D类、E类文件的编写、收集、整理工作。

【学习要求】

1. 了解竣工图(D类)的主要内容。
2. 工程竣工文件(E类)的内容。
3. 掌握竣工图(D类)的绘制方法、工程竣工文件(E类)的编写。

第一节　竣工图(D类)

竣工图是建筑工程竣工档案的重要组成部分,是工程建设完成后的主要凭证性资料,是建筑物真实的写照,是工程竣工验收的必备条件之一,也是工程维修、管理、改建、扩建的依据。

新建、改建、扩建项目均应编制竣工图。

竣工图绘制工作应由建设单位负责,也可由建设单位委托施工单位、监理单位或设计单位实施。

一　编制要求

(1)新建、扩建、改建的建筑工程均应编制竣工图,竣工图应真实反映竣工工程的实际情况。

(2)竣工图的专业类别应与施工图对应。

(3)竣工图应依据施工图、图纸会审记录、设计变更通知单、工程洽商记录(包括技术核定单)等编制。

(4)竣工图的编制应符合国家现行有关标准的规定。

(5)编制竣工图时,必须编制各专业竣工图的图纸目录,编制的竣工图必须准确、清楚、完整、规范,能真实反映工程竣工后的实际情况。

(6)所有竣工图均应加盖竣工图章,并使用不易褪色的红印泥,盖在图标栏上方空白处。

(7)凡按施工图施工,在施工过程中没有变动的,由编制单位在施工图图签附近空白处加盖竣工图章,并签字。

(8)有一般性图纸变更的,编制单位可根据设计变更依据,在施工图上直接改绘,加盖竣工图章,并签字。

(9)结构形式、工艺、平面布置等有重大改变或变更部分超过图面1/3的,应重新绘制竣工图,由施工图编制单位在重新绘制的图纸上加盖竣工图章,并签字。设计原因造成的,由设计单位重新绘图;施工原因造成的,由施工单位重新绘图;其他原因造成的,由建设单位负责重新绘图。重新绘制的图纸必须有图名和图号,图号可按原图编号。

(10)用于改绘竣工图的图纸不得使用复印的图纸。

(11)竣工图编制单位应按照国家建筑制图规范要求绘制竣工图,使用绘图笔或签字笔及不褪色的绘图墨水。

(12)不同幅面的竣工图纸,应按《技术制图 复制图的折叠方法》(GB/T 10609.3—2009)的规定折叠成A4幅面,图标栏露在外面。

二 主要内容

竣工图应按单位工程,并根据专业、系统进行分类和整理。竣工图一般应包括以下内容:

(1)建筑竣工图。

(2)结构竣工图。

(3)钢结构竣工图。

(4)幕墙竣工图。

(5)室内装饰竣工图。

(6)建筑给水、排水与供暖竣工图。

(7)建筑电气竣工图。

(8)智能建筑竣工图。

(9)通风与空调竣工图。

(10)室外竣工图

(11)规划红线内的室外给水、排水、供热、供电、照明管线等竣工图。

(12)规划红线内的道路、园林绿化、喷泉设施等竣工图。

三 竣工图的绘制方法和要求

竣工图按绘制方法不同可分为4种:利用施工蓝图改绘的竣工图、利用翻晒硫酸纸底图改绘的竣工图、重新绘制的竣工图、利用电子版施工图改绘的竣工图。编制单位应根据各地区、各工程的具体情况,采用相应的绘制方法。

(一)利用施工蓝图改绘竣工图

在施工蓝图上改绘竣工图一般采用杠(划)改法、叉改法。局部修改可以圈出更改部位，在原图空白处绘出更改内容。所有变更处都必须引索引线并注明更改依据。

在施工图上改绘，不得使用涂改液涂抹、刀刮、补贴等方法修改图纸。具体的改绘方法可视图面、改动范围和位置、繁简程度等实际情况而定，以下是常见改绘方法的举例说明。

1. 取消内容

(1)尺寸、门窗型号、设备型号、灯具型号、钢筋型号和数量、注解说明等数字、文字、符号的取消，可采用杠改法。即：将取消的数字、文字、符号等用横杠杠掉(不得涂抹掉)，从修改的位置引出带箭头的索引线，在索引线上注明修改依据。

例 8-1　结构施工图中柱 Z16(Z17)柱截面变更，(Z17)取消。

改绘方法：将(Z17)和有关的尺寸用杠改法去掉，并注明修改依据，如图 8-1 所示。

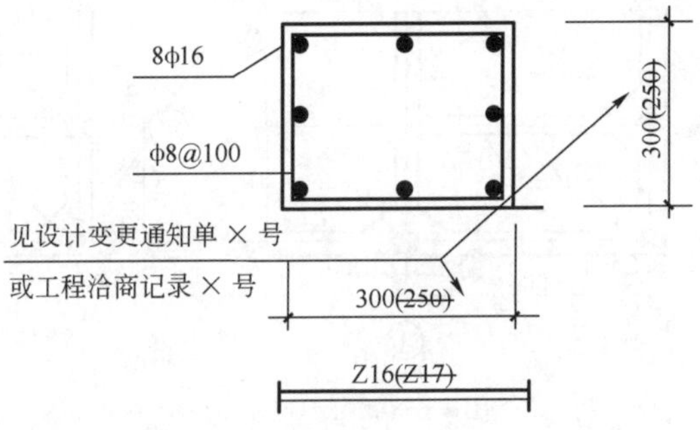

图　8-1

(2)隔墙、门窗、钢筋、灯具、设备等取消，可用叉改法。即：在图上将取消的部分打“×”。在图上描绘取消的部分较长时，可视情况打几个“×”，达到表示清楚为准，并从图上修改处用箭头索引线引出，注明修改依据。

例 8-2　平面图中库房取消，B～C 轴间③轴上砖隔墙取消。

改绘方法：“库房”二字和与隔墙相关的尺寸杠改，将隔墙及其门用叉改法 × 掉，并注明修改依据，如图 8-2 所示。

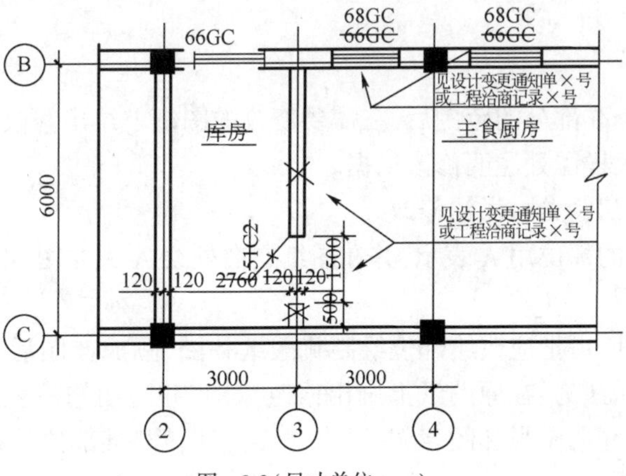

图　8-2(尺寸单位：mm)

2. 增加内容

(1)在建筑物某一部位增加隔墙、门窗、灯具、设备、钢筋等,均应在图上的实际位置用规范制图方法绘出,并注明修改依据。

(2)如增加的内容在原位置绘不清楚时,应在本图适当位置(空白处)按需要补绘大样图(详图);如本图上无可绘位置时,应另用硫酸纸绘补图,并晒成蓝图,或用绘图仪绘制白图后附在本专业图纸之后。注意:应在原修改位置和补绘图纸上均注明修改依据,补图要有图名和图号。

例 8-3 基础平面中 E1 轴与① 轴交点处原方柱改为圆柱(直径 500),其柱 Z5 改为 Z6。

改绘方法:采用图纸空白处绘大样的方法,如图 8-3 所示。

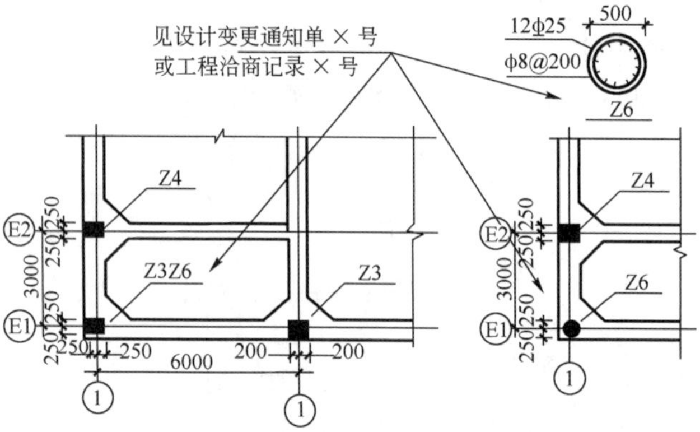

图 8-3(尺寸单位:mm)

3. 内容变更

(1)数字、符号、文字的变更,可在图上用杠改法将取消的内容杠去,在其附近空白处增加更正后的内容,并注明修改依据。

例 8-4 图 8-2 中,原 66GG 窗改为 68GG 窗,是按杠改法改绘的。

(2)设备配置位置、灯具、开关型号等变更引起的改变;墙、板、内外装修等变化均应在原图上改绘。

(3)图纸某部位变化较大或在原位置上改绘有困难,或改绘后杂乱无章,可以采用以下办法改绘:

①画大样改绘。

在原图上标出应修改部分的范围后,在需要修改的图纸上绘出修改部位的大样图,并在原图改绘范围和改绘的大样图处注明修改依据。

例 8-5 地下室厨房窗台板做法修改。

修改方法:将修改的部位用 A 表示,并在图纸空白处绘 A 大样图,如图 8-4 所示。

②另绘补图修改。

如原图纸无空白处,可把应改绘部位绘制硫酸纸补图,晒成蓝图后,作为竣工图纸补在本专业图纸之后。具体做法为:在原图纸上画出修改范围,并注明修改依据和见某图(图号)及大样图名;并在补图上注明图号和图名,并注明是某图(图号)某部位的补图和修改依据。

③重新绘制竣工图。

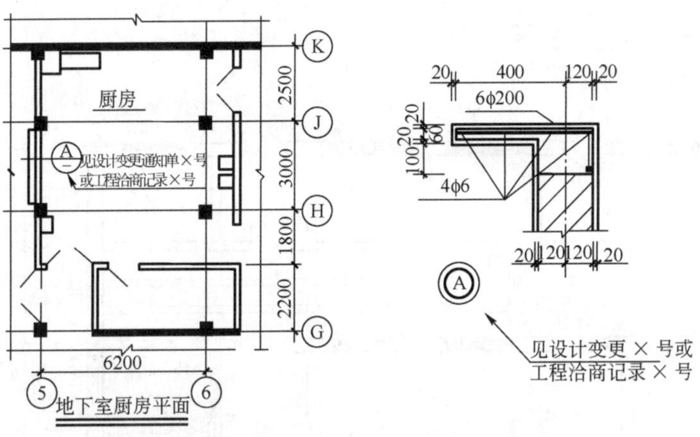

图 8-4(尺寸单位:mm)

如果某张图纸不能修改清楚时,则应重新绘制整张图作为竣工图。重绘的图纸应按国家制图标准和绘制竣工图的有关规定制图。

4. 加写说明

设计变更、洽商记录的内容应在竣工图上修改的,均应用绘图方法改绘在蓝图上,不再加写说明。如果修改后的图纸仍然有内容无法表示清楚,可用精练的语言适当加以说明。

(1)图上某一种设备、门窗等型号的改变,涉及多处修改时,要对所有涉及的地方全部加以改绘,其修改依据可标注在一个修改处,但必须在此处做简单说明。

例 8-6 一层平面 4 樘 C2-3009 窗改为 C1-3006 窗。

修改方法:每窗型号均应改正,但在标注修改依据时,可只注一处,并加以樘数说明,如图 8-5 所示。

(2)钢筋的代换、混凝土强度等级改变、墙、板、内外装修材料的变化等变更难以用图示方法表达清楚时,可加注或用索引的形式加以说明。

(3)涉及说明类型的洽商记录,应在相应的图纸上使用设计规范用语反映洽商内容。

5. 注意事项

(1)施工图纸目录必须加盖竣工图章,作为竣工图归档。凡有作废、补充、增加和修改的图纸,均应在施工图纸目录上标注清楚,即作废的图纸在目录上扛掉,补充的图纸在目录上列出图名、图号。

(2)如某施工图改变量大,设计单位重新绘制修改图的,应以修改图代替原图,原图不再归档。

(3)某一项设计变更或工程洽商记录可能涉及两张或两张以上图纸,某一局部变更可能引起系统变化等情况,凡涉及的图纸均应按规定修改,不能只改其一,不改其二。

(4)不得将设计变更或工程洽商记录及附图原封不动地贴在或附在竣工图上作为修改,也不得将设计变更或工程洽商记录的内容抄在蓝图上作为修改。凡修改的内容均应改绘在蓝图上或做补图附在图纸之后。

(5)根据规定必须重新绘制竣工图时,应按绘制竣工图的要求制图。

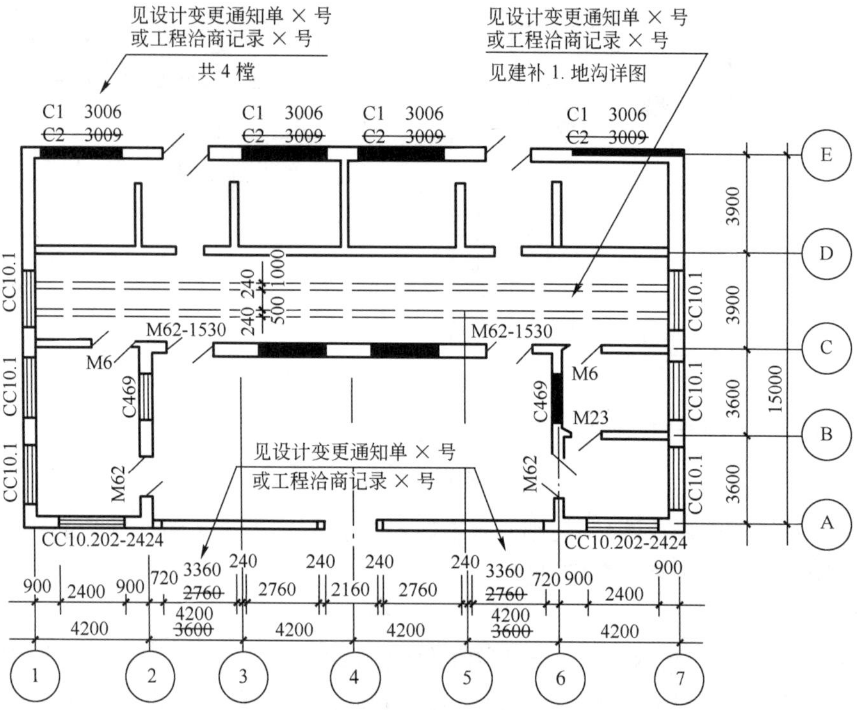

一层平面图

图 8-5(尺寸单位:mm)

(二)在底图上修改竣工图

(1)用设计底图制成二底(硫酸纸)图,在二底图上依据设计变更、工程洽商记录用刮改法进行绘制,即将需要更改部位刮掉,再用绘图笔绘制修改内容,并在图中空白处做修改内容备注表,注明设计变更、工程洽商记录编号(或时间)和修改内容。

修改内容备注表见表 8-1。

修改内容备注表 表 8-1

设计变更、工程洽商记录编号	简要变更内容

(2)修改的部位用语言描述不清楚时,可用细实线在图上画出修改范围。

(3)修改后的二底图应加盖竣工图章,没有改动的底图做竣工图也应加盖竣工图章。

(4)绘制时,应使用刀片将需要更改部位刮掉,再将变更内容标注在修改部位,在空白处做修改内容备注表。

(三)重新绘制竣工图

根据工程竣工现状绘制竣工图时,重新绘制的竣工图应与原图比例相同,符合制图规范,并有标准的图框和内容齐全的图签,图签中应有明确的“竣工图”字样或加盖竣工图章。

(四)用 CAD 绘制竣工图

在电子版施工图上依据设计变更、工程洽商记录进行修改时,原设计人员必须在图签上签字,并应符合下列规定:

(1)将图纸变更结果直接改绘到电子版施工图中,用云线圈出修改部位,修改后在图中空白处做修改备考表。

(2)竣工图的比例应与原施工图一致。

(3)委托本工程设计单位编制竣工图时,应直接在设计图签中注明"竣工阶段",并应有绘图人、审核人的签字。

(4)竣工图章可直接绘制成电子版竣工图签,出图后应有相关责任人的签字。

四 竣工图章

竣工图章应具有明显的"竣工图"字样,并包括编制单位名称、编制人、审核人和编制日期等基本内容。编制单位、编制人、审核人、技术负责人要对竣工图负责。竣工图章内容、尺寸如图 8-6 所示。

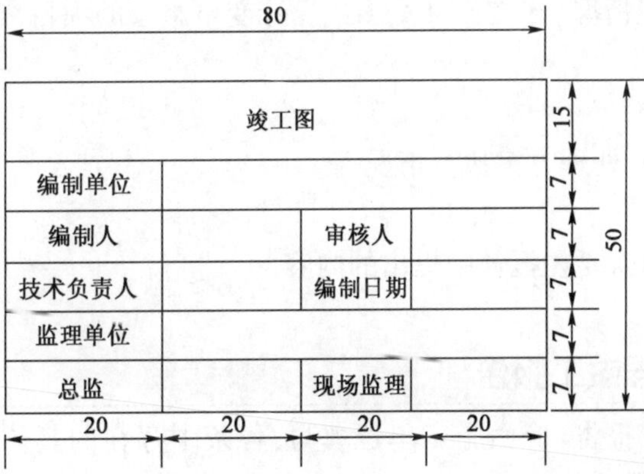

图 8-6(尺寸单位:mm)

所有的竣工图均应由编制单位逐张加盖竣工图章,并签字。

由设计单位编制的竣工图,其设计图签中应明确竣工阶段,并应签名齐全。

竣工图章应加盖在图签附近的空白处,并应使用不易褪色的印泥。

第二节 工程竣工验收文件(E 类)

工程竣工验收文件包括竣工验收与备案文件(E1)、竣工决算文件(E2)、工程声像资料(E3)、其他工程文件(E4)四类。

竣工验收与备案文件包括勘察单位工程质量检查报告,设计单位工程质量检查报告,施工单位工程竣工报告,监理单位工程质量评估报告,工程竣工验收报告,工程竣工验收会议记录,专家组竣工验收意见,工程竣工验收证书,规划、消防、环保、民房、防雷等部门出具的认可文件或准许使用文件,房屋建筑工程质量保修书,住宅质量保证书、住宅使用说明书,建设工程竣工验收备案表,建设工程档案预验收意见,城市建设档案移交书。

竣工决算文件包括施工决算文件、监理决算文件。

工程声像资料包括开工前原貌、施工阶段、竣工新貌照片,工程建设过程的录音、录像资料等。

一 勘察单位(设计单位)工程质量检查报告

本报告由勘察单位(设计单位)填写,报告内每条内容填写时均可加附页。

(一)编写依据

有关法规、规范、标准;勘察、设计文件;图纸会审、设计变更文件等。

(二)编写要点

1. 地基基础、主体结构、使用功能方面

(1)勘察、设计变更情况(份数、原因、是否经过审图机关批准等相关内容)。

(2)设计意图的实现情况(未按设计意图或设计变更施工的项目、部位、留下的隐患等)。

(3)工程验收意见。

2. 质量事故处理情况

事故件数、发生日期、处理方案执行情况等。

3. 其他方面

以上内容未包含,但需要在报告中提出的内容。

二 施工单位工程竣工报告

《施工单位工程竣工报告》应由施工单位填写,各条中存在的具体问题应预先提出,每条内容填写不下时均可加附页。

(一)编写依据

《建设工程质量管理条例》中的施工单位质量责任与义务、工程竣工条件及合同要求。

(二)编写内容

1. 基本情况

(1)结构形式:指砌体、框架、框剪、剪力墙、排架、底框等形式。

(2)竣工期支付工程款额度:指至施工单位提交工程竣工验收申请报告时止,共支付给施工单位合同造价款的百分率。

(3)承包形式:指施工总承包、专业承包、劳务分承包等。

(4)施工期发生的特大自然情况,指从开工之日起至竣工之日止的施工期内,是否遇有下列情况:35℃以上气温几天、冬期施工几天、暴雨几次、工程是否被冲塌、六级以上风几次、

500mm 以上积雪几次、里氏几级地震几次、由于材料或资金不足等原因停(缓)建几天、施工单位调换等。

2. 质量责任人定岗及变更和分包人及合同资质情况

(1)企业技术负责人、单位工程技术负责人、专业技术负责人、项目经理、工长(施工员)、质量检查员、分包单位技术负责人的姓名、性别、职务、职称、岗位证书编号或证号,可列表说明。如施工过程中有更换,写明更换原因、是否在档案中注册。

(2)分包单位名称、分包合同或协议编号、营业执照号、资质等级,可列表说明。

(3)构配件设备加工单位名称、合同编号、营业执照、资质等级,可列表说明。

(4)对分包单位工程质量的简要评价。

3. 完成设计和合同约定情况

(1)合同内约定的工程内容是否全部完成,有否分期验收的约定。

(2)较大设计变更工程量的增减和实施情况。

(3)竣工期内甩项工程内容、原因及其手续办理情况。

4. 采用的技术质量标准,企业对分项工程、分部工程自检自评和被认定质量情况

(1)哪些分项工程无质量验收标准,采用什么措施检查、验收的。

(2)哪些分项工程发生过质量不合格,怎样处理的,结果如何。

(3)各分项工程按批量划分的自检自评项目是否齐全,有多少项被上级企业或监理、监督部门抽检过,偏差较大项目的处理情况。

(4)各分部工程、分项工程是否全部经过企业的质量部门核查和监理工程师验收,有无遗留事项。

(5)重要的分项工程施工前是否具有施工方案或技术措施,有否安全技术交底。

5. 主要建筑材料、建筑构配件和设备的证明文件

(1)相关规范规定的主要建筑材料、构配件和设备在本单位工程中共有多少项,有哪些没有出厂合格证或进场试验报告。

(2)委托复试的法定检测单位名称,是否具有法定资格,有否签约合同。

(3)委托复试时有哪些试件、试样无规定见证人签字,哪些构配件和设备没经过见证人观感检查验收和开箱检查验收。

6. 隐蔽工程和使用功能质量自检验收情况

(1)凡规定的工程隐蔽验收部位,还有哪些没有隐蔽工程验收记录,在哪些部位发生过不同验收意见的争论,是否得到了解决,旁证验收不到场而默许验收的有哪些项目。

(2)在消防、供热、供暖、供水、排水、燃气、供电、通风空调、消声、防爆、防辐射等系统试运行或验收中,是否均有旁证,还存在哪些不同意见和质量缺陷。

7. 准许使用证明具备情况

(1)有噪声、粉尘、易燃易爆、易导电、易受辐射和排毒场所,是否取得环卫部门的许可证。

(2)电梯、消防、中央空调室、压力容器、锅炉等系统设备运行是否取得有关部门验收或发放了准用证。

8. 建设行政主管部门、质量监督机构及监理单位出具的整改令整改情况

(1)各部门共下达多少件整改令,还有哪些没处理,没回执,受过哪种处罚。

(2)在执行不同整改令中,有哪些存在分歧意见,处理结果如何。

9. 竣工档案技术资料和施工管理资料编制情况

(1)按规定应移交给建设单位的技术、管理资料,还有哪些不齐备,编写的深度、广度、清晰度、法定手续如何。

(2)编制过程中是否接受过档案管理部门的指导、协助,曾接受哪些部门、机构审查过。

10. 企业自我认定地基基础、主体结构的安全可靠度和使用功能完善良好运行程度

(1)地基基础和主体结构能否满足设计要求,可用自检技术数据回答。

(2)抗震设防、防雷、防火、保温、隔热、消防、节能、布线等工程部位能否满足设计要求。

11. 其他方面

其他方面是指工程质量保修书、工程竣工期、工程主体结构出现的变异情况、工程具有特殊结构(如X光室、防电干扰房间等)质量评定情况,或以上内容未包含,但需要在报告中提出的内容。

三 监理单位工程质量评估报告

《工程质量评估报告》由监理单位填写,报告中各条存在的具体问题应予提出,每条内容填写时均可加附页。

(一)编写依据

有关法律、法规以及技术标准和工程承包合同。

(二)编写内容

1. 地基基础、主体结构、使用功能方面

(1)施工是否符合设计要求。

(2)原材料、构配件及设备是否符合规定要求。

(3)规定的试验、检验项目是否全部完成、有效。

(4)所有隐蔽工程是否符合规定要求。

(5)对分部工程、分项工程和检验批工程是否进行了验收。

(6)对建设行政主管部门、质量监督机构及监理单位提出问题的整改情况。

(7)是否仍存在有争议的问题。

(8)施工进度是否符合要求、工期是否合理。

(9)是否存在违法分包和转包现象。

2. 单位工程质量验收

(1)是否按照工程质量验收规范中单位工程质量验收的内容,对单位工程质量进行了验收。

(2)是否完成工程承包合同规定的内容。

3. 质量事故处理情况

(1)事故件数、发生日期、处理方案执行情况。

(2)事故处理是否还存在有争议的问题,是否尚存隐患。

4. 其他方面

其他方面指以上内容未包含,但需要在报告中提出的内容。

四 工程竣工验收报告

建设单位组织工程竣工验收组对工程进行竣工验收,当形成统一验收意见后,在认为工程合格的基础上,综合各参建方的档案和报告内容,按工程竣工验收的规定写出《工程竣工验收报告》,作为工程竣工验收备案的主要文件。

《工程竣工验收报告》应包括以下几个方面的内容。

(一)基本情况

对整个工程有一个较完整的概括性说明,如基础、主体结构、采暖卫生、燃气、通风空调、电气、电梯、通信、玻璃幕墙等。

(二)建设单位执行基建程序情况

(1)建设单位是否按规定的建设程序执行。

(2)在每一程序中是否执行了具体的承办事项程序,如开工前办理工程用地批件、计划任务书批件、工程规划许可证、环保批件;进行设计、监理、施工招标;施工图设计文件审查、委托工程质量监督以及办理施工许可证等。

(3)在执行上述基建程序中,尚存在哪些问题。

(三)对参建各方质量行为的评价

(1)对设计、勘察单位质量行为的评价。

(2)对施工单位质量行为的评价。

(3)对工程监理单位质量行为的评价。

(4)对工程检测单位质量行为的评价(按双方合同职责分工)。

(5)对建设单位合法自行分包施工队伍质量行为的评价。

(6)上述单位履行自身应负质量行为的情况,履行合同的情况,实施建设行政主管部门或质量监督机构整改令的情况,受过的奖励和处罚情况。

(四)单位工程质量综合评定文件

(1)依据单位工程质量竣工验收的有关结论数据,及通过主体工程检测结果,确认本单位工程质量是否合格及存在的质量缺陷。

(2)报告应附有分部工程、单位工程质量验收记录,地基基础、主体结构验收记录及检测部门出具的工程主体结构检测报告(不是每项工程均有)。

(3)单位工程使用功能相关部分质量认定结果。

(五)建设、监理、勘察、设计、施工分别签署的质量合格文件及验收人员签署的竣工验收原始文件

(1)对监理单位、勘察单位、设计单位、施工单位做出的竣工报告,在本报告中应给予说明和质量评估。

(2)参加竣工验收人员在会议中统一验收意见的签字书。

(六)工程验收备案管理部门认为需要提供的有关资料

(1)有特殊使用功能的工程、工程上的特殊或重要部位必须提供的相关资料。

如:智能化房屋布线与功能测试、隔声防震动、防化学腐蚀、防辐射线、防电干扰、防尘、防毒、防爆、恒温、恒湿等成果测试资料。

(2)用文字表述出测试单位、资料名称、测试结论,测试报告作为本报告附件附后。

(七)竣工验收时间、内容和组织形式

(1)验收时间、内容、组成人员、验收组织程序是怎样安排的,是否按原计划进行(指报送工程质量监督站的报告),有变动时其原因是什么。

(2)验收会议中有哪些不同意见的争议,怎样统一的。

(3)质量监督机构对验收组织全过程有否不同建议。

(八)需要补充说明的问题

(1)应提交的备案资料齐备程度和质量情况,如工程质量保修书、房屋开发的质量保证书、工程使用说明书及参验各单位发出的准用证件情况。

(2)工程竣工期主体结构的变异情况等。

五 工程竣工验收会议记录

单位工程竣工验收会议由建设单位主持,工程质量监督机构人员参与,会议的内容形成会议记录存档。

竣工验收会议的基本程序如下:

(1)建设、勘察、设计、施工、监理单位分别汇报工程合同履约情况和在工程建设各个环节执行法律、法规和工程建设强制性标准情况。

(2)审阅建设、勘察、设计、施工、监理单位工程档案资料。

(3)实地查验工程质量。

(4)对工程勘察、设计、施工、设备安装质量和各管理环节等方面做出全面评价,形成验收组人员签署的工程竣工验收。

六 专家组竣工验收意见

对于技术复杂的、建筑规模大的、比较重要的建筑工程,建设单位有可能委托各专业的专家对建筑工程进行验收,形成的验收意见以原件形式存档。

其验收意见应包括:

(1)提供的验收资料是否齐全有效。

(2)工程实体质量是否符合设计要求。

(3)项目的特色和创新之处是否满足要求。

(4)其他内容。

七 工程竣工验收证书

建设工程经过竣工验收合格后,由建设单位委托施工单位填写工程竣工验收证明书,并经各负责主体(建设、监理、勘测、设计、施工单位)签字加盖法人单位公章后,送交建设工程质量监督站审核通过后,提交一份至备案部门。

工程竣工验收证书中"验收意见"一栏,须说明的内容包括:该工程是否已按设计和合同要求施工完毕,各系统的使用功能是否已运行正常,并符合有关规定的要求;施工过程中出现的质量问题是否均已处理完毕,现场是否发现结构和使用功能方面的隐患,参验人员是否一致同意验收,工程技术档案、资料是否齐全等情况进行简明扼要的阐述。

八 规划、消防、环保、民防、防雷等部门出具的认可文件或准许使用文件

建设工程完工后,在竣工验收前,应由规划、消防、环保等部门进行专项验收,验收合格后,规划、消防、环保等部门应给建设单位出具认可文件或准许使用文件。这类文件直接归档。

九 房屋建筑工程质量保修书

房屋建筑工程质量保修是指对建设工程(新建、扩建、改建及装修工程)竣工验收后,在保修期限内出现的质量缺陷(指工程质量不符合工程建设强制性标准以及合同的约定),予以修复。

根据《建设工程质量管理条例》和《房屋建筑工程质量管理办法》的规定,为保护建设单位、施工单位、房屋建筑所有人和使用人的合法权益,维护公共安全和公众利益,施工单位和建设单位应签署《房屋建筑工程质量保修书》。

《房屋建筑工程质量保修书》由施工单位填写,经监理单位审核、建设单位认可后存档。

十 住宅质量保证书

鉴于房屋的特殊属性,为了维护购房者的合法权益,国家对住宅质量进行了专项规定,要求房地产开发企业建造的房屋必须达到一定的标准,并要求房地产开发企业承担一定期限的保修责任。

《住宅质量保证书》是房地产开发企业将新建成的房屋出售给购买人时,针对房屋质量向购买者做出承诺保证的书面文件,具有法律效力,房地产开发企业应依据《住宅质量保证书》上约定的房屋质量标准承担维修、补修的责任。

通常房屋保修的事项应该由房地产开发企业亲自负责维修和处理,如果房地产开发企业委托物业管理公司等其他单位负责保修事宜的,必须在《住宅质量保证书》中对所委托的单位予以明示,保证购房者权益获得实际保护。

房地产开发企业在《住宅质量保证书》注明的保修内容和保修期限不得低于国家规定,保修期从房地产开发企业将房屋交付给购房者之日起算,在办理房屋交付和验收时,必须有购房者对房屋设施设备正常使用的签字确认。

十一 住宅使用说明书

房地产开发企业将《住宅质量保证书》交付给购房者的同时,应当将《住宅使用说明书》一并交付给购房者。

房地产开发企业在《住宅使用说明书》中对住户合理使用住宅应有提示,因用户使用不当或擅自改动结构、设备位置和不当装修等造成的质量问题,房地产开发企业不承担保修责任。因住户使用不当或擅自改动结构,造成房屋质量受损或其他用户损失,由责任人承担相应责任。

《住宅使用说明书》应当对住宅的结构、性能和各部位(部件)的类型、性能、标准等作出说明,并提出使用注意事项,一般应当包含以下内容:

(1)开发单位、设计单位、施工单位,委托监理的应注明监理单位。

(2)结构类型。

(3)装修、装饰注意事项。

(4)上水、下水、电、燃气、热力、通信、消防等设施配置的说明。

(5)有关设备、设施安装预留位置的说明和安装注意事项。

(6)门、窗类型,使用注意事项。

(7)配电负荷。

(8)承重墙、保温墙、防水层、阳台等部位注意事项的说明。

(9)其他需说明的问题。

住宅中配置的设备、设施,生产厂家另有使用说明书的,应附于《住宅使用说明书》中。

十二 建设工程竣工验收备案表

建设工程竣工验收备案是指建设单位在建设工程竣工验收后,将建设工程竣工验收报告和规划、公安消防、环保等部门出具的认可文件或者准许使用文件报建设行政主管部门审核的行为。

建设单位应当自建设工程竣工验收合格之日起 15 日内,将建设工程竣工验收报告和规划、公安消防、环保等部门出具的认可文件或者准许使用文件报建设行政主管部门或者其他有关部门备案,并填写《建设工程竣工验收备案表》。

备案机关收到建设单位报送的竣工验收备案文件,验证文件齐全后,应当在《建设工程竣工验收备案表》上签署文件收讫。

《建设工程竣工验收备案表》一式两份,一份由建设单位保存,一份留备案机关存档。

十三 建设工程档案预验收意见

建设单位在组织工程竣工验收前,应当向市城建档案馆提出工程竣工档案预验收申请,将工程竣工档案资料送至市城建档案馆,由市城建档案馆组织工程竣工档案预验收,验收合格后,出具《工程竣工档案预验收意见》。

建设单位在取得工程竣工档案预验收认可意见后,方可组织工程竣工验收。

十四 城市建设档案移交书

凡列入城建档案馆接收范围的工程档案,竣工验收通过后3个月内,建设单位将汇总后的全部工程档案移交城建档案馆并办理移交手续。推迟报送日期,应在规定报送时间内向城建档案馆申请延期报送,并申明延期报送原因,经同意后办理延期报送手续。

《城市建设档案移交书》为竣工档案进行移交的凭证,应有移交日期和移交单位、接收单位的签章(表8-2)。

城市建设档案移交书 表8-2

<table>
<tr><td>工程名称</td><td>××市第一中学教学楼</td><td>编号</td><td>012</td></tr>
<tr><td colspan="4">致 ××市城市建设档案馆 (城建档案馆)
我方现将 ××市第一中学教学楼 工程的档案移交给贵方,共计 × 册,其中:图样材料 × 册,文件材料 × 册,其他材料 ×× 张。

附:1. 城市建设档案移交目录一式 × 份,共 ×× 张。
2. 完整档案1套。

移交单位:××市第一中学
负 责 人:×××
日 期:2012年6月5日</td></tr>
<tr><td colspan="4">接收单位审查意见:
同意接收。

接收单位:××市城市建设档案馆
接 收 人:×××
日 期: 2016年6月5日</td></tr>
</table>

注:本表一式两份,由建设单位、城建档案馆各保存一份。

本章小结

竣工图是建筑工程完工后,反映建筑工程竣工实貌的工程图纸,是真实记录各种地上、地下建筑物、构筑物等情况的技术文件。竣工验收文件是工程竣工验收活动中形成的资料,包括工程验收总结、竣工验收记录、财务文件、声像、缩微、电子档案等。本章主要介绍竣工图的绘制、工程竣工验收文件的整理、编写。

【相关链接】

编制基本建设工程竣工图的几项暂行规定

文　　号:[82]建发施字50号

发布日期:1982－2－8

执行日期:1982－2－8

一、基本建设竣工图是真实地记录各种地下地上建筑物、构筑物等情况的技术文件,是对工程进行交工验收、维护、改建、扩建的依据,是国家的重要技术档案。全国各建设、设计、施工单位和主管部门,都要重视竣工图的编制工作,认真贯彻执行本规定。

二、各项新建、扩建、改建的基本建设工程,特别是基础、地下建筑、管线、结构、井巷、峒室、桥梁、隧道、港口、水坝以及设备安装等隐蔽部位,都要编制竣工图。编制各种竣工图,必须在施工过程中(不能在竣工后),及时做好隐蔽工程记录,整理好设计变更文件,确保竣工图质量。

三、编制竣工图的形式和深度,应根据不同情况,区别对待:

(1)凡按图施工没有变动的,则由施工单位(包括总包和分包施工单位,下同)在原施工图上加盖"竣工图"标志后,即作为竣工图。

(2)凡在施工中,虽有一般性设计变更,但能将原施工图加以修改补充作为竣工图的,可不重新绘制,由施工单位负责在原施工图(必须是新蓝图)上注明修改的部分,并附以设计变更通知单和施工说明,加盖"竣工图"标志后,即作为竣工图。

(3)凡结构形式改变、工艺改变、平面布置改变、项目改变以及有其他重大改变,不宜再在原施工图上修改、补充者,应重新绘制改变后的竣工图。由于设计原因造成的,由设计单位负责重新绘图;由于施工原因造成的,由施工单位负责重新绘图;由于其他原因造成的,由建设单位自行绘图或委托设计单位绘图。施工单位负责在新图上加盖"竣工图"标志并附以有关记录和说明,作为竣工图。

重大的改建、扩建工程涉及原有工程项目变更时,应将相关项目的竣工图资料统一整理归档,并在原图案卷增补必要的说明。

(4)竣工图一定要与实际情况相符,要保证图纸质量,做到规格统一,图面整洁、字迹清楚,不得用圆珠笔或其他易于褪色的墨水绘制。竣工图要经承担施工的技术负责人审核签认。

四、竣工图的汇总整理工作,按下列情况区别对待:

(1)建设项目实行总包制的各分包单位应负责编制分包范围内的竣工图,总包单位除应编制自行施工的竣工图外,还应负责汇总整理各分包单位编的竣工图。总包单位在交工时应向建设单位提交总包范围内的各项完整、准确的竣工图。

(2)建设项目由建设单位或工程指挥部分别包给几个施工单位承担的,各施工单位应负责编制所承包工程的竣工图。建设单位或工程指挥部负责汇总整理。

(3)建设项目在签订承发包合同时,应明确规定竣工图的编制、检验和交接等问题。

五、工程竣工验收前,建设单位应组织、督促和协助各设计、施工单位检验各自负责的竣工图编制工作,发现有不准确或短缺时,要及时采取措施修改和补齐。竣工图要作为工程交工验收的条件之一。竣工图不准确、不完整、不符合归档要求的,不能交工验收。在特殊情况下,也可按交工验收时双方议定的期限补交竣工图。

六、大中型建设项目和城市住宅小区建设的竣工图,不得少于两套,一套移交生产使用单位保管,一套交有关主管部门或技术档案部门长期保存,关系到全国性特别重要的建设项目(如首都机场、南京长江大桥等),应增交一套给国家档案馆保存。小型建设项目的竣工图不得少于一套,移交生产使用单位保管。因编制竣工图需增加的施工图，由建设单位负责及时提供给施工单位，并在签订合同时，明确需要增加的份数。

七、大型工程竣工后，凡上述竣工图仍不能满足需要时，可重新绘制竣工图，由建设单位负责组织力量绘制，设计、施工单位负责提供工程变更资料。

八、编制整理竣工图所需的费用，凡属设计原因造成的，由设计单位解决施工单位负责编制所需的费用，由施工单位在建筑安装工程造价中解决；建设单位负责编制和需要复制的费用，由建设单位在基建投资中解决；建成使用以后需要复制补制的费用，由使用单位负责解决。

九、为了做好基本建设工程竣工图的编制工作，各主管部门可根据具体情况制订有关细则。

十、本规定从批准、颁布之日起开始试行。过去的有关规定，与本规定相抵触者，按本规定执行。

第九章 建筑工程技术资料管理软件的应用

【职业能力目标】

熟练使用建筑工程技术资料管理软件。

【学习要求】

1. 了解建筑工程资料管理软件的意义。
2. 熟悉建筑工程资料管理软件的分类。
3. 掌握建筑工程资料管理软件的应用。

第一节 建筑工程技术资料管理软件的应用及意义

一 计算机在档案资料管理中的应用

档案资料管理应用计算机技术主要是用于档案整编、检索、统计及借阅等业务职能。主要表现在以下三方面。其一,用计算机编制档案检索工具。以著录项目组成档案机读目录数据库,然后按不同的要求,利用库内数据自动编制案卷目录、专题目录、分类目录等。其二,用计算机进行档案检索。按照档案著录项目中所标识的内容特征和形式特征,检索出符合不同利用者要求的档案目录及其原件。其三,用计算机对档案管理中形成的各种数据或情况,包括入库与出库数量、库存空间占有率,档案调阅、归还等进行登记与统计。

档案信息自动化系统是一项需要运用多学科知识、多专业配合、多部门协作和多环节配套的复杂系统工程。加强对档案信息自动化系统管理的目的在于开发应用,离开推进应用水平的提高,就脱离了实际。加强管理的指导思想,一是要积极进取,开拓创新,争取条件采用先进技术;二是要充分掌握系统的综合性、系统性、统一性,统筹兼顾,全面安排,调动各方面的积极性;三是要从现实出发,循序渐进。

加快档案信息自动化系统建设,实现档案工作各个环节的计算机化,是实现档案工作现代化、提高档案系统整体功能的物质技术基础和重要手段。

我国档案部门应用电子计算机可追溯到20世纪70年代,但真正有计划地建立自己的系统是1985年。经过艰苦创业,初步建成了文书档案处理系统,使系统不断向信息管理的目标推进,其装备水平和应用水平逐步提高。

二 档案信息电子化的现状

(1)档案软件没有信息管理功能,缺乏通用性。档案部门使用的计算机型号不一,规格各异,各自开发的软件不能互用,并且没有一个既适用于文件检索又可用于档案信息管理的计算机管理软件系统,由于不能互调,就不能利用电脑完成信息管理工作,不能快捷地出版信息编辑成果,这制约了档案信息电子化的进程。

(2)在我国至今还没有建立一个达到数据交换的机读目录档案系统,档案信息系统和网络建设形式各行其是,层次不一,规范性、开发性、服务性、共享性较差,不能适应档案信息资源共享的要求。

(3)标准化、规范化工作有待提高。档案信息管理电子化的前提是基础工作的规范化和标准化。但由于历史原因,馆(室)藏档案业务基础差,案卷质量不高,特别是各类档案的著录细则相容性不强,系统软件移植性差;档案自动化工作尚无统一标准,仅着眼于某一个馆或某个专业系统,无法全面实施、推广统一标准,这也制约了档案信息工作的电子化。

(4)档案的技术标准、组织工作程序标准未从计算机信息处理技术的特点和发展考虑,越来越多的归档"文件资料"是磁盘、光盘,现行的档案整理、分类方法、著录标准及有关规定已不能完全适应。

(5)档案信息管理人员的素质有待提高。实现档案信息电子化,首先要有现代化的人,管理人员要有较高的知识层次和先进的技术水平,不能仅仅满足于一般的计算机操作。从目前看,许多档案部门缺乏现代高技术人才,其中档案、信息处理复合型人才就更奇缺,大部分档案人员现代技术水平偏低,甚至有现代文盲现象。尽管引进了现代化设备,仍不能充分发挥作用,就更谈不上档案信息电子化了。

三 档案信息电子化的发展趋势

办公自动化、无纸化等事物的出现,使档案的生成方式发生了很大变化,诸如文件的起草、签发、催办、归档等运作过程在计算机和通信线路中进行,这样档案的前身必须以机读文件为主要形态,那么档案也自然以机读形式存在,这些档案的利用方式与纸质载体档案的利用方式有很大差异。这种变化预示着档案工作者将面对更多的机读形式以磁盘为载体的档案。广大信息检索者关心的是信息的内容,这些信息可能来自不同机读形式的档案中,把这些档案信息综合、系统地提供出来是档案工作者义不容辞的责任。不失时机地提供有价值的档案信息,必须有一个"去粗取精,去伪存真"的过程,使得机读形式的档案信息具有系统性、真实性、价值性,用户才能获得更为完善的服务。由此看来,档案信息电子化是档案利用工作发展的必然趋势。

四 档案信息电子化的作用

所谓档案信息电子化,就是以档案资料(纸质或机读形式的)为主要物质对象,用微机对档案文献进行收集、筛选和不同层次的加工,使之转化成为微机软件形式的二次文献信息供人们利用的过程。其作用有:

(1)可充分利用和发挥现有微机的潜能,提高利用率。目前,大多数基层档案馆(室)对计算机的应用单一,开发功能简单,有的仅仅用于档案著录或文件打字储存,利用的低效率造成人力、物力、财力和时间的极大浪费,使现代化设备不能物尽其用。

(2)缩短二次文献信息的加工时间,提高档案信息的时效性。手工信息加工工作模式是"选题—选材—编辑—出版",这条"慢工出细活"的工作方式,即从文件资料形成到开发"二次文献信息"时间长,造成信息失效,严重影响了档案信息的应用价值。档案信息电子化,编者可直接利用机读形式的档案,利用电脑的功能完成信息加工工作程序,快捷地出版二次文献。

(3)档案信息电子化,可一次投入、多次产出,可改变信息加工工作受经费限制的局面。手工编研信息成果出版需要较多的经费,但目前乃至今后一个相当长的时期内,期望国家给档案部门拨较多的经费进行信息编辑是不现实的,依靠自身解决也不是件容易的事,解决不好,档案工作者的辛勤劳动成果只能"待字闺中"。

(4)档案信息电子化,信息成果可多份拷贝,将拷贝成果送给领导及各个部门,就扩大了社会影响,拓宽了服务范围,档案部门的地位自然也就得到了提高。

(5)档案信息电子化,可使档案信息顺利地与最新技术接轨。虽然"信息高速公路"在我国尚在起步阶段,但档案事业要注意这方面的发展动向,超前拿出对策,使档案工作适应这一客观形势的变化和要求,为将来"信息高速公路"中有一束档案信息打下基础。

第二节 工程资料管理软件简介

目前国家建设部推荐使用的建设工程资料管理软件有北京筑业新技术有限责任公司开发的《资料大师——建筑工程技术资料管理软件》、北京仪康建达软件技术有限公司开发的《建筑工程资料管理系统》、中国建筑科学研究院建筑工程软件研究所开发的《建筑工程资料管理软件》、北京铭洋建龙信息技术有限公司开发的《资料专家管理系统》等,其中以北京筑业新技术有限责任公司开发的《资料大师——建筑工程技术资料管理软件》使用较为普遍,现在我们重点介绍这个软件。

一 软件特点

(1)软件提供了快捷、方便的建筑工程所需的各种表格的输入方式。

(2)具有完善的建筑工程技术资料数据库的管理功能,可方便地查询、修改、统计汇总。

(3)实现了从原始资料录入到信息检索、汇总、维护、后期模板添加、修改、删除等一体化管理。

(4)所有表格与 EXCEL 兼容,方便调整修改,采取所见即所得的打印输出。

(5)软件内置了自动填表功能,工程的相同信息可以很方便填写,不必重复录入,大大减轻了工作量。公用信息用户可以只进行一次定义,所有新建表格自动填写。

(6)软件中增加了 Windows 中没有的特殊符号字体库,弥补了 Windows 系统不能输入建筑特殊符号的缺陷。

(7)软件提供的表格多,可满足各种用户的需求。该公司推出的《工程资料管理系统全国版》,包含北京、天津、河北、山东、辽宁、吉林、山西、河南、江苏、湖南、湖北、上海、浙江、内蒙古等地专用的资料表格,同时可以免费升级当地表格库。

(8)软件自身内置了国家的最新验收规范和填表说明,查阅方便,而且规范、资料可以自由复制、粘贴。

(9)可用软件来管理日常的资料,以目录树的形式调用,比较系统化。软件有关键词表格查询,可以瞬间找到所需要的表格,方便查询,大大减轻了资料员的工作量,同时能提高工作速度,真正为建设单位、监理单位、施工单位带来收益。

二 系统简介

依据《建筑工程施工质量验收统一标准》(GB 50300—2013)及《建设工程文件归档规范》(GB/T 50328—2014)编制的配套软件。

软件的内容包括:

(1)监理表格。

(2)施工表格。

(3)《建筑工程施工质量验收统一标准》(GB 50300—2013)验收规范全套表格(含全套验收规范)。

(4)安全管理表格。

(5)智能建筑表格。

软件包含了建筑工程竣工验收全过程所需的各种类别的技术资料,如:工程建设前期资料、施工过程质量控制资料(包括各检验批验收记录)、竣工验收备案资料及相关的国家统一标准和质量验收规范等。

其主要功能模块见表 9-1。

软件主要功能模块 表 9-1

序号	模块	功能
1	自动填表	①自动导入工程常用信息;②可以在常用信息中进行编辑,直接修改常用信息的内容
2	自动计算	所有包含计算的表格,用户只需填写基础数据,软件自动计算,用户可以自行输入或修改计算公式
3	自动编号	自动填写表格编号,对当前模板下已编号的表格,可以重新编号
4	排序	上下移动:用来调整客户建立的表格顺序; 左右移动:可以改变表格的从属关系
5	导入、导出	方便的导入、导出文本和 Excel 文件

续上表

序　号	模　　块	功　　能
6	智能评定	软件根据国家标准或企业标准自动评定检验批质量验收表格的检测值等级,自动添加○和△,标记不合格点值
7	企业标准设置	用户可以修改检验批资料国家标准数据,形成企业标准,软件自动根据企业标准进行评定
8	表格套打	对于有特殊需要的客户,提供了表格套打功能
9	工程表格批量打印	表格填写完成后,可以批量打印整个工程表格,也可以按照编制日期进行分批打印
10	电子组卷	做完工程后,软件可对工程数据进行分类组卷
11	画图	软件提供绘制工程平面图功能,节省了几个软件的相互切换
12	数据自动保存	用户只需把数据填写完成,软件会自动的保存所填的内容
13	查阅法规资料	方便地查阅法律、法规规范和资料管理规程
14	附件管理	工程中的所有附件可以进行统一管理
15	用户管理	有权限才能访问软件系统
16	在线升级	如果在线,自动完成软件升级

三 系统操作说明

(一)新建工程

首先打开软件,出现如图9-1所示界面。

图9-1　软件系统操作界面

如果是初次使用本软件系统(系统中还没有建立工程),则登录后,在工程(P)菜单下点击新建按钮新建一个工程。弹出窗口如图9-2所示。

在【新建工程向导】的选项中列出了工程的数据模板专业类型,如果购买了不同专业的数据库,可以选择使用。

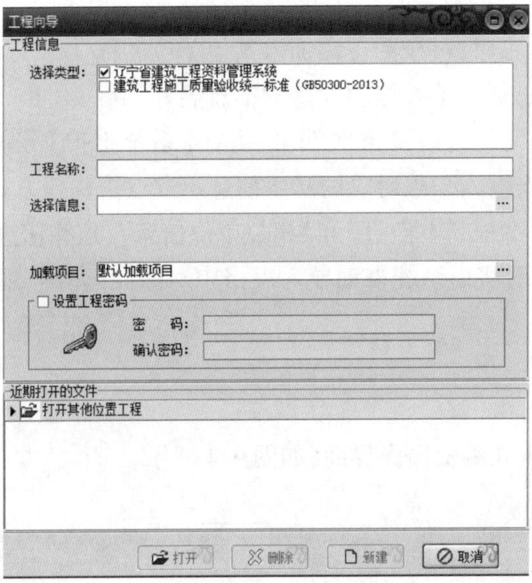

图 9-2　新建工程向导对话框

在【近期打开的文件列表】中现在是空的，如果已经新建了工程文件会在这里显示，可以双击并打开使用。

这时可在“工程名称”中输入工程所在项目的名称，点击新建，系统会进行新建工程的初始化操作。

(二)工程基本信息设置

系统初始化操作完毕后弹出【设置—工程信息】窗口(图 9-3)，在页面中可以输入工程基本信息，包括：工程名称、工程地址、建筑类型等。一份规范的工程资料，在填写工程基本信息时应注意以下几点。

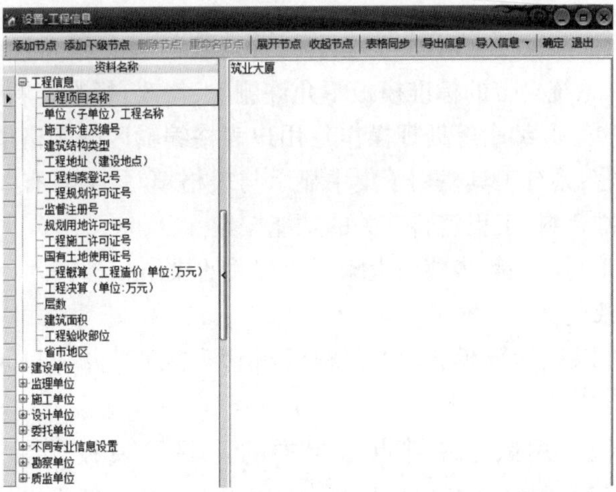

图 9-3　【设置—工程信息】对话框

(1)工程信息必须填写正确。

(2)在有多个单位名称时,可按回车键加入其他单位名称。

(3)修改工程信息时,最好不要修改默认的信息名称。

在填写工程信息退出后,若需要再次编辑,可在【系统维护】菜单下找到【设置—工程信息】对话框,在这里可再次输入工程对应的基本信息。或点击快捷方式 按扭。

信息列表主要包括“工程基本信息”和“相关单位信息”,这些信息都是填写表格时所必需的,并且在新建一张表格时将由系统自动导入表格中。因此,完整、规范地输入这些信息将会极大地提高填表效率。

(三)技术资料编辑

在填完工程信息后进入编辑操作界面,如图 9-4 所示。

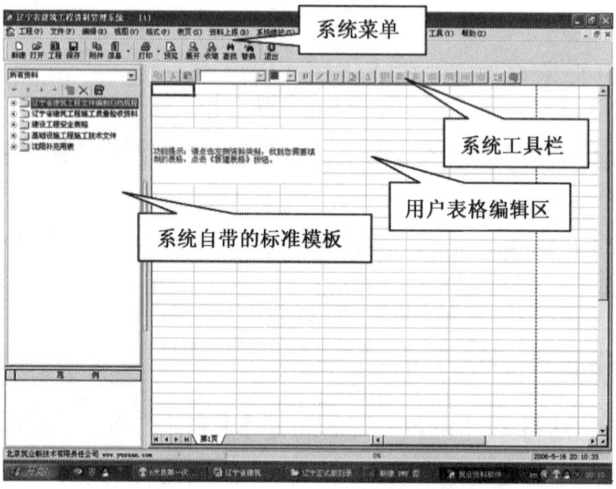

图 9-4　编辑操作界面

其中,系统自带的标准模板分别按“工程资料管理规程”和“组卷目录”排序,用于显示系统中的资料表格模板(系统自带的标准模板不允许删除、修改;标准资料中的表格只有新建表格之后,才能对其进行填写、编辑等处理操作);用户表格编辑区是表格填写的工作区域,用于显示当前所选表格内容;系统工具栏用于集中显示与表格填写、编辑有关的工具按钮;系统菜单用于集中显示与标准资料、工程资料有关的功能按钮。

下面将按照表格填写的一般步骤向大家介绍相关的操作。

1. 对标准模板目录浏览

在表格新建时,可以让标准模板按“工程资料管理规程”分类目录排序过滤,如图 9-5 所示。

现在选用标准模板,用鼠标左键点击 中的 展开模板目录,根据文字提示选择 **C1-3 图纸会审记录**所示的表格模板。点击之后在用户表格编辑区中显示选择的表格,这样就完成了表格模板文件的选择。

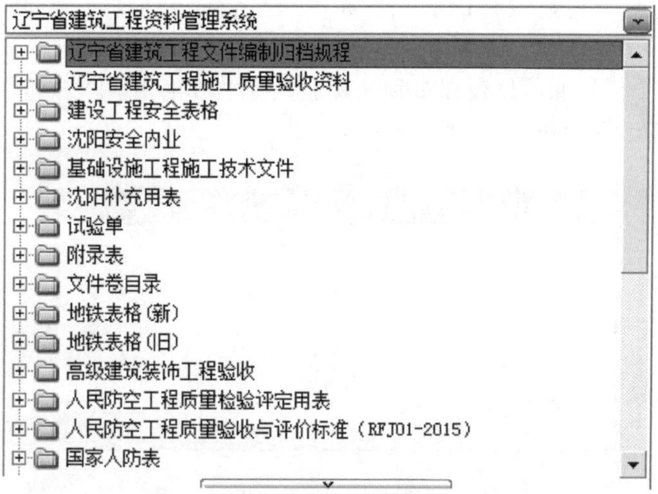

图 9-5　标准模板目录

2. 新建表格

1)表格模板选择

新建工程后,进入【资料编辑】窗口,此时当前工程中只有技术资料标准模板目录,还没有新建表格,要想填写表格,首先要学习怎样新建表格。

2)新建表格

在技术资料标准模板目录中查找实际工程所需要的表格,点击鼠标右键,选择【新建表格】,如图 9-6 所示。

在弹出的【新建表格】窗口中修改已有的表格名称,如图 9-7 所示。

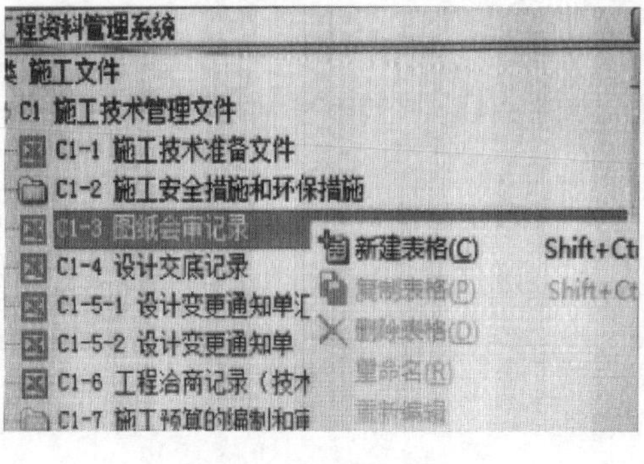

图 9-6　【新建表格】菜单

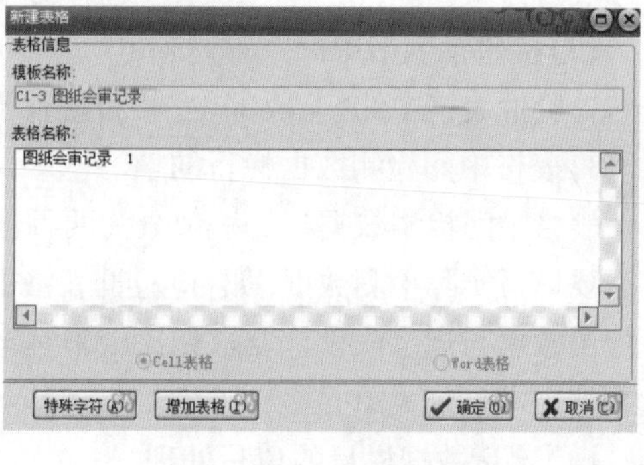

图 9-7　【新建表格】对话框

3. 填写表格

完成了向当前工程资料目录中新建表格操作后,接下来就是如何填写表格了。本系统提供了方便、快捷的多种表格填写功能,如:自动导入表头信息、智能填充、自动评测、自动计算、汇总、自动生成统计表等。

1)表头信息栏目的填写

在当前工程资料目录中生成了具体的表格之后,系统会自动将当前工程的基本信息和相关单位信息导入每一张新建表格的表头。如:工程名称、分部(子分部)工程名称、施工单位等。

如果表格中某个栏目的信息存在多种选择(如:工程中存在两个分包单位),则可以双击该栏,并从弹出的对话框中选择,如图9-8所示。

图9-8 【请选择—施工单位名称】对话框

也可以根据实际工程来修改自动导入的表头信息。方法一:用鼠标选中要修改信息的单元格,输入实际数据,然后回车即可。方法二:点击弹出窗口中的编辑按钮在基本信息编辑框中输入实际数据,退出。这时在使用本信息时可以有多项选择。

2)有关表头信息填写栏目的强调性说明

(1)检验批表格中的"施工执行标准名称及编号"

施工执行标准是指企业标准(或引用的推荐标准,但必须经企业认可为企业标准),企业标准应有名称及编号、编制人、批准人、批准时间、执行时间。检验批表格中的"施工执行标准名称及编号"栏目中应该输入施工单位的企业标准名称及编号。如果施工企业没有自己的企业标准名称及编号,则可以在该栏中输入斜线"/"或划斜线。

(2)检验批表格中的"验收部位"

检验批表格中的"验收部位"栏目应保证唯一性,一般应填写"楼层+轴线"的组合信息。

3)表格中间检测数据栏目的填写

表格中间检测数据栏目一般分为两种:定量数据栏目和定性数据栏目。其中,定量数据栏目需要填写实际检测数据(如:检验批表格中常见的10个单元格);定性数据栏目则需要将实际检测数据与规范或设计要求相比较来判定其结果"合格(√)"还是"不合格(×)"(如:检验批表格中常见的大单元格)。

(1)定量数据栏目的填写处理

表格中间的检测数据栏目需要根据工程实际检测数据来填写,并应保持真实性。对于表格所填写的检测数值,系统将会智能检测该数值是否超标(如果该数值超标,将用△或○表示。其中:△表示超国家标准,○表示超企业标准)。

企业标准是严于国家标准的,由于同一次验收中不可能采用两种标准来评定,因此一张表格中不可能既使用企业标准又使用国家标准来进行评定,也就是:一张表格中不可能有的数据超标使用△来表示,而另一些数据超标使用○来表示。

另外,检验批表格中的定量检测栏目一般只设计了10个单元格,而如果实际工程规模较大,这 10 个单元格不够;如果实际工程规模较小,而这 10 个单元格又有多余。因此,应该根据实际需要来对这 10 个单元格进行相应的处理。本系统提供了功能强大的处理方法,具体如下:

①10 个单元格不够的情况。

当实际工程较大、检验批栏目里需要填写的检测数据超过了 10 个,这时需要先将表格中默认的 10 个单元格合并成一个大的单元格,然后在合并后的单元格中填写统计评定文字(如:合格。其中共检测××点,合格××点、不合格××点,合格率为××%)。

②10 个单元格有多余的情况。

当实际工程较小、检验批栏目里需要填写的检测数据不足 10 个,这时可先如实填写实际检测数据,然后将多余的几个单元格合并为一个单元格,并在合并后所生成的单元格中输入"/"或划斜线。

(2)定性数据栏目的填写处理

定性数据栏目则需要将实际检测数据与规范或设计要求相比较来判定其结果"合格(√)"还是"不合格(×)",通常在检验批表格中表现为一个大单元格。

在实际工程中,定性数据栏目的填写通常有以下三种情况:

①只需要进行检测就可以定性的情况。

如土方回填检验批(GD2401002)中一般项目第 1 项"回填土料"栏,该栏目只需在现场直接鉴别是否符合设计要求,此类栏目的填写只需在单元格中间打"√"表示合格即可。

②需要借助其他资料才能证明合格的情况。

如钢筋加工检验批(GD2401052)中主控项目第 1 项"力学性能检验"栏,该栏目需要具体的钢筋力学性能检验报告来证明是否合格,此类栏目的填写就需要在单元格中间填写具体的钢筋力学性能检验报告的编号,然后从该栏最右侧下拉框中选择"√"。

③根据实际有可能不需要填写的情况。

如钢筋加工检验批(GD2401052)中主控项目第 3 项"化学成分等专项检验"栏,规范中明确说明"当发现钢筋脆断、焊接性能不良或力学性能显著不正常等现象时,应对该批钢筋进行化学成分检验或其他专项检验",也就是当钢筋加工性能正常的情况下,根本不需要进行该栏目所要求的检验。

对此类栏目规范的处理是:不能空着不填,而应该输入"/"或划斜线来表示本工程不需要进行该项检验。

4)表尾评定结果栏目的填写

检验批表格的表尾部分包括"施工单位检查评定结果"和"监理(建设)验收结论"两个栏目,本系统对这两个栏目的评语做了规范化处理,列出了常用评语,实际填写时一般只需从系统提供的评语中选择相应一条即可。当然,也可以根据工程实际情况直接输入自己的评语。

5)查看填表说明及范例

本系统允许用户在填写表格时方便快捷地查看该表格的填表说明及范例表格的填写内容。

(1)查看填表说明

在填写某资料表格时,如果要查看该表格的填表说明,可用鼠标单击 第1页/填表说明 页签、切换到该页面即可方便地查看,如图 9-9 所示。

(一)图纸会审的主要内容一般应包括:

1、是否齐全,引用标准图号是否明确,是否符合国家现行规范、标准要求。

2、地基基础的设计是否符合该工程地质勘察报告结论要求。

3、建设单位、设计单位、施工单位、监理单位协商施工条件。

4、解决图纸中存在的土建、水、电、通风、空调、设备安装中各类管道敷设过程中出现的矛盾。

图 9-9　查看填表说明

(2)查看范例

本系统对每张表格都做了范例,可以点击 范例1 查看范例表格的填写内容,如图 9-10 所示。

图 纸 会 审 记 录

工程名称	筑业科技大厦		
建设单位	××集团开发有限公司	设计单位	××建筑设计院
施工单位	××建设集团有限公司	监理单位	××监理公司
图纸名称及图号	主 要 内 容		结 论 意 见
建施-1	说明十第2条底板防水做法中50厚C20细石混凝土保护层及找平层,防水层厚度在结构图中没有表示,因此槽底标高应相应降低74mm。		槽底标高降低 74mm。

图 9-10　查看范例表格填写内容

4. 常用操作与技巧

1)工具栏介绍

下面就简要介绍一下主要的工具栏:系统常用工具栏、表格常用工具栏、格式工具栏。

(1)系统常用工具栏

系统的常用工具栏如图 9-11 所示。

图 9-11　系统采用工具栏

【信息】此功能键是为了方便用户在填写表格的过程中,来查看编辑或增加一些工程的相关信息。点击【信息】下拉会列出三个选项【工程信息】、【通用信息】、【系统信息】。

(2)表格常用工具栏

表格常用工具栏,主要是对用户目前所编辑表格内容的一些常用设置,比如表格的字体样式,大小、内容对齐方式等。

(3)格式工具栏

格式工具栏的主要功能是对用户表格的一些单元格设置,比如插入行、列、表格的画线、抹线,属性的一般设置等。

2)表格保存及导出

(1)表格保存

表格中数据填写完毕之后,就要保存表格。系统提供了自动保存功能,或者直接单击工具栏上的【保存】按钮。这里需要提醒注意的是:在单元格中输入数据或修改了之后,一定要按回车(Enter)键或将鼠标单击一下单元格之后,再单击【保存】按钮。

(2)表格导出

本系统中的每一张表格都可以输出成Excel。其具体的操作方法如下:

①选择要导出成Excel文件的表格,然后单击表格右键【导出文件】菜单→【导出Excel文件】项,则系统将弹出【输出Excel文件】窗口,如图9-12、图9-13所示。

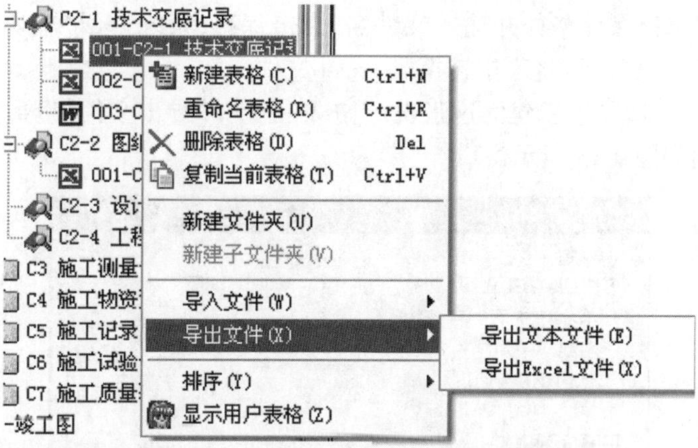

图9-12 选择【导出Excel】

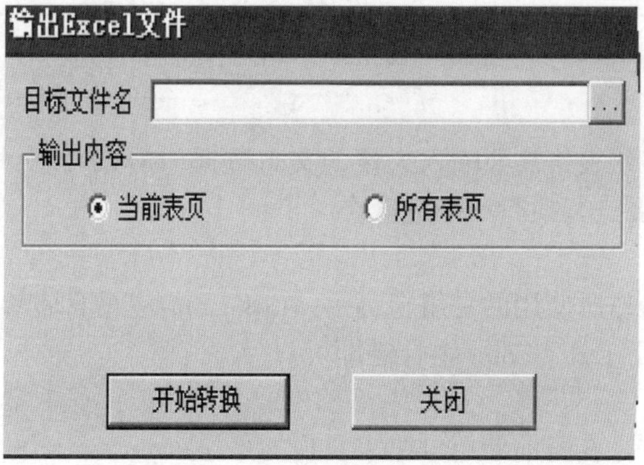

图9-13 【输出Excel文件】对话框

②单击【…】按钮,就会弹出【选择 Excel 文件名】窗口,如图 9-14 所示。

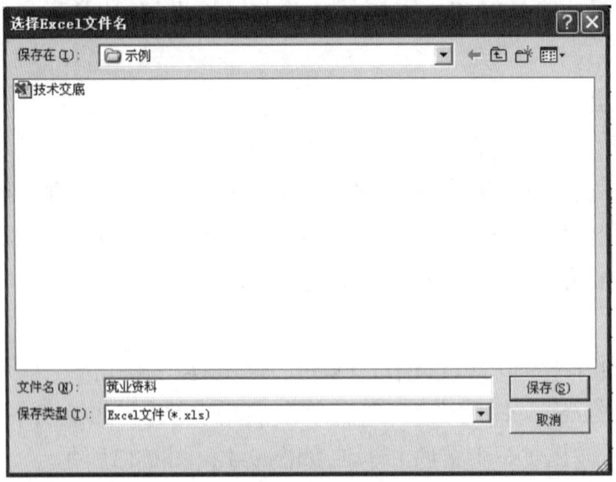

图 9-14 【选择 Excel 文件名】对话框

③在该窗口中选择保存路径并输入文件名,点击保存,系统返回“输出 Excel 文件”窗口后,单击【开始转换】按钮即可将表格转换成 Excel 文件。

④导出为文本文件:在您新建的这张表,点击右键选择【导出文件】里边的【导出为文本文件】,确定后会弹出如图 9-15 所示窗口。

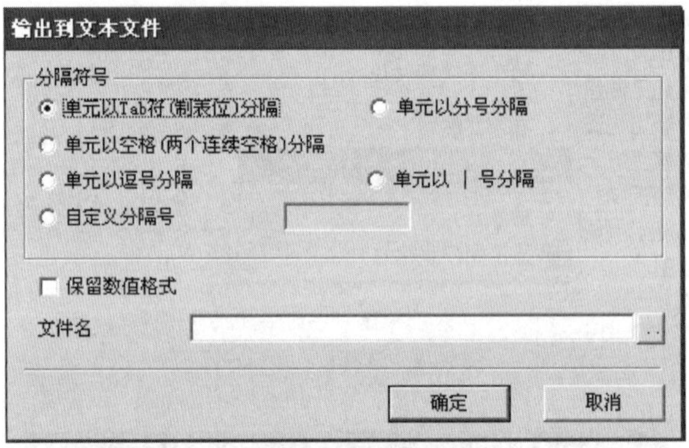

图 9-15 【输出到文本文件】对话框

3)换行和缩进

实际工程资料中有些表格需要输入大量的文本数据(如:C2-1 技术交底记录),这时为了文字版面的美观,就需要进行换行和缩进操作。

(1)换行操作

本系统进行换行操作所使用的是组合键——Ctrl + Enter,而不是 Word 中常见的 Enter 键。要想进行换行,直接按下 Ctrl + Enter 组合键即可。

(2)缩进操作

本系统中段前缩进是在段前使用空格来实现的。

4)单元格组合/拆分

本系统中每张表格都是由小的单元格经过组合而成的,在填写表格时,有时需要将单元格进行组合或拆分以满足实际填写表格的需要。单元格组合和拆分的具体操作如下：

(1)单元格组合

单击【视图】菜单→【辅助工具栏】→【格式】选项，现在打开了系统提供的单元格格式设置工具栏，如图 9-16 所示。

图 9-16　单元格格式设置工具栏

进行单元格组合的操作很简单：首先，用鼠标选择要进行组合的连续单元格，直接单击“工具栏”中的【组合单元格】按钮，则系统就会将所选单元格组合为一个大的单元格。

(2)单元格拆分

单元格拆分的操作方法如下：首先，用鼠标选择要进行拆分的单元格，然后单击“常用工具栏”中的【取消单元格组合】按钮，则系统就会将所选单元格拆分为若干个小的单元格。

5)插入特殊符号

在填写资料表格时，往往会遇见特殊符号的填充问题。虽然有些输入法中也提供这些特殊符号，但是也都提供了一般常见的符号，为了方便用户，本系统将一些常用的特殊符号汇集在一起，系统中特殊符号有【插入 Windows 特殊符号】、【插入工程专用特殊符号】供选择使用。插入特殊符号的操作比较简单：单击要插入特殊符号的单元格，然后【编辑】菜单→【插入特殊符号】菜单→【插入工程专用特殊符号】项，则系统将弹出【插入工程专用特殊符号】对话框，如图 9-17 所示。

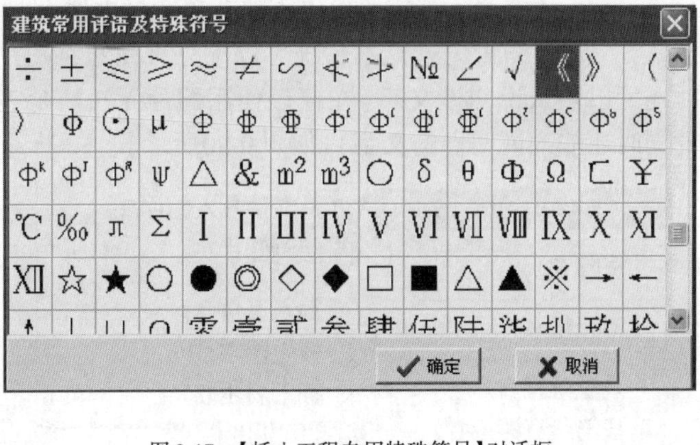

图 9-17　【插入工程专用特殊符号】对话框

该对话框由多个卡片组成，包括单位符号、标点符号、特殊符号等。只需在相应卡片中选中所需特殊符号，然后单击【确定】按钮即可将所选特殊符号插入单元格中，如图 9-18 所示。

6)画斜线“/”打“√”

进行表格填写时，有时候会根据实际工程的需要在单元格中画斜线“/”或者打“√”，本系统提供了方便的画斜线“/”或者打“√”的功能。

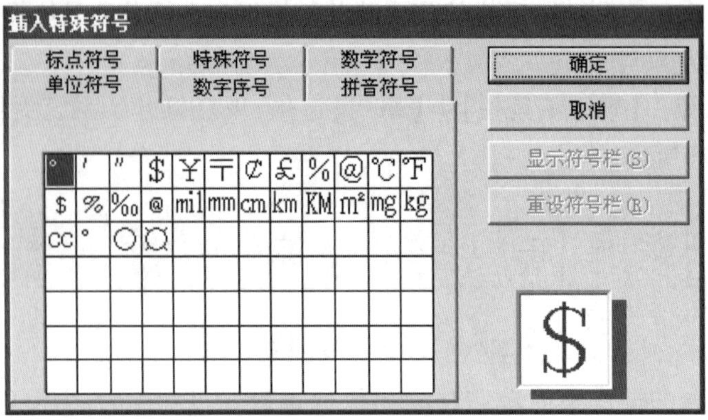

图 9-18 【插入特殊符号】对话框

其具体操作方法是:

(1)画斜线“/”

画斜线的具体操作方法是:首先,用鼠标选择要画斜线的单元格,然后单击“常用工具栏”中的【画右斜线】按钮,则系统就会将所选单元格画斜线,如图 9-19 所示。

图 9-19 画斜线

说明:有时为了表格的美观,也可以用键盘中的“/”来替代斜线。

(2)打“√”

打“√”的具体操作方法是:首先,用鼠标选择要打“√”的单元格,然后单击【填充√】按钮,则系统就会将所选单元格打“√”。也可以直接使用插入特殊符号功能来实现单元格打“√”。

7)插入/清除图片

有些表格按照要求需要在单元格中插入图片(如:C3－1 工程定位测量记录),本系统可以十分方便地将图片插入单元格中,并且在插入图片的同时还可以输入说明性文字(在仅仅使用图片无法清楚表达问题的情况下,就需要在插入图片的同时还输入说明性的文字),如图 9-20所示。

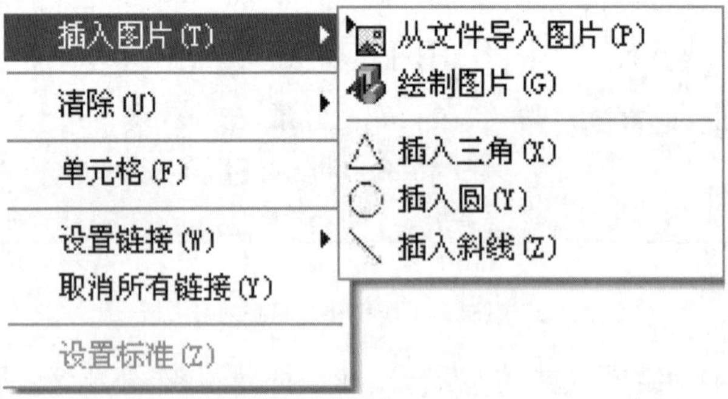

图 9-20 插入/清除图片

在单元格中插入图片的方法有两种:直接粘贴图片和利用系统提供的功能插入图片。

(1)直接粘贴图片

使用相应程序打开图片文件(如:Auto CAD 等),选中要插入单元格的图片(全部或部分)，然后按下“复制”组合键(Ctrl + C)，将所选图片复制到系统剪切板中，然后将窗口切换至本系统，在当前表格中选择要插入图片的表格，单击该表格中要插入图片的单元格，按下“粘贴”组合键(Ctrl + V)即可将图片插入。

(2)利用系统提供的功能插入图片

①在表格中选中要插入图片的单元格，单击【编辑】菜单→【插入图片】项(或单击鼠标右键，从弹出的快捷菜单中选择【插入图片】项中的“从文件导入图片”)，如图 9-21 所示，则系统将弹出“插入图片”窗口。

图 9-21 【插入图片】菜单

②然后选择“图片组列表”中的某张图片，然后单击“图片设置”中的【设置图片】按钮，则系统将弹出“打开”对话框。

③双击要插入的图片(或选中图片、单击【打开】按钮)，即可将该图片导入“图片组列表”中。

④在“插入图片”窗口中设置图片效果，然后单击【确定】按钮即可将图片插入表格中。

⑤如果“图片组列表”中的图片组已经全部导入了图片，则可以单击【增加图片组】以增加一行图片(单击【减少图片组】则将删除最后一行图片)。

(3)可以使用软件系统自带的画图工具绘制图片，在绘制结束后点击添加系统，自动将用户绘制的图片插入表格当前绘图单元格中。

(4)清除图片。

清除图片的操作十分简单：选择已经插入图片的单元格，然后单击鼠标右键并从弹出的快捷菜单中选择“删除图片”项，则系统就会将该单元格中的图片清除，如图 9-22 所示。

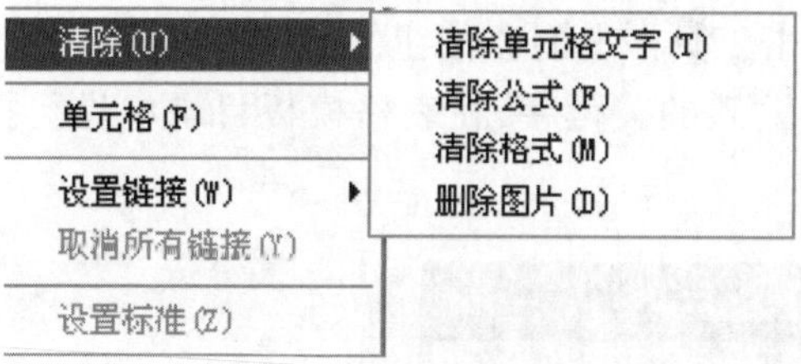

图 9-22 【清除图片】菜单

8)调整

为了表格的美观，可以调整文字和图片在单元格中的位置。调整文字样式和位置的操作比较简单，可以使用常用工具栏中的字体格式和对齐方式按钮来解决。

(1)调整文字的对齐方式的操作方法

选择要调整文字位置的单元格，点击工具栏中的对齐按钮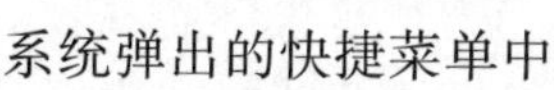。

(2)调整图片位置的操作方法

①选择要调整图片位置的单元格，然后单击鼠标右键，从系统弹出的快捷菜单中选择【单元格格式】项，则系统将弹出“单元格属性”窗口，在该对话框中选择【对齐】页面，如图 9-23 所示。

②然后根据需要选择相应的图片对齐位置，单击【确定】按钮即可。

9)调整行高和列宽

实际处理资料时，有些表格中的单元格需要根据实际填写的内容来调整行高和列宽。其具体操作方法如下：

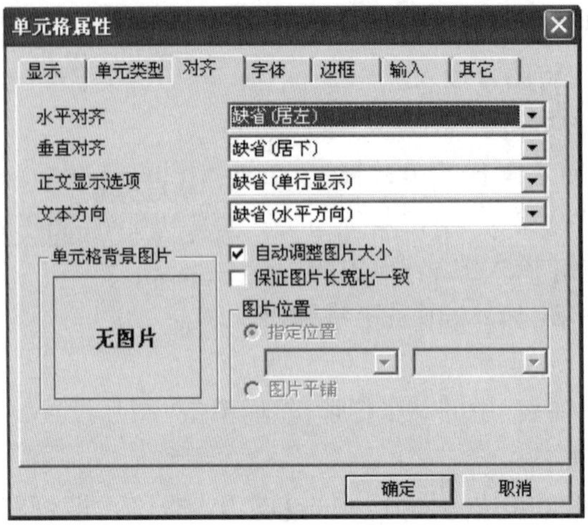

图 9-23 【单元格属性】对话框

(1)选择要进行单元格行高和列宽调整的表格,点击“视图”菜单,选择“行标”“列标”,则系统将显示表格的行标或列标。

(2)将鼠标放置在行标的下边界或列宽的右边界,然后向下或向右拖动鼠标以调整到合适的行高或列宽。

10)资料搜索

如果要在资料表格模板中搜索某表格,可以单击工具栏上的按钮,则系统将会弹出【查找】窗口,如图 9-24 所示。在该窗口中可根据客户输入的关键字,在表格模板目录中进行搜索。搜索到目标表格后,系统将会显示该表格。

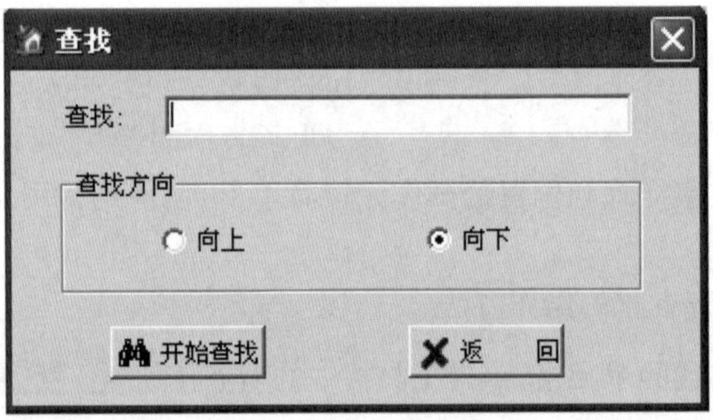

图 9-24 【查找】对话框

11)调整目录结构

本系统允许调整当前工程资料的目录结构,如图 9-25 所示。

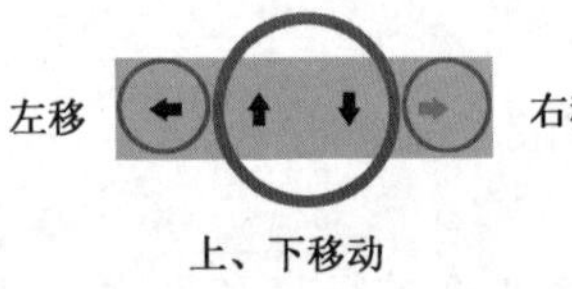

图 9-25 上、下移动

左移:移动目标节点与父节点同级。

右移:移动目标节点为上一节点的子节点。

上移:在同一级别移动目标节点的位置。

下移:在同一级别移动目标节点的位置。

12)其他操作

(1)展开/折叠资料表格目录

本系统中,表格模板资料、工程资料都是以目录树结构组织的,如果要展开或折叠标准资料或工程资料,只需用鼠标双击该章节或单击章节前面显示的“+/-”符号即可,另外,系统提供了展开/收缩目录。

(2)删除资料

本系统允许将当前工程中多余新建的表格从工程资料目录中删除。如果要删除当前工程中的资料,只需用鼠标选中该资料,然后右击鼠标选择 删除表格(D) 按钮,出现系统提示,点击【是】将删除选择的表格。

(3)隐藏(显示)资料模板目录

在填写资料表格时,可以将标准资料区域及工程资料区域关闭,以便工作区获得较大的屏幕显示;并可随时根据需要重新显示标准资料区域或工程资料区域。

其操作方法比较简单:直接用鼠标单击窗口工具栏中的【隐藏/显示标准】及【隐藏/显示工程】按钮即可;也可以用鼠标直接拖动相应的【消隐/显示】按钮。

(四)技术资料组卷

完成表格的填写及编辑工作之后,就可以进行资料组卷了。本系统具有自动组卷功能,即按照新建工程时设定的各个地区组卷目录来进行自动组卷。

下面将详细介绍有关技术资料组卷的操作。

1. 窗口简介

在【资料编辑】窗口中进行了表格的填写及编辑操作后,单击【资料上报】菜单→【电子组卷】项,则系统将弹出当前工程的技术资料组卷窗口,点击组卷设置将弹出用户对当前工程资料的组卷设置,如图9-26所示。

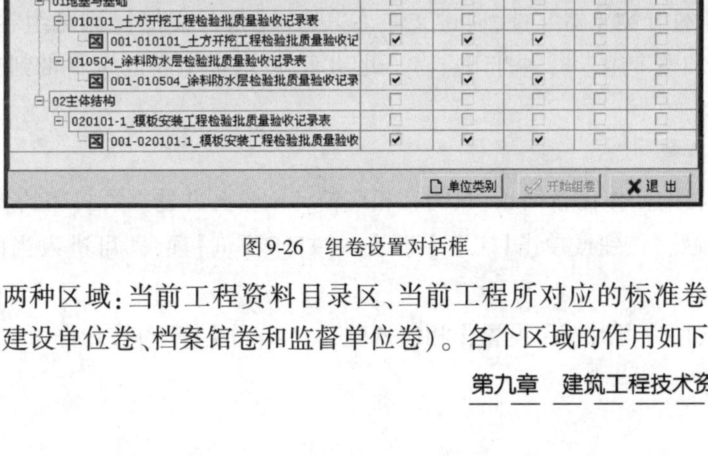

图9-26 组卷设置对话框

该窗口分为两种区域:当前工程资料目录区、当前工程所对应的标准卷(包括施工单位卷、监理单位卷、建设单位卷、档案馆卷和监督单位卷)。各个区域的作用如下:

(1)当前工程资料目录区——该区域用于显示当前工程中已经存在的资料表格(即在【技术资料编辑】窗口中填写、编辑过的表格)。

(2)当前工程所对应的标准卷——该区域用于显示与当前工程所对应的标准卷目录(工程目录右方和单位组卷的下方的"√"是表格与相应组卷的对应关系)。即在"新建工程"操作时工程所选择的组卷目录。

2. 组卷的有关操作

(1)找到表格在当前工程与组卷设置区域单位的对应关系,在所选表格对应的单位组卷类别下面画"√",便可手动组入所属的单位卷中。

(2)点击"单位类别"按钮,返回到前一个界面,选择组卷单位,点击"开始组卷"按钮,弹出"另存为"对话框,输入文件名后,点击保存,组卷完成后显示,如图 9-27 所示。

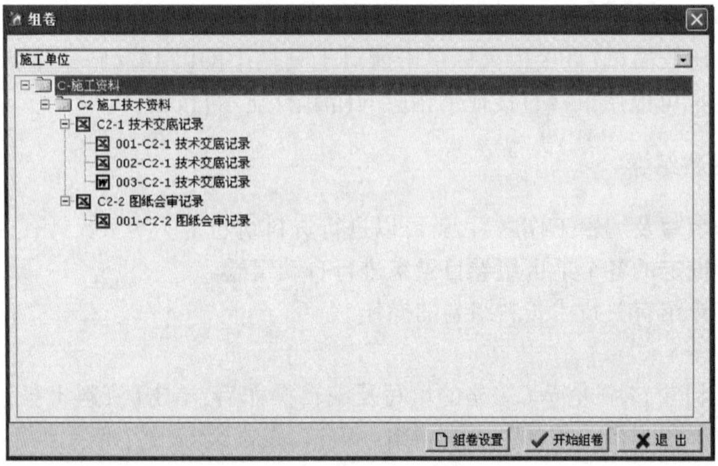

图 9-27 组卷完成后对话框

(3)重复上述操作即可将所有"未自动组卷"表格组进当前工程卷中。

说明:对于系统自动组卷的表格,如果要根据实际需要调整该表格在卷目录中的位置,也可以使用上述操作。

3. 浏览组卷资料

组卷完后,在桌面上生成一个该工程的文件夹,在文件夹里有一个浏览器文件和组卷生成的单位文件,双击打开浏览器文件,通过文件菜单选择【打开文件】,浏览组卷的表格资料,可以进行单页打印和整个组卷资料打印。有了此功能,可以把组卷的资料带到任何一台电脑上浏览和打印。

4. 打印单张表格

打印单张表格的操作比较简单:只需在相应窗口中打开并选择需打印的表格,然后单击常用工具栏中的【预览】按钮或单击【工程】菜单→【打印预览】项,即可进入当前表格的预览窗口,如图 9-28 所示。

在该窗口中,用户可对打印设置作相应调整,然后单击【打印】按钮即可打印出当前页。

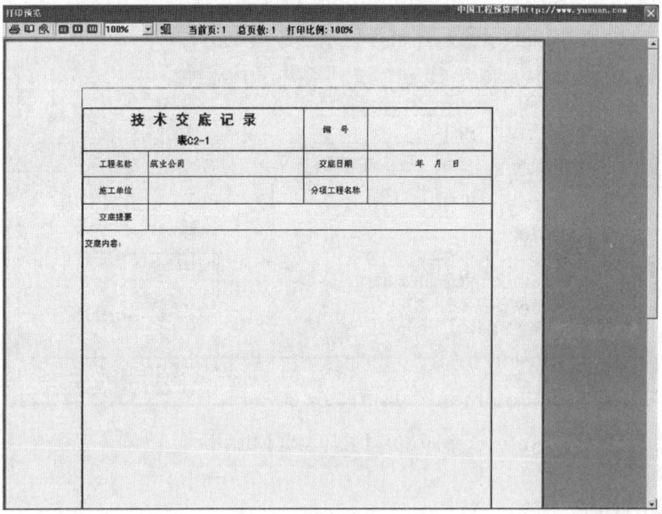

图 9-28 【打印浏览】界面

5. 打印工程

成批打印表格的操作步骤如下:

(1)单击【工程】菜单→【打印工程】项,系统即弹出【打印设置】窗口,如图 9-29 所示。

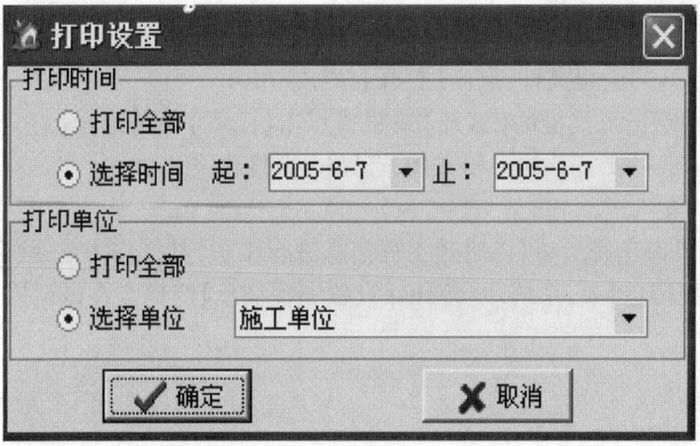

图 9-29 【打印设置】对话框

(2)通过打印时间和打印单位的设置来打印需要的资料表格。

6. 页面设置

在打印单张表格的预览窗口中,单击窗口顶端的【页面设置】按钮,系统就会弹出【页面设置】对话框,如图 9-30 所示。

该对话框中的设置选项非常丰富,对打印操作各个细节的控制功能也十分强大,可以设置打印的选项有:打印内容、打印机、页眉/页脚、页边距、表首/表尾、表页选项等。用户可根据实际需要来具体设置打印选项。

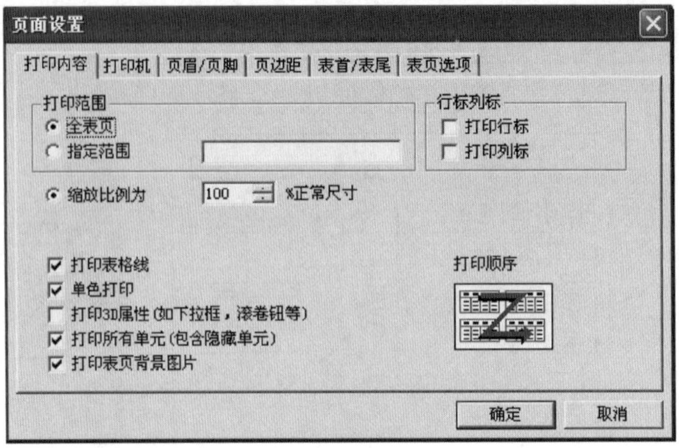

图 9-30 【打印浏览】对话框

四 系统辅助功能

除了上面介绍的系统功能和操作之外,本系统还提供了另外一些辅助功能,可以根据实际需要来选用。

(一)工程管理

1. 打开/删除工程

(1)打开工程:点击工具栏的【打开】按钮或点击【工程】菜单选择【打开工程】选项,在弹出窗口中选择要打开的工程文件,点击【打开】按钮。

(2)删除工程:点击工具栏的【打开】按钮或点击【工程】菜单选择【打开工程】选项,在弹出窗口中右击鼠标选择要打开的工程文件,选择【删除】选项。

2. 工程信息维护

登录系统、打开某工程后,可以对其工程信息进行维护,其操作方法是:用鼠标单击【系统维护】菜单→【工程信息】项,系统即会弹出【设置工程信息】窗口。在该窗口中,可以修改当前工程的相关信息。

(二)系统帮助

系统帮助主要集中在【帮助】菜单中,主要包括:帮助主题、中国工程预算网、关于本软件。各个菜单项的作用如下:

(1)关于本软件——主要用于显示系统的开发商、版本等信息。

(2)帮助主题——主要用于显示本系统的帮助文档。用户使用本系统的过程中,如果遇见疑难问题,可从中找到解决问题的方法。

(3)中国工程预算网——可以直接登录中国工程预算网了解本公司的最新信息。

(三)软件升级

本软件系统为用户提供了自动下载系统升级的功能,这样,客户在收到需要下载升级的信息时,可点击【工具】菜单→【在线升级】按钮。

本章小结

本章主要内容包括计算机管理档案的发展历程、计算机在档案资料管理中的应用以及建筑工程资料管理软件的具体应用,本章以北京筑业新技术有限责任公司开发的《资料大师——建筑工程技术资料管理软件》为例讲解了计算机档案管理软件的功能、特点、使用。

参考文献

[1] 中华人民共和国行业标准. JGJ/T 185—2009 建筑工程资料管理规程[S]. 北京:中国建筑工业出版社,2010.
[2] 中华人民共和国国家标准. GB/T 50328—2014 建设工程文件归档规范[S]. 北京:中国建筑工业出版社,2015.
[3] 中华人民共和国国家标准. GB/T 50107—2010 混凝土强度检验评定标准[S]. 北京:中国建筑工业出版社,2010.
[4] 中华人民共和国行业标准. JGJ/T 70—2009 建筑砂浆基本性能试验方法标准[S]. 北京:中国建筑工业出版社,2009.
[5] 中华人民共和国国家标准. GB/T 50300—2013 建筑工程施工质量验收统一标准[S]. 北京:中国建筑工业出版社,2014.
[6] 郑伟,许博. 建筑工程资料整理[M]. 广州:中南大学出版社,2013.
[7] 尹素花,田春艳,杨卫国. 建设工程技术资料管理[M]. 上海:上海交通大学出版社,2014.

高职高专土建类专业规划教材图书目录

序号	书号 978-7-114-	书 名	著译者	定价(元)
1	16619-8	钢结构构造与识图(第 2 版)	马瑞强	48.00
2	13913-0	新平法识图与钢筋计算(第二版)	肖明和	43.00
3	16618-1	建筑工程计量与计价(第 4 版)	蒋晓燕	58.00
4	08462-1	建筑工程施工图实例图集	蒋晓燕	38.00
5	12631-4	建筑材料与检测(第三版)	宋岩丽	42.00
6	12637-6	建筑法规(第三版)	马文婷、隋灵灵	42.00
7	10018-5	建筑法规学习指导	隋灵灵	28.00
8	14863-7	建筑识图与构造	董罗燕	42.00
9	13098-4	建筑识图与构造技能训练手册(第二版)	金梅珍	38.00
10	12663-5	地基与基础(第三版)	王秀兰	38.00
11	12644-4	建筑工程质量与安全管理	程红艳	36.00
12	12920-9	建设工程监理概论(第三版)	杨峰俊	35.00
13	13880-5	建筑工程技术资料管理(第三版)	李媛	40.00
14	13672-6	建筑装饰装修工程预算(第三版)	吴锐	43.00
15	13558-3	建筑装饰装修工程预算习题集与实训指导(第三版)	吴锐	30.00
16	13648-1	园林绿化工程预算	吴锐	38.00
17	13979-6	建筑构造与识图(第三版)	张艳芳	48.00
18	13687-0	建筑构造与识图习题与实训(第三版)	张艳芳	26.00
19	13311-4	建筑工程预算(第三版)	王晓薇	38.00
20	13157-8	建筑工程预算实训指导书与习题集(第三版)	程颢 罗淑兰	25.00
21	13220-9	建筑结构(第二版)	盛一芳 刘敏	52.00
22	08947-3	建筑工程 CAD(第二版)	张小平	36.00
23	09269-5	建筑施工技术(第二版)	危道军	49.00
24	10863-1	工程测量	王晓平	39.00
25	09684-6	建筑工程质量事故分析与处理(第二版)	余斌	39.00
26	09174-2	钢结构制作与安装	盛一芳	33.00
27	06885-0	建筑制图习题集	夏文杰	38.00
28	07379-3	建筑施工图识读与钢筋翻样	张细权	56.00
29	10026-0	建筑工程量电算化鲁班软件教程	温风军	58.00
30	08602-1	广联达工程造价类软件实训教程—案例图集(第二版)	广联达公司	25.00
31	08579-6	广联达工程造价类软件实训教程—图形软件篇(第二版)	广联达公司	20.00
32	08580-2	广联达工程造价类软件实训教程—钢筋软件篇(第二版)	广联达公司	15.00
33	08453-9	工程建设法规与合同管理	宁先平	36.00
34	11353-6	土力学及地基基础	王雪浪	38.00
35	18305-8	Python 土力学与基础工程计算	马瑞强	68.00